The Ancient Secret
of the Flower of Life, Volume 2

生命之花
的
靈性法則2

啟動梅爾卡巴光體，擴展心靈能量

德隆瓦洛・默基瑟德 著
Drunvalo Melchizedek

羅孝英 譯

推薦序
憶起內在的古老靈性

長庚生物科技董事長
楊定一博士

　　日前甫結束海外的商務會議返台，而每個公務旅行的結束往往是另一段忙碌期的開始。在台灣辦公室等著的，除了滿檔的會議行程，也有許多來自各界善意的演講邀約，時間安排上幾乎是分秒必爭。在桌上如山的待批公文中，看到方智出版社寄來《生命之花的靈性法則》的標題，心頭不禁為之一怔，時光彷彿倒流至十幾年前。那時《生命之花的靈性法則》英文版剛發行，在閱讀過程中，作者德隆瓦洛筆下的古老靈性令我震驚與讚歎。十多年後，這結合科學與靈性的經典作品再次以中文版本吸引我的目光，人生的機緣總是奇妙得無法言喻，百感交集的我決定再忙也要與讀者朋友分享這深切的感觸。

　　在本書中，德隆瓦洛以如詩般的筆觸描繪了宇宙源起與人類世界的神祕連結，不論在意識、物理、數學、星象、音階等各層面，我彷彿都聽過、觸過、感受過，就像回家一樣熟悉。不同於坊間的許多作品，德隆瓦洛把古老的文明、意識的進化、人類現在與過去的機密、形狀與結構的意義，做了系統性的彙整，再藉其個人體驗完整地傳達出來。書中鉅細靡遺的細節描述是如此深切，而字裡行間又細膩得令人信服其真實性。

　　德隆瓦洛不僅結合古人留下的智慧與現代先進的科學及哲學，即使是沒有文字紀錄的古老過去，也在兩位「天使」與「圖特」（埃及的智慧之神 Thoth）的引導下，親身探索並傳達出生命的古老祕密。雖然這些沒有歷史記載的過去早已被人們遺忘，我建議讀者們秉持開放的心胸，客觀探討這古老意識的生命旅程是否符合我們天性的直覺。我們本來就是「光之存有」（light beings），人類與萬物都是光的組合。光超越了二元對立與分別，我們是完整的，也是合一的，只是在世界的快速變遷中漸漸遺忘了。也因此，需要一個像作者一樣特別的信使，提醒我們古老靈性的美好。德隆瓦洛也從另一個角度，運用不同層面的科學語言做為傳達古老文明的平台，其中如幾何學、水晶與圖騰等概念，我不僅認同並早已運用多年，且在個人

的研究中驗證其論述的許多觀點都是正確的。

　　二十一世紀是個衝擊的世代，人類面臨前所未有的挑戰與考驗。因應世局的劇烈變革，憶起內在深處的記憶與靈性著實是個關鍵課題。本書帶給我們每個人重新省思的機會，唯有回到偉大靈性與全體生命的美好關係，聆聽神聖的指引與靈性的聲音，我們才能永續活出豐盛且圓滿的世界。這是浴光的生命任務，也是充滿祝福的返家道路。

推薦序
從心認識生命之花

文史工作者
謝哲青

　　義大利半島東南側，濱臨湛藍迷人的亞德里亞海，就在這個被世界忽略的角落，有一座興建於中世紀的偉大建築，遺世獨立地孤懸在阿普利亞海拔五百四十公尺的穆吉亞山——名列聯合國教科文組織世界文化遺產名錄的蒙特堡，是義大利南方最著名的紀念建築，也是讓世人魅惑不已的神祕所在。

　　蒙特堡的歷史可以追溯到西元三世紀左右，似乎遠在羅馬帝國時期這裡就有人類活動與興建的紀錄。不過蒙特堡在建築工法與形式的表現上，其實是深受西方神祕主義所影響。今天，我們所拜訪的城堡是在一二四○年到一二四六年之間完工，歷史文件顯示，神聖羅馬帝國的皇帝腓特烈二世對蒙特堡有份特別的關注，曾經投入鉅資，大規模擴充改建，不過皇帝本人卻不常拜訪此地。

　　真正讓世人的著迷的，是蒙特堡獨特的造型與精神內涵。從遠方觀察，蒙特堡是一座由白色大理石堆砌而成的單色建築，雖然名為城堡，不過卻沒有其他中世紀常見的防禦工事。蒙特堡既沒有護城河，也沒有外牆，沒有提供軍隊使用的馬棚，更沒有中世紀君主用來誇耀世俗權力的牌樓與盾徽。無論從哪個角度切入，蒙特堡都不像是同時代興建的軍事設施，反而像是一座堅若磐石的祭台，孤立在遙遠地角邊緣的雲端之上。

　　就外觀與造型而言，蒙特堡融入了象徵性的神聖幾何，讓城堡在普世意義上有了更深入宇宙奧祕的核心價值。蒙特堡是一座處處以數字「8」為中心思維的神祕建築。首先，八角形的外觀，是由神聖幾何中的正方形與圓形衍生而來。這兩組幾何基本形狀，分別代表著宇宙與人，同時也象徵著形而上的神性空間與形而下物質世界的交集：人性的良善和宇宙的完美聖潔在此地和諧地合而為一。達文西在〈維特魯威人〉的人體比例圖中，也是依據如此的黃金律來做精準分割。

　　其次，細部的構件及空間元素也呼應著數字「8」。每個樓層有八個房間，樓層

階梯、窗戶的數量也是八的倍數。在中世紀基督信仰裡，數字「8」象徵〈新約・啓示錄〉的結局，因為，造物主用六天創造天地之後，於第七天安息，八則意味初始與回歸。同樣的，在義大利北部拉溫納的亞略洗禮堂與佛羅倫斯的聖約翰洗禮堂、東方的八卦，均是基於相同的能量符碼來設計。不論是東方或西方，神聖的數字「8」都代表宇宙和諧、天人交會的神聖契合，也是無限能量的增幅與演繹的關鍵數字。

不過，若就此認定對數字「8」的信仰只是源自於神祕學的需要，其他論述更會讓單向度理性制約的現代人感到驚訝。現代物理的量子世界裡，「8」代表原子核極為穩定的幻數（Magic Number）。物理學界認為，幻數的存在反映了原子核具有「殼層結構」。一九四九年，德國物理學家梅耶（Maria Goeppert-Mayer）和延森（Johan Jensen）等人建立了原子核的殼層模型。當原子核中存在幻數時，核子以集體的形式充滿了某個能級，沒有核子向更高的能級躍遷，因此這些原子核相當穩定。目前已知的幻數有 2、8、20、28、50、82、126，這組數字同樣也反映在蒙特堡的構件細節。而現代發展心理學領域中，蒂莫西・利里（Timothy Francis Leary）所提出的「意識模組」也有八層，這點與佛教的「八識」有異曲同工之妙。

古希臘哲學論示我們：「人是萬物的尺度。」我想，人不僅僅是萬物的尺度，也可能是宇宙一切實在與虛無、存在與不存在的尺度。但是，這把標尺上的符碼、刻度，是需要透過深刻的學習來認識，再藉由認識進入領悟。德隆瓦洛・默基瑟德以多年靈修潛習的經驗，透過優雅的文字敘述，讓全世界從「心」認識這項宇宙初開時就存有的神祕傳統，進而讓每個靈魂綻放出美麗的生命之花。

推薦序
生命之花最好的入門書
——鼓勵吸收另類知識，但不建議照單全收

中華生命電磁科學學會理事長
樓宇偉

　　我們時常聽到有人用「除非太陽由西邊升起」來表示「不可能發生」的事，而你手上的這本書就是一本真正講「太陽由西邊升起」的書。作者引用他的靈界老師圖特的敘述，說地球在過去五萬兩千年圖特的地球壽命中，經歷過五次地磁與自轉方向的改變。這種說法對於任何略具物理與地質知識的現代人來說，都是匪夷所思的；更不要說我們只要稍微花一點工夫，去查找地磁的磁極反轉紀錄，與更難發生的地球自轉軸反轉（大移動五十五度）紀錄，上回發生的時間分別在七十八萬年與約八億年（意即發生難度至少在一千倍以上）前，就知道某些通靈資料不可隨便相信！

　　但是我為什麼又願意為這本書寫序呢？因為本書是目前介紹「生命之花」這個主題最好的入門書，而「生命之花」又是未來身心靈（科技）發展非常重要的基礎知識，也是傳統東西方靈修與玄祕知識的共通連結。我第一次接觸到這個觀念是在二〇〇五年：長庚生技公司剛開幕的「身心靈轉化中心」內部入口牆上，掛了一幅嵌入多種動植物形象的多圓重疊幾何圖形，我當時問該公司董事長楊定一博士那是什麼圖形，他的回答就是「生命之花」。隨後我在網上搜尋這個主題，就讓我循線找到了你手上的這本書。

　　看完之後，我認為如果這本書內容有五、六成以上的正確度，那就值得我們花時間去了解與思考作者提出的可能性。因為像是亞特蘭提斯、火星文明、舊約聖經與外星文明關係等主題均非作者首創，但他卻是第一個相當邏輯（但絕對另類）地將這些主題串在一起的人，而我在這方面固然作為一般讀者無法判斷他是否完全正確，卻也同意主流的歷史或考古（科學）解釋是有不少牽強之處，譬如一神教創始自法老阿肯納頓（Akhenaton）的歷史定位、金字塔的主要用途是法老的墓室卻找不

到木乃伊、聖經中創世記敘述的來源與意義、摩西將什麼埃及精神與物質遺產帶給基督教與猶太教等，作者的另類觀點絕對值得探索與了解！

另外像是本書對於獅身人面應是建築於更早的年代、埃及為訓練祭司克服恐懼而建造潛水祭壇、金字塔的靜心與傳訊功能等內容，均是言之成理、較主流觀點並不遜色的敘述，這也讓讀者去反省主流歷史中有多少是後人「以管窺天」與「意識型態」的渲染所造成，而非事實？本書中還提到美國太空總署利用特異功能人士（亦為盲人）瑪莉·安·欣菲爾德，協助處理人造衛星在外太空遇見的各種問題與驗證觀察內容，顯然都不是你我在一般媒體或教科書上會看到的內容，但這就像中共情報研究單位雇用張寶勝這種奇人來研究國安相關主題一樣的真實！原來中美俄三大國都知道人體潛能是真實可用的珍貴工具，如果我們只因為部分科學事實與本書內容不符，便全盤否定「生命之花」的概念，就是「因噎廢食」了！

最後我要舉麻省理工學院物理系教授大衛·凱瑟（David Kaiser），最近寫的書《嬉皮如何拯救了物理》（*How the Hippies Saved Physics*），來說明隨意忽視新觀念與另類創意的風險。該書描述七〇年代在美國加州大學柏克萊分校有個理論物理學者小團體經常聚會，討論當時不受主流物理界認可的量子重要觀念：「非局域」（Non-locality）與超光速連結。這一系列的討論確立了量子物理日後與相對論並列的地位，並發展出今日量子計算機、量子密碼分析等新技術。由於我在看完本書之後又看了更多進階或未來科技的相關資料，因而認為本書的「生命之花」與「神聖幾何」這兩個觀念，也將會像「非局域」與超光速連結這類觀念一樣，對未來世界有很大的影響，所以我樂於推薦本書給那些喜愛探索未知的讀者。至少看完這本「可能有五、六成以上為真」的奇書，要比那些「百分之百幻想」的小說，或者主要內容為虛假的社會歷史、宗教傳說或科學典範要來得更為真切！

譯序
採收智慧的果實

羅孝英

　　德隆瓦洛是說故事的高手，總是知道如何製造高潮，同時賣賣關子，引導你一探叢林深處的智慧之泉。看完第一冊，在陽性面的知性能力獲得刺激和滿足後，相信讀者必然像我一樣，迫不及待地想經驗梅爾卡巴光體的啓動，對於跨過意識門檻、星球揚升和二〇一二後的人類未來充滿好奇。

　　意猶未盡的渴望和莫名的責任感，驅使我踏上翻譯這套書的奇幻之旅。首先，我發現翻譯第二冊時，昏倦的狀況比第一冊時更嚴重，而且只有在身心能量潔淨時才能繼續，爲此我做了長天期的斷食來維持工作狀態，並不斷在睡眠中突破理解的瓶頸。如果這一本書讓你催眠或產生排毒反應，表示它正是一本你需要的書。

　　隨著德隆瓦洛在知性歷史上尋找人類對於實相理解的奧義，解析知名神祕學家諸如露西‧拉蜜、維特魯威、達文西、畢達哥拉斯的作品，並進入埃及金字塔底層的密室，眞實體驗他所接受的教導。我對於那些提供指引的高智慧存有們，跨越時空留下的軌跡和鋪陳人類啓蒙的種種努力，充滿敬畏。那時間跨距之大——從亞特蘭提斯時代的墜落到新生契機發生的一萬多年，在他們眼中僅是一瞬，是難以想像的尺度；而建造金字塔背後對存在理解的精密和多維，這兩本書僅能一窺，其智慧又是何等的浩瀚。

　　可喜的是，這些密義，將隨人類的啓蒙而變得簡單而實際。如此德隆瓦洛作爲一個使者，將帶領在人類心智轉換過程成爲推手的人，爲新文明做準備。

　　如果抱著輕鬆的心情閱讀，你會發現，看著德隆瓦洛逐漸解密是非常有趣的事，整個過程就像是一本以世界史和考古學作爲背景的精采小說。如果你嘗試他說的每一件事，未必會事事成功，卻總是引人入勝，讓你的心很想相信，你覺得那是眞的……其實那是眞的，你知道，即使頭腦跳出來反對……然而新的視野和角度會帶來成長和樂趣。

　　眞理讓人心醉，一滴智慧結晶足矣。書中包羅萬象的內容，讓我滿足。從古埃及人的啓蒙訓練、大金字塔的密室、人類的星際連結、神聖幾何和音階展開的一切知識，到十三脈輪系統、梅爾卡巴光體的啓動、光的研究、路西法的超神實驗、大

我、超級孩童，以至回歸一切唯愛的揚升……我可以想像當這些知識和資訊在德隆瓦洛的內在整合時，有多大的喜悅或能量釋放出來……這是每一個追求真理的人真正的享受。

記得在手繪曼陀羅時，我驚艷地體驗了德隆瓦洛曾在書中諄諄提醒的話：神聖幾何是一件需要親自動手的事。他說：「當你以聽眾或讀者的角色欣賞或閱讀神聖幾何的圖，你是被動接收資訊，只能從圖中吸收少量資訊。當你一筆一畫結構線條，某種啟示會發生；當你畫出一個圓，理解會開始，你的內在會產生某種變化，你會在很深的層次上理解事物的樣子。親自畫圖是一件無可取代的事。」

採收智慧的果實也是一件無可取代的事。

建議讀者祈請兩位天使的協助和靜心，來幫助自己進入這個旅程，同時拿起尺規加深自己的體驗，如此這將是一趟永生難忘的探索。

然而再多知性理解卻遠不如以隻眼對實相的一瞥，當你的頭腦受足陽性面的刺激，不妨進入心之空間，打開那一隻向上看進靈性空間的眼睛，從心覺醒，踏上採收智慧果實的進化之旅。

在光與愛中
於墨西哥「從心覺醒」教師訓練課程

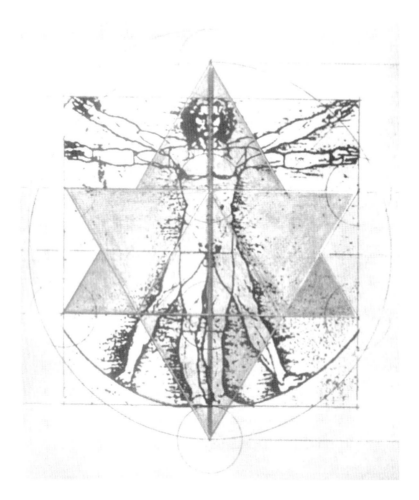

達文西人體比例圖和神聖幾何生命之花

引言
開啓更高世界的大門

　　我們再次相遇，要一起探索我們的廣袤無限，並重溫那個古老的祕密——生命是個美麗的謎，爲了引領我們到達我們想見的一切。

　　這一冊會談到天使教導我的靜心方法，進入一種名爲「梅爾卡巴」的意識狀態——用現代語彙來說，就是「人類的光體」。我們的光體含藏一切潛能，讓人類超越習以爲常的現實宇宙，進入全新的詮釋。在特定的意識狀態中，一切事物開始更新，而生命發生奇蹟式的改變。

　　書中文字毋寧是一種憶起，而非教學。你早已明白書扉中的一切，因爲它鐫刻在你的每一個細胞中，深藏於你的心和頭腦，你所需要的只是一個推促。

　　基於我對你和全體生命的愛，我提供書中的圖片及文字，讓你在自我學習中更加理解偉大聖靈正親愛地與你的本質連結。祈禱這些文字能成爲你開啓進入更高世界門戶的催化劑。

　　你我正生活在地球歷史中的關鍵時刻，世界正經歷劇烈的蛻變，因爲電腦和人類正進入一種共生的關係，這給了地球母親兩種觀照和詮釋世界大事的方式，她要用這種新的眼光去改變並打開通往更高光明世界的路，如此即使孩子也能夠理解。我們的母親是如此愛我們。

　　我們，她的孩子，正行走於兩個世界，我們的普通日常生活，以及一個超越我們遠古祖先夢想的世界。有了母親與父親的協助，我們會找到方法療癒人們的心，並讓這個世界再次回到合一的意識。

　　願你享受你將閱讀的內容，希望它眞的成爲你生命中的祝福。

在愛與服務中
德隆瓦洛

CONTENTS

第九章 聖靈與神聖幾何

第十四章 梅爾卡巴與神通能力

Chapter 9

聖靈與神聖幾何

生命之果中的第三資訊系統

以下內容對大多數人來說相當陌生，我想請你以信心去閱讀，用新的方法觀察世界；在你深入理解之前，這些內容對你來說可能不具意義。

本章將圍繞著以下的主題進行：**一切意識皆為神聖幾何所建構**，包括人類。如此我們得以觀察並了解我們的過去、現在和未來。

請記住，生命之果是十三個資訊系統的基礎，是用特定的方式將陽性的線條疊在陰性的圓上組合而成的。我們在《生命之花的靈性法則》（編注：以下稱第一冊）中探究了其中兩個系統，第一系統產生「麥達昶立方」，並從麥達昶立方產生五個「柏拉圖多面體」。這些形狀形成整個宇宙的各種結構。

我們簡單提及第二系統，它是由生命之果的中心和各同心圓的連線構成的極座標，一個內接於球體的星狀四面體。它是讓一切創造中的振動、聲音、和弦、音樂和物質產生關聯的基礎。

人類意識的方與圓

我們將迂迴地探究第三資訊系統，它的根源「生命之果」將會在過程中逐漸顯露。這個新的資訊系統叫作「**人類意識的方圓**」，也就是中國人「化方為圓，化圓

爲方」的道理。

　　圖特說過，宇宙的意識階層都能整合在單一的神聖幾何中，它是通往時間、空間、次元和意識的關鍵。圖特也說，就連情緒和思想也都是源自神聖幾何，稍後我們會再提到。

　　每一個意識階層都有相關聯的神聖幾何來定義這個階層的實相，每個階層也都是靈性觀察實相的透鏡，藉此產生獨特的體驗。就連宇宙靈性階層的結構本身也是幾何，具有複製的天性。

　　圖特說人面獅身像下方有一個九連環的水晶球，層層相容，每一個都在另一個裡面。考古學家和物理學家一直都在尋找這顆水晶球（這可是個歷史悠久的傳說），據說它能連結地球的意識，還有現代人類的三個意識階層。

　　不少人投入大量時間和金錢去找這顆水晶球，然而圖特說其實人們並不需要這顆球，而只需要畫九個同心圓，意義是一樣的。如果追尋者明白他們要找的是幾何和意識而非特定物件，會更容易發現這些知識。

　　圖特說，當你抵達一個未知的星球，你若想知道這星球正在經驗哪些意識階層，你可以取他們的人體來丈量，從他們的身體判定出圓方比例，由此即可確認他們的意識層次。

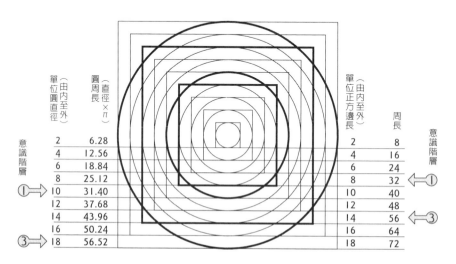

圖9-1　同心圓和正方形。粗線的方圓是接近黃金比例的兩對，同時也是人類第一和第三意識階層之所在（以第一圓半徑或第一正方邊長的一半爲一個長度單位，從圖中可見圓直徑等於正方形的邊長）。

從麥達昶立方衍生出來的比例，可用來確認人類以外的生命意識階層，諸如動物、昆蟲和外星人等；然而，**決定人類意識階層的，則是圓方比例**。觀察環繞身體周圍的正方形比圓形大或小多少，便能知道它們對實相的詮釋和意識層次。當然，還有更快的方法，然而測量圓方比例正是符合存在本身的方式。

圖特說，當你畫出九個同心圓，每個圓外接一個正方形（正方形的邊長等於圓的直徑），如圖9-1，如此你便有了相等的陽性能量與陰性能量。當你檢視圓方之間的關係，也就觀察了陽性能量和陰性能量的互動方式。圖特說，重點是了解正方周長和圓周的比例與黃金比例的差距有多少，這是了解人類生命的關鍵。

發現近似的黃金比例

仔細看最裡面的兩個正方形，並沒有圓形穿過，第三正方開始被第四圓穿過，雖然那並非黃金比例；然而，第四正方穿過第五圓時便接近黃金比例了。接下來第五和第六正方並不符合黃金比例，但是第七正方和第九圓卻意外形成近似的黃金比例。第七正方和第九圓並不像第四正方和第五圓差一**個**序位，而是差了**兩個**序位，也更接近黃金比例1.6180339。

如此開始了一個無窮的幾何級數，人類只是它的第二個展開（然而我們卻自認爲了不起）。若以人的一生來比喻，我們現在的意識不過只到了形成第一個細胞的受精卵階段。宇宙的生命遠超過我們的想像，然而我們確實是一顆含藏開始與結果的種子。

回到實際的度量，如果你把第一圓半徑定義爲一單位，那麼不需用尺，第一圓的直徑和第一正方的邊長都是兩單位（而這個單位長會形成一個隱藏的網格）。第四正方的邊長是八單位，它的周長是三十二單位。我們需要計算它的周長，因爲當它和某個圓周相等或接近時，我們便得到黃金比例（詳見第一冊第七章）。

我們想知道第五圓周和第四正方的周長關係。計算如下：直徑乘以圓周率等於圓周長——10單位乘以 π （3.14）等於31.4單位，接近正方形的周長32單位。圓比方略小。根據圖特的說法，**這是人類意識開始自我覺醒的第一次**。

現在我們來計算第七正方和第九圓。第七正方邊長爲14單位，周長等於56單位。第九圓的直徑爲18單位，乘以 π 是56.52單位。現在圓比正方略大。如果你接著那九個圓繼續畫，你會發現以下模式：圓比方略大、略小、略大、略小，愈來愈接近，直到費伯納齊數列接近黃金切割比例（詳見第一冊第八章）。

第一和第三意識階層

在圖9-2中,我們看到的是最早的兩個近似黃金比例出現的地方,這意謂意識可能會無限擴展並接近完美的黃金比例。第四正方與第五圓和第七正方與第九圓接近黃金比例,根據圖特的說法,它們是意識的第一和第三階層,是極接近和諧的意識,因此能自我覺醒。還記得第一冊的鸚鵡螺嗎?比起它後來的幾何展開,它的開端甚至是不和諧的,這裡也一樣。那麼第二意識階層是什麼樣的情況呢?

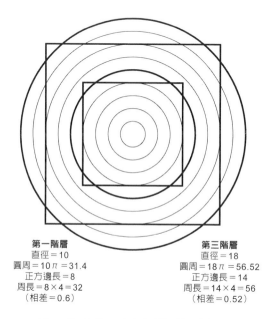

第一階層
直徑 = 10
圓周 = 10π = 31.4
正方邊長 = 8
周長 = 8×4 = 32
(相差 = 0.6)

第三階層
直徑 = 18
圓周 = 18π = 56.52
正方邊長 = 14
周長 = 14×4 = 56
(相差 = 0.52)

圖9-2 第一和第三人類意識階層,接近黃金比例。

圖特說,沒有人知道我們要如何直接從第一階層的原始意識進入第三意識階層(也就是基督合一意識),因此需要有一個銜接第一和第三的階段,那就是第二意識階層的我們。問題是,我們在這個圖上的哪裡?

標示第二階層

顯然,人類在這個圓方圖上可能存在的兩個位置是:第五或第六正方及其相關的圓。從圖9-1可以看到第一和第三階層之間有兩個正方形;我看不出我們在哪個正方有什麼差別。圖特不願解釋,只告訴我,我們在「第五正方和第六圓」。我想

了兩三年，不明白爲什麼是第五正方和第六圓，而非第六正方和第七圓，但圖特始終不說明，要我自己想。我花了很多時間才想通，當我終於想通了，圖特只是點點頭，表示我是對的。

圖9-3是三個意識階層的圖示，移除了不和諧的正方形。若我們將第五正方轉動四十五度成菱形（見圖9-4），我們存在的祕密便昭然若揭。你可以看見**轉動後的第五正方非常接近第七正方**，它並不完美，因爲我們並不和諧，不具備完美的基督之愛；然而我們可以藉著人性的愛通往基督意識。再者，我們連結第一意識階層，我們的幾何完美地和第一階層的第五圓相接。我們完美地含藏原始意識，卻不完美地保存著基督的愛。這就是我們——一座橋梁，這是理解人類意識爲何出現在這個特殊的幾何關係中，以及它爲什麼必要的關鍵。如果少了我們對實相的特定觀點，第一階層的意識便無法進化爲更高的光。我們就像小溪中的石頭，藉由踩踏石塊，就可以跳到對岸去。

到了本章後段，這個菱形會變成理解我們所在（第二意識階層）的另一把

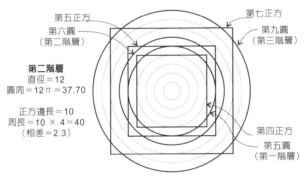

第二階層
直徑＝12
圓周＝12π＝37.70

正方邊長＝10
周長＝10 × 4＝40
（相差＝2.3）

圖9-3：地球人類意識的三個幾何階層。
第四正方和第五圓＝第一階層（原始意識）
第五正方和第六圓＝第二階層（目前意識）
第七正方和第九圓＝第三階層（基督意識）

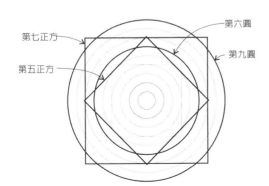

圖9-4：將第二意識階層的正方旋轉45度，
成爲銜接第三意識階層的橋梁。

鑰匙，你也會在大金字塔和其他作品中見到。內接菱形的正方形對人類來說很重要，富勒（Buckrninster Fuller）也這麼認為。這個圖形的立體形狀便是「**立方八面體**」，富勒特別命名為「**向量平衡**」。富勒發現旋轉立方八面體便能變化為柏拉圖的五個立體，因此在神聖幾何中具有難以超越的地位。而對人類而言，內接菱形的正方形的重要性在於它顯示了人類存在的主要原因：**從第一層的原始意識移向第三層的基督意識**。

當你依此系統丈量人體的幾何，我們約在3.5單位處，完全不和諧。儘管我們對於生命的完成很重要，我們卻是一種不和諧的意識。生命進入我們總是快速來去，就像跳上溪中的石塊，無法久留。為何如此？因為我們的不和諧會破壞周遭的一切。我們在哪裡待得久些，我們的愚鈍就可能讓我們自我毀滅，從環境的破壞和綿延的戰爭就可以明白。然而我們卻是生命的必須。

詮釋實相的幾何透鏡

圖特接下來要我仔細端詳那三個意識階層的幾何圖形，看清楚這些幾何透鏡的模樣。我們只有一個神，一個實相，然而有無數詮釋實相的方式。

圖9-5最內層的正方（第四正方），代表第一意識階層，中間那個正方（第五正方）代表第二意識階層，而最外層（第七正方）代表第三意識階層。我稱最內層的正方為「8×10」，表示它的邊長是8，而與它相關的圓（第五圓）的直徑是10。中間的正方形邊長是10，第六圓的直徑是12，所以是「10×12」，它是我們所在的第二階層。而基督意識階層，正方邊長是14（第七正方），穿過直徑為18的第九圓，我稱之為「14×18」。

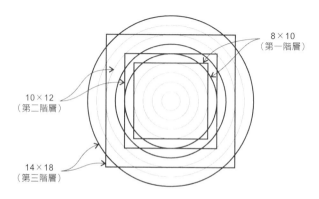

8×10
（第一階層）

10×12
（第二階層）

14×18
（第三階層）

圖9-5 人類的三個意識階層，以方圓長度命名。

神聖幾何中的每一件事都是有道理的。你也許會問，為什麼在所有的可能性中，直到第四正方與第五圓形成和諧關係時，才開始有自我覺醒的意識？

疊上生命之果

要了解為什麼，就讓我們把生命之果疊上第一意識階層的圖（見圖9-6）。瞧，它恰好嵌入第四正方和第五圓，我們的「8×10」！兩幅圖中心的圓是一樣的，從圖上可看出只有第四正方與第五圓的關係接近黃金比例，如我們之前所見。

你看見生命的完美嗎？生命之果的圖形一直都隱藏在這個圖形底下，彼此精確地交疊。從右腦的觀點來看，這解釋了意識為什麼在第四正方和第五圓之間變得自我覺察，因為生命之果的神聖意象隱藏在這部分的圖形中。在那精確的片刻，生命之果完成，而首次出現黃金比例。當黃金比例出現，意識有了第一次顯化。

露西的天才：丈量神聖幾何拼回神廟

在我們細看這三幅不同的意識圖之前，我要先說明一件事。當我發現同心圓與正方能完美地被生命之果的圖覆蓋時，我想找找看有沒有相關的文獻。那時圖特正在我的房間中和我說話，他告訴我埃及人知道人類的三個意識階層，因此我想知道有沒有其他人也知道埃及人是有這種概念的。

我居然找到了！我在露西‧拉蜜（Lucie Lamy）的文章中發現了。露西是史瓦勒‧魯比茲（Schwaller de Lubicz）的繼女，除了她，沒有任何人提過人類意識有三階層的概念。史瓦勒和露西對埃及人和神聖幾何的關係知之甚深，但大多數埃及學者卻完全不了解。讀過露西的文章後，我認為露西真的是研究神聖

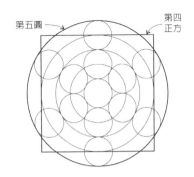

圖9-6：疊在第一意識階層上的生命之果。

圖9-7：卡納克神廟側面。

幾何的佼佼者，她的作品令我驚訝。我一直很想和她見面，可惜沒有機會了，一九八九年她在埃及的阿比多斯過世。我要介紹露西的一些事蹟，讓你們明白她的才華。

圖9-7是位於卡納克神廟遺址（Karnak）的小神廟，卡納克和盧克索（Luxor）之間有一條很寬的人行道，長約兩哩，在盧克索那一頭有很多人面獅身像，而在卡納克這一頭則逐漸變為羊頭座像。卡納克神廟非常大，祭師用來淨身的水池也大得嚇人。給你一點關於這座小神廟的大小概念：人站在它前面就像是站在窗台底下一般。

起初露西發現這座神廟時，只是一堆大石頭。因為它們很特別，附近又沒有類似的東西，考古學家就把它們堆在一起。由於不知建物原貌，於是就地堆放，希望將來有人能理出頭緒。後來又發現另一堆特別的石塊，然而考古學家仍舊毫無概念。要從一堆石塊看出建物的原貌很困難，不是嗎？

但是露西檢視和丈量了那堆石頭後，回家畫了圖9-7的草圖。人們依照她的圖把石頭組合起來，一塊不差，形成圖9-7的樣子。她了解神聖幾何，藉由丈量石頭畫出藍圖，完成這件事。她也用同樣的方法，將另一堆石塊絲毫不差地拼湊了起來。這真是了不起，對她的研究愈多，愈令我感到驚訝。

露西的階梯：了解埃及意識階層的鑰匙

露西過世前，將對埃及人三個意識階層的了解畫成了一幅圖，她說這是了解埃及意識階層的鑰匙。因此我嘗試解析這張圖（見圖9-8），重繪並加上虛線的圓，這樣我就能將其中的意涵顯現給你看（見圖9-9）。我在露西的畫中一眼看出的是「大衛星中的大衛星」，和「它中央的圓」（我們曾在第一冊圖6-17

的生命之果中看過這個圓）。中間是向上的梯子，第零到十九階在正方形的範圍，有兩階更高，總共二十一階。

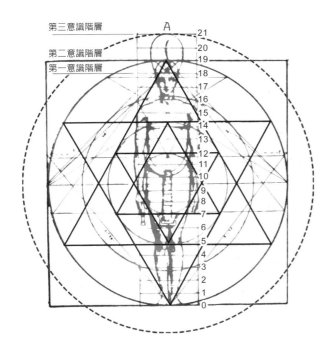

圖9-8：露西的原始畫作。

圖9-9：露西的畫，加上頭頂上方代表第三意識階層的圓及大小兩個大衛星，新加的圓周等於正方形周長。

　　根據露西的說法，數字18、19、21與埃及人對三個意識階層的認識有直接關聯。18象徵原始人類，她的書裡說，**古埃及人相信原始人類沒有上層頭蓋骨**──顯然我們過去的頭骨是直接向後滑落的。**當我們進入第二意識階層時，我們的頭骨增高了一些。**當我們的身體進入第三意識階層時，也許就是現代，我們的頭骨將變得更大，向上拉長到圓方比為黃金比例的位置，也就是第二十一階。如果你在A點的正方上畫一個黃金比例的圓，正好是第二十一條線的中點。

因此，露西說這張圖顯示了**每一階層的頭骨位置**。

　　圖9-10是詹姆士‧歐伯斯（James S. Albus）的《大腦行為與機制》（*Brains, Behavior and Robotics*）中的大腦示意圖，顯示施行腦葉摘除術將頭骨上半層的腦組織拿掉時，這個人是不會死去的——這讓我相當驚訝，也充分證明埃及人的論點：**頭骨上半部是加上去的，並非維持生命的必要元件，我們最初的結構並沒有這部分。**

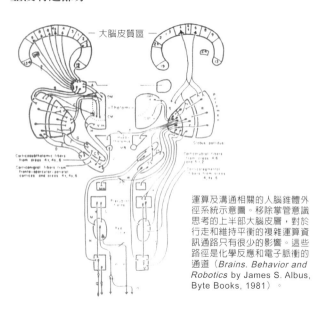

大腦皮質區

運算及溝通相關的人腦錐體外徑系統示意圖。移除掌管意識思考的上半部大腦皮層，對於行走和維持平衡的複雜運算資訊通路只有很少的影響。這些路徑是化學反應和電子脈衝的通道（*Brains. Behavior and Robotics* by James S. Albus, Byte Books, 1981）。

圖9-10：人腦示意圖，顯示腦葉切除術並不影響複雜的運動功能。

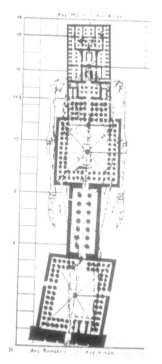

圖9-11：盧克索神廟的平面圖。

　　圖9-11是盧克索神廟的平面圖，這座神廟敬獻給人類，名為「人之神廟」（Temple of Man），也就是給我們——並非所有意識階層的人，而是給第二意識階層的我們。圖中劃分為十九個部分，你可以看見圖後的人體骨架。每個房間的每個設計，都代表一個人體部位。從圖中的腳延伸一條數哩長的步道，通往卡納克神廟。

我一開始便發現露西的畫（圖9-8）中含藏「生命之果」（圖9-12）。這很吸引我，因為我不曾在埃及看過任何生命之果的圖。

我渴望了解階梯的第十九到第二十一階，我明白這些階梯是同心圓的另一種表達方式，於是我研究露西的階梯，重畫她作品中的每個線條，想找出她想表達什麼。因此我結合了兩張顯然在她畫中也有的圖像（圖9-12和圖9-13），重現了她的圖像，發現這兩張圖很精確地疊在一起（圖9-13a）。

神聖幾何是需要親自動手做的

我想現在很適合來談談這件對學習神聖幾何很重要的事。當你以聽眾或讀者的角色欣賞或閱讀神聖幾何的圖，你是被動地接收資訊，只能吸收這些圖中的少量資訊。然而，當你動手畫，有些事情會發生，遠比只是看來得多。只要動手畫圖的人都會這麼說，這也是共濟會員的基本守則。當你一筆一畫繪出結構線條，某種啟示會發生。當你畫出一個圓，你便會開始理解，你的內在會產生某種變化，你會在很深的層次上理解事物的樣子。我相信親自畫圖是一件無可取代的事。

我可以告訴你這有多重要，但是很少人花時間去做。我花了二十年畫這些圖，你不需要這麼久。其中有許多圖，我會花兩三個禮拜坐在它前面，像靜心一般盯著它發呆，有時候為了充分理解它在自然界的意義，半天裡我只能畫出一條線。

階梯上的小釘眼

在我合併那兩幅源自露西的圖（圖9-12和圖9-13）之前，我為階梯上的每條線畫了一個同心圓，第二十階除外，如圖9-13a。

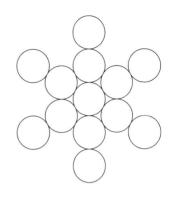

圖9-12：生命之果。

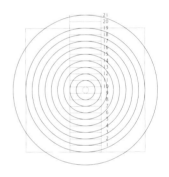

圖9-13：露西的階梯，第1階至第19階的同心圓，及第21階。

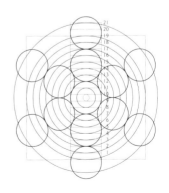

圖9-13a：露西的基本幾何，疊上神廟平面圖和生命之果。

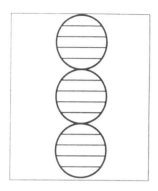

圖9-14：將圓劃分為五等分。

圖9-8中央的圓被階梯分成五等份，因此我假設生命之果的其他圓也都被分為五份，就直接在最上方的三個圓上畫了線（圖9-14），將每個圓分成五等份。看起來沒有什麼用，我以為就這麼簡單，然而這並沒有幾何依據。所以我又回去看之前的兩幅圖，心想它們總不是錯的吧，然而當我想把它們放在一起，卻又做不到。

經過好幾個鐘頭，當我再次檢查露西那張原始圖，中間那個圓確實被分成五份，另一頭則被分成七份。然後我用尺去量了一下階梯的間隔，我發現上下方的間距比中央圓中的間距要小，原來她調整了這些間距，把這些圖兜在一起。

露西知道我們存在不和諧的意識階層，她知道若不改變間距，階梯就放不進來，然而她想把這些元素放在同一幅畫中，因此做了調整。她知道如果人們去研究，就會明白畫中的十九個階梯是不和諧的意識。達文西的人體比例圖也有相同的微妙之處，達文西在畫作上方畫的是鏡像，你得拿一面鏡子才能看懂。同樣的，露西的畫也是陽性的，它的陰性面是它的鏡射。古代人經常變造事物以隱藏知識，好掩藏那些不欲為外人知的事。當我明白了這點，我真的理解到這裡確實不是和諧的意識層次，而顯然埃及人也了解。而後我花了更多時間研究露西的畫。

三面透鏡

現在，我們已經知道埃及人明白人類的三個意識階層，再回來仔細研究那三幅幾何圖，它們是每一階層的人類意識用來詮釋實相的透鏡：「8×10」「10×12」及「14×18」。我們先看第一意識階層「8×10」。圖特直接用一種很聰明的方法畫這個圖

給我，不須丈量計算，只用直尺和圓規（見圖9-15圖組下方說明）。完成時，你會得到一個六十四格的方塊，以及一個圓周到正方形邊只差一個方格的圓與方（圖9-16），正方邊長八，大圓直徑十，完美的「8×10」。

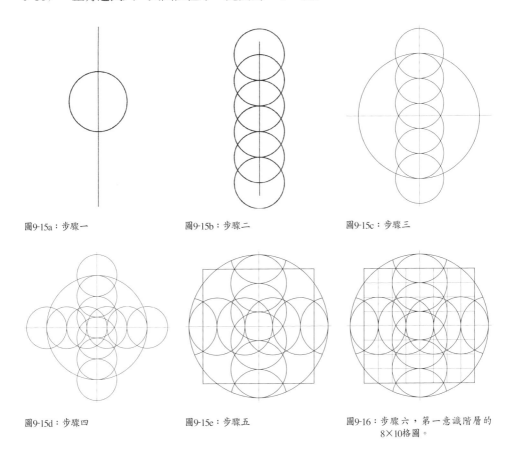

圖9-15a：步驟一　　　　　圖9-15b：步驟二　　　　　圖9-15c：步驟三

圖9-15d：步驟四　　　　　圖9-15e：步驟五　　　　　圖9-16：步驟六，第一意識階層的
　　　　　　　　　　　　　　　　　　　　　　　　　　　　　8×10格圖。

1. 畫一條垂直線，在線上畫一個圓（圖 9-15a）。
2. 以前一個圓和直線的交點為圓心，再畫五個圓（圖 9-15b）。
3. 以中央魚形橢圓的兩端點畫一條水平線，以這水平線與垂直線交點為圓心，畫一個大圓，囊括中間四個圓（圖9-15c）。
4. 以大圓和水平線的交點為圓心，以相同的半徑畫一個圓，並用同樣的方式在水平線上再畫五個圓（圖 9-15d）。
5. 以通過最外層的四個魚形橢圓的長軸的直線為邊，畫一個黃金比例的正方形（圖 9-15e）。
6. 在正方形內，通過所有圓切點及魚形橢圓的長軸，畫出與正方形四邊平行的直線（圖9-16）。如此完成一個8×10格圖。

平方根與3-4-5三角形

我再介紹另一個關於「8×10」格圖的概念。你們也許有人知道埃及人可以把他

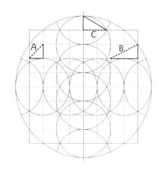

圖9-17a：A=√2，B=√5，C=√3
*注：畢氏定理兩邊之平方和＝斜邊的平方，依此計算。

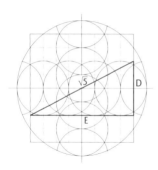

圖9-17b：三角形中的√5，把四格當作一單位長。

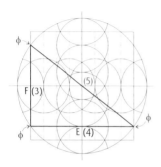

圖9-17c：嵌在圖上的3-4-5三角形，把二格當作一單位長。

們的哲學簡化為√2、√3、√5和3-4-5三角形。然而非常湊巧的是，它們都是第一意識階層圖中的元素，這難道不奇怪嗎？

圖 9-17a小方格邊長為1，對角線A＝√2，對角線B＝√5，線段C＝√3，從魚形橢圓中的等邊三角形得到。例如就√5而言，若圖 9-17b的四格為一單位，那麼線段D就是一，線段E就是二。

畢氏定理說，在直角三角形中，斜邊的長度是兩邊各自平方之和取其平方根。如此1²＝1，2²＝4，1＋4＝5，5開根號就是√5，如圖 9-17b所示。而3-4-5三角形即如圖 9-17c所示，以兩格為一單位。

事實上，在這些方格中共有八個一樣的直角三角形，繞著中心旋轉。奇妙的是，3-4-5三角形的端點，恰好是黃金比例的圓與正方相交的地方。這些同時性的巧合絕非偶然。現在再讓我們用不同的方式來畫。

達文西和CBS之眼

現在我們加上陰性（虛線）和陽性（實線）的費伯納齊螺旋，如圖9-18。我們在第一冊圖8-11看過完美的鏡射。陽性螺旋（A）從「眼睛」上方向上順時鐘旋轉，陰性螺旋（B）通過零點（C）逆時鐘旋轉。中間的形狀是一個透鏡（雖然圖特認為它是一隻眼睛），那是第一意識階層的心智詮釋實相的幾何，這幅圖代表42＋2個染色體呈現的原始意識，它是人類在地球上的第一個意識階層，也是人類第一次的自我覺醒（可惜作者遺失了一些澳洲發現的科學證據）。

注意這幅圖和接下來的兩幅達文西人體比例圖，它們有相同的幾何結構（圖9-19及圖9-20），都有64個方格和構圖，只是達文西人體比例圖中的方圓位置有所變動。它們是相關的，這也讓我很好奇達文西到底是誰，以及他在研究什麼。

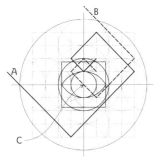

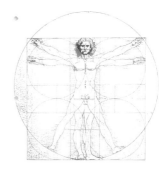

圖9-18：另一個視角，中央的零點　　圖9-19：達文西原始的人體比例圖。　　圖9-20：陰性螺旋疊加在達文西的人
　　　　C，顯示「CBS之眼」。　　　　　　　　　　　　　　　　　　　　　　　體比例圖上。

　　在圖9-21，你會看見八個細胞分裂（見第一冊圖7-26生命之卵）和底層的人體圖，並開始了解人體比例被含藏在八個細胞中（稍後我會就達文西人體比例圖和生命之卵，做更細節的討論）。這也顯示如果達文西真的了解這些資訊，那麼他畫的不是我們，而是第一階層的原始意識。然而沒有充分的資訊足以判斷這件事。

　　但是，因為達文西在他的人體比例圖上畫了「8×10」的網格，我懷疑他真的了解這由幾何構成的意識階層。因此我開始搜尋達文西的作品，想看看他有沒有用上「10×12」或「14×18」的網格。

圖9-21：達文西人體比例圖疊加在八
　　　　個細胞裡（另外四個細胞
　　　　隱藏在圖上的四個細胞後
　　　　面）。

因為實在找不到，所以我放棄了。後來當我再次研究達文西，我發現「8×10」網格並非達文西原創，而是他師法維特魯威（Vitruvius）的想法。維特魯威比達文西早一千四百年，然而達文西認為他是自己最重要的老師。

維特魯威的「10×12」網格

　　當我發現這是維特魯威的比例圖，便立刻去搜尋他所有的作品，想發現是否有「10×12」或「14×18」網格，而我確實發現了一個「10×12」網格的作品，於是我明白維特魯威和達文西確實懂得三個意識階層中的兩個，這讓我強烈懷疑，他們是否也依循圖特教導我的方式思考。而且，維特魯威是一位羅馬工程師，他的著作在十五世紀出版後，影響歐洲許多宏偉壯麗的教堂建築；達文西則是共濟會的大師。

如果你在圖 9-23 的兩軸畫五個圓，而非四個（圖9-22），並在所有魚形橢圓的交點上畫平行線，你便會得到一百個方塊的網格，也就是「10×12」。你會看見正方邊長為精確的10個方格，而最大圓直徑是12個方格。如圖9-16在正方形四邊上的魚形橢圓有一半在方格內，一半在方格外，而它的短軸的一半決定方塊的大小。當你畫出所有格線，你會知道它們的完美比例。

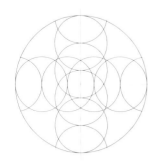

圖9-22：四個圓創造了「8×10」網格。

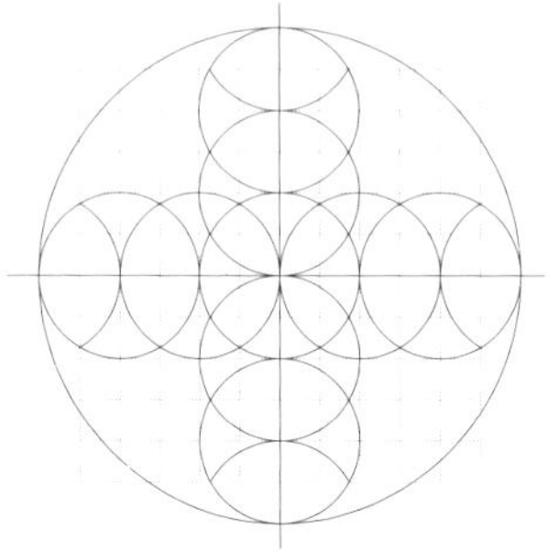

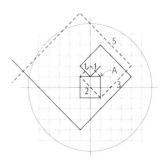

圖9-23：「10×12」網格。

圖9-24：第二意識階層網格，不同步的螺旋。以一個方格的對角線為一單位，按費氏數列展開。

一萬年才想通

然而，當我從中央四方塊的左上角開始畫費氏陰性螺旋時（圖9-24），它似乎不像「10×12」網格那麼恰到定位。我這麼做時，圖特在一旁看著我，他看了很久，說道：「我直接告訴你吧！」我說：「我會想出來的！」他說：「不了！我想直接說給你聽！」我說：「為什麼？」圖特說：「你可能會想很久還想不通，我花了一萬年才想出來，現在沒有那麼多時間了。」以下的事是圖特告訴我的。

對於第一意識階層（8×10，圖9-16）中央的四格方格，它的度量值不是1，而是1**的平方**，只是它恰好等於1。到了第二意識階層（10×12），它的度量值不是2，而是2**的平方**＝4，因此四格方塊的對角線才是度量長度，也就是兩格對角線的長度（圖9-24a），如此情況又會回到恰好的秩序。其他的事我不細說，但這就是我們之所在的第二階層意識，這幅圖是我們詮釋實相的幾何透鏡。

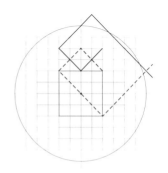

圖9-24a：第二意識階層網格，同步的螺旋。以「2×2」方格的對角線為單位，只有費氏數列的前三項在網格內。你發現圖9-24與9-24a 之間存在兩種形式的不均衡嗎？祕密就藏在圖9-39的金字塔密碼中。

　　圖9-25是維特魯威的「10×12」人體比例圖。當我第一次看到它，它不像和10有什麼關係，因為它每邊有30個方格，總共900格。然而當你細看，你會發現每三格便有一個黑點，一邊恰好是十個單位，有一百個大方格藏在這些網格中。

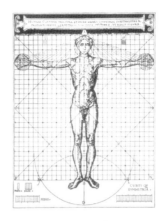

圖9-25：維特魯威的人體比例圖。

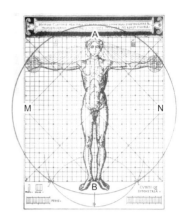

圖9-26：重繪圓圈繞維特魯威人體比例圖。

　　我相信維特魯威的人體比例圖是「10×12」網格圖，雖然很難證明，因為維特魯威並沒有畫出黃金比例的圓，如果他畫了，你會看到圖9-26。畫中另一個特別之處是這個菱形（頂點A,B,M,N），雖然看不出來它的意思，然而那也是第二意識階層的指標，詳見圖9-4相關內容。對我而言，維特魯威在他的人體比例圖上畫的菱形，證明了他了解第二意識階層。另外，每個單位方格中有9個方塊，現在我們知道它是通往下一個網格（基督意識）的鑰匙，因為下一個階層不用1的平方或2的平方，而是3的平方＝9。在接下來的階層，9才是創造和諧的數字，而9也正是大金字塔中，國王墓室屋頂上頂石的數目。

維特魯威與大金字塔

　　圖9-26顯示環繞第二意識階層的菱形，那是銜接第一與第三階層的形狀，如圖9-4所示，當第二意識階層的正方轉動四十五度角時，便在幾何上接近並觸碰基督意識所在的第七正方。而在大金字塔的平面圖上，也發現這個正方與菱形的圖案巧妙隱藏於其中，進一步證明了大金字塔的作用是從第二進入第三意識階層。

　　在金字塔中，國王墓室的地板橫切面的正方，恰是**底部面積的一半**（圖9-27），這是埃及政府發現的，

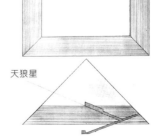

天狼星

圖9-27：從國王墓室高度橫切的金字塔剖面圖。

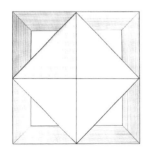

圖9-28：正方與菱形，顯示出「上層」底面積（參考圖9-27）恰是「下層」底面積的一半。

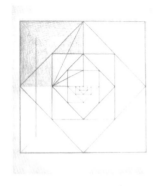

圖9-29：內部正方的面積為½外部正方，不斷轉動45度角。

你毋須丈量便知道。如果你把上面的正方轉動四十五度，便得到圖9-28，它的四個角正好接在底座的四邊上。畫出內接菱形的對角線，你會得到八個一模一樣的三角形，四個在菱形內部，四個在菱形之外。如此正方的面積恰為底部面積的一半，完全不必計算。

當你了解這些數據，其中的意義就很明顯了：國王墓室的地板高度決定上面正方的面積，這都是為我們的意識階層特別設製的，好讓我們經過啟蒙而進入基督意識的階層。在圖9-29中，你可以看見面積為外部一半的內部正方、不斷轉動四十五度角的連續幾何圖形，這個幾何變化的意義將帶領我們進入深度的神祕學討論，因為2和5的平方根會永遠按幾何級數不停擺盪。讓我們繼續探究下去，你自然會明白。

尋找「14×18」網格

循著達文西和維特魯威的脈絡，我有了三個意識階層的兩幅畫，我為此興奮不已。我開始遍尋維特魯威的畫，希望能找到「14×18」的作品。「14×18」就是基督意識。我找了又找，終於有了一線曙光。

我據此推論，若有這麼一幅畫，必定神聖無比，可能被珍藏在哪個金櫃或聖壇底下，不可能隨便出現在一張桌子上或可能根本不為人知。我繼續找，雖然一無所獲，但也不確定是否有這幅畫存在。

圖9-30為我帶來一道曙光。我為它加了一些線條，這些線條對你

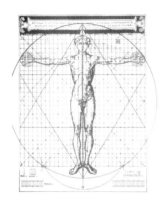

圖9-30：維特魯威的第二意識階層。加上梅爾卡巴的基礎：黃金比例圓、中央管道、星狀四面體。

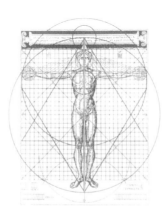

圖9-30a：再加上了一個以心輪為中心的意識球體，緣起於一種不同的呼吸法。

我來說都很重要，簡直就是第一冊前八章的總結。這些線條絲毫不差地展現了環繞人體的星狀四面體，包括貫穿人體的中央管道（靜心中的呼吸管道），帶領我們認識梅爾卡巴（人類光體）及黃金比例的圓。我在圖9-30a裡畫了一個我們還沒談到的圓，一個當我們循古法呼吸時，將在我們的心輪周圍發展出來的意識球體。我祈禱在本書結束時，你對這個知識能有深刻的理解並有助於你的靈性成長。

圖9-31：達文西手繪的生命之花，參見《不為人知的達文西》一書（Ladislas Reti 編輯，Harry Abrams 公司，1990年於紐約出版）。

不為人知的達文西

現在我有了三個意識階層中的兩幅圖，我強烈懷疑達文西和維特魯威和我學習了相同的東西——圖特教導我的思考脈絡，但我不確定。雖然我這麼認為，我也只有間接證據罷了。某天，我到紐約開課，主辦的女士家中藏書豐富，儼然是座頂尖的圖書館。我在那裡發現一本關於達文西的書，我從未在其他地方看過，書名是《不為人知的達文西》，收藏許多達文西作品，都是大家認為不重要的素描和草圖，一些不會收藏在書冊中的隨手塗鴉。

當我翻閱，我突然看到這幅畫（圖9-31），達文西居然畫過生命之花！這圖並非隨手塗鴉，他實際計算過角度，並研究了生命之花的幾何。圖9-32是他在另一頁畫的各種生命之花的幾何圖形。A是你會在全世界發現的生命之花的核心圖形。你在全球的教堂、修道院和許多地方都會發現它，它與我們不復記憶的創造核心資訊有關。

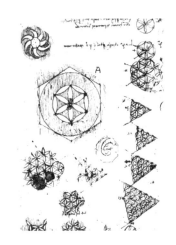

圖9-32：更多達文西手繪的生命之花，圖中A為生命之花的核心（《不為人知的達文西》第64頁）。

他持續畫出了所有可能的關係，並計算一切他能發現的角度。達文西是人類史上第一個想出生命之花所有的比例，並將它們運用在物理發明上的人，他以這些比例為基礎（圖9-33a），發明了直升機、齒輪和機械傳動等許多了不起的東西，這些都來自他對生

命之花的研究。那本書的編輯不明白那些畫是什麼，達文西也只是簡單地說：「它們給了我發明齒輪的靈感。」達文西在這方面下了很多功夫，找出所有的比例（圖9-33b）。在幾何學上，我相信達文西對生命之花的理解和圖特教導我的是一樣的。

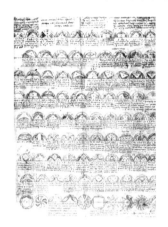
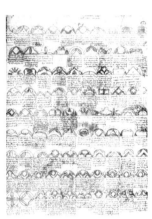

圖9-33a：達文西將生命之花的比例應用於他的各種發明（《不爲人知的達文西》第78頁）。

圖9-33b：更多的生命之花比例（《不爲人知的達文西》第79頁）。

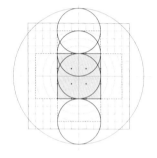

圖9-34：基督意識，第三意識階層的「14×18」正方—圖形關係。

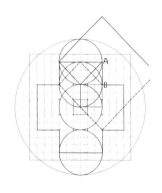

圖9-34a：基督意識「14×18」，看到基本單位（中間四個暗色方塊），以及以「3×3」對角線爲單位的螺旋（更大的黑影區域）。

還有一位知名人士也有相同的了解，他是畢達哥拉斯。研究神聖幾何時，親自繪圖會讓你明白角度和幾何比例的關係，然而你必須證明你的動作。每當我想證明什麼，我會省去自己思考過程的麻煩，直接去翻閱現成的幾何學書籍，因爲畢達哥拉斯都已經證明過了。

畢達哥拉斯並非對隨機的幾何圖形提出證明，它們都是他理解生命之花的證據。因此我蒐集畢達哥拉斯所有的作品和證明，因爲我知道我將用得上，它們是畢達哥拉斯一生的心血結晶，而我想進展得更快一些。世界上最聰明的人達文西和現代文明之父畢達哥拉斯，都理解生命之花的意義，並將它應用在日常生活中。

　　現在，我們來看最後一張意識圖「14×18」，也就是基督意識（圖9-34）。你需要的是九個同心圓，以及第七圓的外接正方，如此你便得到一個「14×18」。對於中間的四個方塊，你不能再用1的平方或2的平方作為基本單位，而必須用3的平方，如暗色區域所示，以9個格子畫的正方。現在你的度量單位為3倍對角線長。如此從圖9-34a的點A開始向下，反折，然後離開的陽性螺旋，以及從B點開始（虛線）先向上，然後向下，精確地通過原點，隨即離開網格的陰性螺旋。一切恰到好處，同時滿足所有條件，只要你知道用三格對角線或九個方格作為度量單位，而這早已出現在維特魯威的第二意識階層的畫作中。

　　維特魯威以這種方式說明了圖特所言：第二意識階層含藏第三意識階層（基督意識）的基本資訊，並滿足圖9-24a的「陰性通過原點」「陽性通過外接圓中線」的條件，而這正是那把鑰匙！待會你將會發現，它其實代表了大金字塔的頂端和基座。

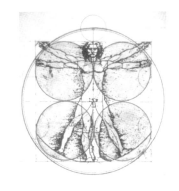

圖9-35：達文西人體比例圖疊加在八個原始細胞裡（黑影區域，另外四個細胞隱藏在這圖上可見的這四個的下層）。

偉大的同時性事件

　　現在我要用一些圖來揭示一個偉大的同時性事件。你可以在圖9-35裡看見原始的八個細胞包裹在透明帶的裡層（與第一冊圖7-26相比）（另外四個細胞在這四個下層）。圓的外圈與人體周圍的正方構成黃金比例，人體完美契合這個幾何圖，你甚至可以看見一個星狀四面體（圖9-35a）。如果你沿著軸心畫三個相同的圓，會剛好嵌進四面體中，因為四面體確實可以被三等分。你會看見原始八細胞和人體之間的關係，這個微觀的縮影和我們生活的世界息息相關。

　　在三維的模型中，如果你把一個球體放在中間，

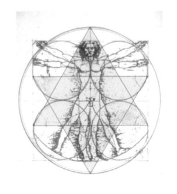

圖9-35a：將星狀四面體同時嵌合到人體比例圖和八個細胞之中。

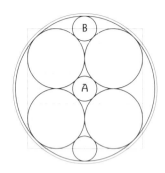

圖9-36：八個細胞，不含人體比例
圖，加上三個圓。

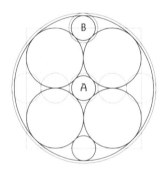

圖9-36a：表示在三維空間裡，稍大一
點而內接於方格的圓，會剛
好嵌進中間的細胞，而在外
圈的稍大的圓（如B），會
觸及透明帶的外緣。

它將通過中心，如A點的圓（圖9-36），如果你把同樣的圓放在 B點，它會碰觸透明帶的內緣，你可以看見它的位置。如果你把中間那個圓後面稍大但內接於方格的圓（圖9-36a）放在圓B的位置，它會剛好與透明帶的外圈相切。如此，那個嵌進中間的圓和稍大而內接於中央四方塊的圓便是透明帶厚度的解答，並讓相關元素符合黃金比例。我自有一套計算方式，但我相信還有其他的方法。

現在回到加上原始八細胞的達文西人體比例圖。我們在圖9-37加上稍微不同的幾何圖形，來探索它在巨觀世界的關聯。注意那個深色大圓球，它把人體從頭到腳包起來，並內接於人體正方。現在注意人體頭頂上方那個較小的圓，它的圓心在人體正方的黃金比例的圓上，它的半徑是這個圓到人頭頂之間的距離。你在圖9-35可以看到相同的圓，它的半徑從透明帶外層到人體外接正方或人的頭頂。這個小圓正好和環繞人體的那個深色的圓相接。這一切有什麼意義嗎？（注記一下，這個小圓圓心正好是第十三脈輪的位置。）

地球和月球的比例

有很多人自稱為以下資訊的原創者，但我最早是在勞倫斯‧布萊爾（Lawrence Blair）的《Rhythms of Vision》中讀到的，而勞倫斯則說他引用的是更早的作品。如果你沒聽過，以下的資訊一定會讓你耳目一新。

圖9-37中的兩個深

圖9-37：達文西人體比例圖加上了正方和圓，頭頂的灰色小圓的圓心在透明帶的外表面上，而透明帶的圓，與人體正方成黃金比例。

色球體與地球和月球一樣，有相同的比例，這個比例就在人體和全體生命初始的八個細胞中。圖中的球體不僅顯示地球與月球的大小比例，地球周圍的正方和月亮所在的圓周同時也形成黃金比例（假設月球緊貼著地球）。證明如下：

地球的平均直徑是7920哩，月球的平均直徑是2160哩。正方的周長是地球直徑的四倍，月亮中心所在的圓周是地球加月球的直徑乘以圓周率。

$7920×4＝31680$

$（7920＋2160）×3.1416＝31667$（圖9-38）

差距居然只有13哩！而如果你用$\frac{22}{7}$來替代圓周率，它會恰好等於31680！

$（7920＋2160）×\frac{22}{7}＝31680$

因此地球和月球具有黃金比例的和諧關係，而這些比例也恰好出現在人體的能量場和生命之卵中。

我花了幾星期去思考這個謎，人體能量場相當於地球的體積，而月球環繞著它！這就像是電子以90％光速繞行一樣。然而這代表什麼意義？只有特定大小的星球才可能存在嗎？或者這一切並非隨機發生？如果人體是宇宙的丈尺，那麼我們身上是否隱藏著所有行星的大小資訊，或者所有恆星的大小也可以在我們身上發現？

有些書會提到這個資訊，但作者們似乎無視於它的存在。這是多麼重要的資訊啊！我驚異於創造的完美，而它無異支持了「人是宇宙的丈尺」的想法。

地球、月球和大金字塔的比例

如果這還不夠，讓我們再檢視一些線條的意義。從地球的中心畫出一條水平線，和它的外接正方相交於兩點，從這兩點連結月球的中心，再用一條線把月球和地球的中心連起來（圖9-39），你會發現那正是

$7920×4＝31,680$

$D＝7920＋2160＝10,080$

$10,080×π＝31,667$

圖9-38：地球與月球的算式。

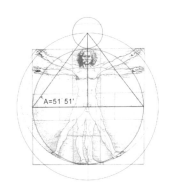

圖9-39：地球－月球比例，角A是在大金字塔中發現的角度。

圖9-40：大金字塔。

大金字塔的比例！夾角A為51°51'24"，和圖9-40
及圖9-41一模一樣。

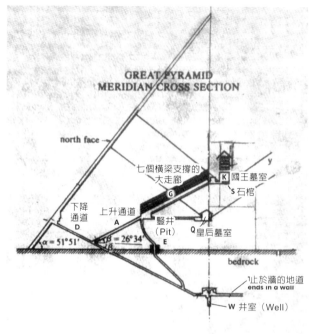

圖9-41：大金字塔的剖面圖。

　　圖特（也就是希臘的赫密士）在《翡翠石板》
提到，大金字塔是他建造的，而他依據的是地球的比
例。上述資訊證實了他的話。

　　既然地球、月球（和整個太陽系）、人體和生
命之卵具有相同的幾何意義，大金字塔把它們串在一
起，而我們的三個意識階層都各有一個金字塔在其
中，我們可以把這些圖放在大金字塔上面，看看金字
塔房間的位置有什麼意義。大金字塔確實是關於我們
意識階層的一張地圖，難怪每天有一萬八千人（出於
潛意識）造訪！

大金字塔的房間

　　直到一九九〇年，大家都認為大金字塔（圖9-41）只有國王墓室（K）、皇后墓室（Q）、大走廊（G）、豎井（E，非常奇怪的地方）和井室（W，因房間裡有口井而得名）。一九九四年起，又有四個房間被發現，有三個房間在皇后墓室的三面牆後面，其中一間什麼也沒有，另一間全是放射性的砂，第三間只有一座黃金雕像，據說被日本人搬走了（順帶一提，國王墓室和皇后墓室與陽性／陰性無關。穆斯林對這些房間的命名，是因為伊斯蘭教習俗將男人葬在平屋頂下，將女人葬在斜屋頂下，但這兩個房間和國王與皇后一點關係也沒有）。

　　這起竊案讓全世界遭受無言的警示，讓埃及古物部長下台，當時所有的外國考古學家都被驅逐出境。全世界都在找這座雕像，卻一無所獲，那些人從此便銷聲匿跡。那座雕像當然是無價之寶，光是黃金就價值不菲，雕像本身更無法以金錢衡量。一九九〇年一月，我曾在那裡碰到那一批日本科學家，之後雕像就失竊了。

　　日本科學家發明了能看穿土石的設備，他們據此發現了人面獅身像下的房間，能透視六十呎厚的石壁，清楚看見角落的項圈和陶壺，也發現了從那個房間通往大金字塔的地道。許多古籍都提到這條通道，然而在記載中，通道其實有三條。

　　那些日本人探測到雕像的位置，看見它就在皇后墓室隔壁的房間，便向埃及古物部長申請搬動，有關當局當然全面拒絕。當時整個皇后墓室都是他們的施工鷹架，並禁止人進入，因此日本人便能趁機挖通那道牆，進入後面的房間。申請遭拒一個月後，他們收拾一切離開埃及。古物部長這時才發現牆上的灌漿痕

補充：三百多年前，克卜勒相信太陽系諸行星的軌道符合柏拉圖多面體。他想證實這件事，然而沒有正確的軌道資料。後來英國人約翰‧馬蒂諾（John Martineau）用電腦輸入這些神聖幾何的關係，以及NASA對各行星的最大、最小和平均軌道的資料去計算，發現驚人的結果。

他發現簡單的神聖幾何決定了行星的軌道關係，並非隨機的行為。克卜勒是對的，只是行星的軌道關係比柏拉圖多面體還要複雜。這些資料在一九九五年出版，書名是《巧合：老果實中的新觀點》（*A Book of Coincidence: New Perspectives on an Old Chestnut*）。

最重要的是，馬蒂諾發現的那些神聖幾何關係都在人體能量場（梅爾卡巴）中。在人體能量場中不僅能發現地球和月球的關係，甚至能發現整個太陽系的關係，更清楚顯示了「人是宇宙的丈尺」。

跡，知道他們做了什麼。然而已經太遲。他因此被革職，這算是很大的事件。

更多房間

人們在皇后墓室附近發現更多的房間。德國人魯道夫（Rudolf Gantenbrink）將一台小相機放進其中一根直徑四到六吋的向上通風管，發現了通往另一個房間的通道。

E是豎井，很奇怪的房間，他們也不讓人進去，如果你進去過，表示你一定有高層的人脈。它是一個位於地面的大洞，圖特不曾說明。他向我解釋過國王墓室（通向頂端）、皇后墓室（一半的路程）和井室（位於地下的最底部）。我會仔細解釋它們與三個意識階層的關係。

啓蒙過程

這個過程始於井室，代表一個人要從第二意識階層進入第三階層。《翡翠石板》記載：啓蒙從地道的盡頭開始，那是一條似乎沒什麼特別意義的地道，而井室是唯一符合敘述的地方。它是一條位於地下八十到一百呎的水平地道，就這樣。一般埃及考古學家完全不明白這條地道有什麼意義。我看過它，它就像是你挖一個洞穴挖到一半就決定不挖了，非常粗糙。

暫且不討論它，現在我們來看看在國王墓室進行的啓蒙過程。那是一個讓人進入基督意識的地方，它是啓蒙的房間。我會說明埃及人特殊的復活技巧，一種相當人為的方式，需要用到某樣工具和相關的知識。現代人雖然不用這種方式，然而了解它卻頗具教育意義。我稍後會告訴你現代人如何進入第三意識階層。

首先是了解這三個房間在大金字塔的位置，如此會解開許多疑問。雖然有些書上說，國王墓室並非黃金切割矩形，但更有意思的是：它是寬長一比二的矩形，一個√5的房間。還記得第一冊圖7-31的人體圖嗎？人體中線和一條對角線可以創造黃金比例，這個房間就像那個樣子。

那個房間地板的長寬是二比一，高度是地板對角線的一半。你看它在圖9-41的位置，國王墓室並不在中線上，而以一種特別的方式偏離中線。你若要進入它，必須爬上大走廊、低頭穿過矮小的前廳，石棺便在你的右方。它原來不在那裡，而是在金字塔的中線上，你可以看到金字塔頂端就在圖的上方，這是你要知道的第一件事。

在國王墓室會進行兩個啓蒙儀式。第一個是在石棺中進行，第二個在房間中

央，也就是對角線一半的位置進行（通常那會在很多年後，有時甚至是在幾千年之後）。房間中央有個肉眼看不見的四次元裝置。這個房間的牆和天花板都恰好用一百塊石頭砌成，它是給第二意識階層的人用的，而我們的人體周圍恰好有一百個方塊。

國王墓室中的光反射器與光吸收器

　　要解開謎團，還有一個面向要了解。圖9-42是國王墓室房間上方的五個石層。國王墓室的天花板由九塊巨石構成（9是基督意識的關鍵），在天花板上方則是一連串的石層，如圖所示，石層之間有氣體間隙。一般認為這可以減低墓室上方的平頂壓力，避免塌陷。雖有道理，但我不認為那是真正的理由。這些標準的推論主要因為皇后墓室的天花板是尖的，因此不須減壓。然而金字塔下方的井室，為什麼要承受所有石塊的壓力（二百五十萬塊石頭的極度重量），也沒有尖頂或所謂的減壓裝置呢？這五個石層顯然別有用途。

　　仔細觀察，你會發現這些石層不僅是為了保留空氣用以減壓，每個石層下方的那一面都被磨得如同玻璃般光滑，而上方那一面則完全不規則，並鋪有一層四分之一吋厚的黑色泡沫，就像有人在上面噴過泡沫噴霧一樣。在我看來，這個裝置是用來反射來自下方的能量和吸收上方的能量，它是一個分離器。

　　這些石層還有另一個功能（埃及人的設計經常一物多用）：它是一個聲音產生器。你把人類意識的幾何圖疊加到這個房間去看，就會明白。這是圖特說的，我在這裡告訴你的許多事，你不會在別的地方讀到。

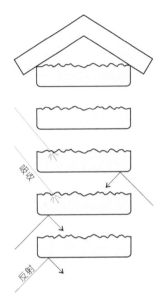

圖9-42：國王墓室房間上方的五個石層。

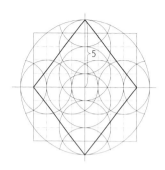

圖9-43：第一意識階層結構「8×10」。

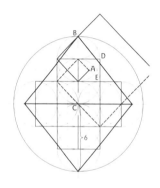

圖9-44：第二意識階層結構「10×12」，
一百個網格。虛線螺旋通過
零點，象徵地球的中心。實
線螺旋則通向銀河的中心。

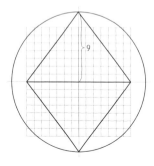

圖9-45：第三意識階層結構「14×18」。

對照人類的意識階層

大金字塔顯然不是爲了第一階層的42＋2個染色
體的人類而造的。大金字塔的基本構造是三，它整合
了我們的意識與基督意識的意識階層，而非第一階
層。

圖9-43是第一意識階層的金字塔，它的底端到頂
端有五個方格，你看到第一意識階層是五的因數，只
能被一和五分解。

圖9-44是第二意識階層的金字塔，一百個網格的
人類意識，它的底端到頂端有六個方格，三是它的因
數。

圖9-45是第三意識階層的金字塔，基督意識的階
層，它的底端到頂端有九個方格，三也是它的因數。

如此大金字塔的構造以三爲基礎，因爲三是它的
最終目的兩個意識階層的公因數。

捕捉白光

看看第二意識階層「10×12」的圖（圖9-44），
從A點開始的實線是白光能量，它先向下然後向上
旋繞，精確地從金字塔的尖端B點離開（頂石如果還
在，就在這裡）。從A點還有另一條虛線代表黑光能
量，它先向上，然後轉折向下通過零點，也就是金字
塔底座的中點C。圖特說，因爲金字塔的地點連結了
地球巨大的幾何能量場（尤其是八面體能量），而它
相當於我們自己的能量場，加上金字塔本身的質量和
幾何結構，使得向上的白光螺旋特別強大，延伸可及
銀河中心。而黑光從上方而下，通過零點連結地球的
中心。大金字塔便是如此將地球中心與銀河中心連結
起來的。

假設你只想連結在起源處的白光能量（這是啓蒙

中體驗基督意識的必要過程），它的起點其實在D，橫跨一個對角線到達A，而黑光其實從E點開始，向上跨過一個方塊到達A。然而如果你從D和E開始，能量會通過起點A，問題是這樣兩者的極性會互換。圖特提出解釋：能量在回到起點A時，進來的陰性能量會變成陽性，進來的陽性能量會變成陰性。

埃及人只想利用剛通過A點的能量（也就是在它轉九十度之前），而這正是國王墓室的位置。然而若在此進行啓蒙，會碰到另一個問題，它的上方區域充滿黑光或陰性能量——這才是國王墓室屋頂裝設了五個分離器的原因。那些空間用來吸收上方的黑光能量，並反射下方進入的白光能量，將兩者分離。

當你躺在石棺中，直徑約二吋的陽性能量光束會從下方的地板以四十五度角射入，剛好穿過你的頭，從後腦通過松果體，那個藏有一切祕密的地方（我會在適當的時候解釋）。

在荷魯斯左眼和右眼學校各十二年的訓練，也就是二十四年的學習之後，準備好的人才會來到這裡接受啓蒙，蓋上石棺躺上兩天半到四天。

當你躺在石棺中，白光照進松果體，用上二十四年的訓練成果，你會依照費伯納齊數列「1，1，2，3，5，8，13」精確地旋轉九十度，依循陽性螺旋出去（而非陰性的曲線螺旋，因爲那是無法依循的），得到變爲一切創造的驚人體驗——這是一個人爲的基督意識經驗。

你在宇宙待上幾天便會回來，因爲你的訓練會讓你回來，你會循著費伯納齊數列歸來，那也是你回得來的關鍵。圖特說，平均每兩百位啓蒙者會有一個人不回來。進入宇宙是多麼美妙的經驗，這讓回到地球變成令人難過的想法，你不會想回來，但是嚴格的紀律讓你回來。古埃及人在訓練你時，會把「回來」的指令深深鑴刻在你的腦海中，好讓你拒絕不回來的念頭，並維持那種意識狀態。你若不回來，你的身體會在石棺中死亡，不再回到地球生活。然而大部分的人都回來了，因爲這個作爲的目的就是要進化人類的意識，如果他們不回來，地球就沒有那個經驗。

下一章我們會談到埃及人把費伯納齊和黃金切割螺旋放在大金字塔周圍的顯眼之處。他們爲什麼要這麼做呢？因爲他們要你明白這兩個數列的重要差異。

和剛才提過的白光和黑光能量有關的是，如果埃及人循著黃金螺旋離開，他們將不知起點在何方，因爲黃金螺旋並沒有起點和終點，如此他們在宇宙時將不知道自己的身體身在何處。然而因爲他們循著費伯納齊數列出去，回來時他們可以循著「5，3，2，1，1」的數列回來而找到自己的身體，並離開基督意識的經驗回到地球，進入他們身體所在的國王墓室石棺中。當他們回來時會徹底改變，再也不同，

因為他們擁有基督意識的直接經驗。

啓蒙室的證據

　　基於兩個明顯的理由，可證明這個墓室的功能是啓蒙而非保存遺體。第一是埃及人處理木乃伊的過程。古埃及人製作木乃伊的方式，不管對象是國王、皇后、法老、醫生、律師或任何達官顯要，都是一樣的。會有一個儀式取出內臟，置放於四個陶罐中，然後包裹遺體，放入石棺封存，最後將石棺和四個陶罐埋藏在指定地方。據我所知，絕無例外。

　　在國王墓室中，石棺比墓室的入口還大，因此它一定沒有辦法被移到別的地方，它是一具非常巨大的大理石棺，一定是在蓋金字塔時便被放在這裡，這也是它還在這裡的唯一原因——否則早就不知道被偷到哪個博物館去了。石棺的蓋子不見了，然而石棺本身動不了。墓室的入口很小，進入墓室的通道更小。顯然沒有人被埋在石棺中，因為打開石棺時並沒有發現任何木乃伊，這是有力的證據之一。

　　另一個理由是墓室中的通風管。如果這是個墳墓，便不需要通風。埃及人的墓室會盡量減少空氣，以保藏木乃伊，從來沒看過設有通風管的。然而國王和皇后墓室都有通風管，可知這是為了讓在這裡進行儀式的人有足夠的空氣可呼吸。

　　還有另一個明顯的證據指出國王墓室的功能。當人們首次檢視這個墓室，發現在靠近金字塔中央那一端的棺木裡有一些白色粉末，那是人們進行啓蒙儀式時頭部所在的地方。他們不知道這些白色粉末是什麼，但用試管裝起來，存放在大英博物館，直到最近才解開裡頭的成分之謎。

　　當你在靜心中進入 θ 波的狀態，胼胝體會完全將左右腦聯結起來，此時松果體會分泌一種液體到前額。這種液體乾燥後會剝落成白色結晶，也就是在棺木中發現的白色粉末。在那裡發現的粉末遠大於一個人產生的量，估計有許多人經過啓蒙的過程。當你回到位於國王墓室中的身體，他們會馬上把你從大走廊搬到皇后墓室中，在那裡穩定你和你對超級宇宙的記憶，不會遺失這個經驗。這也是皇后墓室的主要用途。

捕捉黑光

　　在地底下有個房間稱為井室，是啓蒙開始的地方。我在傳統研究中沒有發現任何人知道井室的用途，然而如果你把金字塔疊在第二意識階層的圖上（圖9-44），你便會明瞭。

　　如果你只想要黑光螺旋（金字塔中的啓蒙起點），理論上你會想到國王墓室的上方，除非你知道這一切事情的眞正內涵。如果你從國王墓室的上方接受黑光，你會通過基座上的零點，進入那一片虛空，那並不是一個令人嚮往的經驗。圖特說，在那個狀態中有太多變數，所以他們選擇了一個能量剛剛離開零點的位置，也就是地底通道區域。

　　圖9-46如果畫得夠完美，你會看見黑光以四十五度角入射通道的盡頭。於是埃及人繼續挖掘，直到他們碰到黑光，再往前挖了一呎便停了下來。那個光束是眞實的，因爲我在那裡體驗過。你若在那裡躺下來，會有一道強大的能量光束罩住你，你將擁有不可思議的體驗。

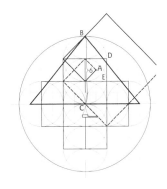

圖9-46：大金字塔，黑光折射向下，到達金字塔下方隧道的盡頭。

阿曼提大廳和耶穌的臉

　　當啓蒙過程完成，啓蒙者會再經歷進入阿曼提大廳（地球的子宮）的訓練。阿曼提大廳位於地底下約一千哩處，非常巨大寬闊。你們有些人聽過我說的故事，這些啓蒙者在進入國王墓室經驗第三意識階層之前，都聽過這個故事。

　　大金字塔還有一件趣事，在進入皇后墓室的走道右邊發現了一個三、四吋大小的圖畫。你也許聽過「都靈裹屍布」的事，人們懷疑裹屍布上出現的是耶穌的臉。科學家不解這個臉是如何印上去的，但我聽說要經過一陣強熱才能留下那個影像。而在皇后墓室的走道上出現的是一張像是刻在石頭上的相片，一樣不知道是怎麼做到的。科學家分析發現，它是由一陣強熱所產生，並且和「裹屍布」上的臉一模一樣，看起來就像耶穌（如果你接受這個說法），它就在通往皇后墓室的走道上，一個用來穩定基督意識的房間。

啓蒙過程摘要

　　首先你進入井室，抵達地底通道的盡頭，體驗引導你進入阿曼提大廳（大地的子宮）的黑光能量。然後你進入國王墓室，在那裡讓白光帶給你成爲一切創造的經驗。最後你進入皇后墓室，將你穩定在那個創造的經驗中，並回到你的生活中幫助人們找到他們的道路。然後你等待長久的時間，在某個特定時刻，也許在來世，你會回到國王墓室完成最後一段的啓蒙，在那個房間中央，進行一個四、五分鐘的儀式。在儀式中會有一個生命之鑰進入啓蒙者的第三眼，確認你長久以來都穩定在那個道路上。以上是圖特告訴我的啓蒙過程。

　　此刻我們了解一把通往宇宙知識的鑰匙：人類意識階層的幾何意義，開始探索這個科學，而我們只不過檢視它最初的三個階層。然而它讓我們理解自己過去、現在和未來的位置，這是理解人類意識的基本藍圖和地圖不可或缺的一步。

Chapter 10

荷魯斯左眼神祕學校

　　在埃及有三所神祕學校：陽性的「荷魯斯右眼
學校」、陰性的「荷魯斯左眼學校」和第三所學校
「小孩」，又稱為「荷魯斯中央之眼」或「第三眼學
校」，是埃及人最重視的學習場所——生活。埃及人
認為生活中發生的大小事都是功課，是為了「更高的
存在層次」（也就是俗稱的「死亡」）做準備。生活
就是教導與學習，日常生活對埃及人來說都有深刻的
祕意。

圖10-1：上方中央分別為「右眼、中央第三眼、左眼」。

　　圖10-1的壁畫顯示了右眼、左眼和第三眼，它不
僅象徵三所學校，也代表生活本身的意義和目的。右
眼是男性，左眼是女性，中央之眼是小孩，也是兩眼
的源頭，因為我們的生命都從孩童開始。

　　荷魯斯左眼學校是陰性通道，探索人類各種正
面和負面的情緒和感覺天性，包括性能量和出生、死
亡、心靈能量和非邏輯的一切。我們在第一冊第五章
開始探索右眼神祕學校，現在要轉而探討大腦的女性

圖10-2：三所學校（三隻眼）的另一
幅壁畫。

圖10-3：金字塔的頂石。

面。我是男性，也許不是教這個主題的最佳人選，但
我盡力而爲。

　　若能理解以下資訊的隱微本質，將有益於生活與
揚升。圖10-2提供描繪這三所學校的另一幅景象，你
可以看見兩眼和中央的球體。圖10-3是放在開羅博物
館的金字塔頂石。西琴（Zecharia Sitchin，見第一冊
第三章）的粉絲，會記得那個長翅膀的卵和孵出的兩
條蛇——象徵太陽系的第十行星「馬杜克」。注意那
兩個眼睛和中間的構圖，它們象徵的是三所學校。

　　荷魯斯右眼學校的另一個象徵是在右眼下方的
朱鷺和卵（中間靠左），左方是一個名字牌飾，更左
邊的三角形是天狼星，然後是代表永恆生命的「安
可」。整排圖騰的中央是「變形蛋」，代表生命進入
永生時實際的身體變化。右方荷魯斯左眼學校的象徵
是花莖和蜜蜂，接下來是名字牌飾、天狼星、安可和
代表亢達里尼能量的蛇。

　　圖10-4是伊西絲和奧賽里斯。奧賽里斯手中握著
復活工具，從左到右是鉤子、四十五度角帶有音叉的
權杖和連枷。伊西絲手握安可，從奧賽里斯背後遞給

圖10-4：伊西絲和奧賽里斯及復活
工具。

圖10-5：圖坦卡門國王的鉤子和連
枷。

他。圖特說安可只能從背後啓動，若從前方遞出，它將會摧毀你。安可非常重要，我們稍後會教你與安可一起運用的性呼吸。圖10-5是圖坦卡門的鉤子和連枷。

圖10-6是位於阿布辛貝的壁畫，你可以看到伊西絲、荷魯斯和奧賽里斯一家人。在全埃及，我只在這裡看過示範復活工具的畫。荷魯斯拿著權杖對準奧賽里斯的後腦杓，也就是進入第八脈輪的地方。這裡沒見到鉤子，但埃及人的確會上下移動鉤子、調整權杖，可見因爲已經調整好了，所以不見鉤子的蹤影。奧賽里斯舉起手臂，用手指握住彎曲的音叉，用來微調身體，讓脊椎維持特定的振動，如你所見，他處於勃起的狀態。在埃及人的復活概念中，性能量扮演重要的角色，性能量沿著他的脊椎升起，藉由高潮讓轉化發生。埃及譚崔這個主題很複雜，需要一本書的篇幅來說明，我們暫時先不提。

在圖10-7，你看見伊西絲把安可放在奧賽里斯的鼻子和嘴前面，表示安可這把通往永生的鑰匙與呼吸有關。至此我們知道安可與性能量和呼吸都有關係。圖10-8是另一幅圖，伊西絲頭上頂著的是一個「變形蛋」，表示她在教導奧賽里斯透過呼吸經歷生命的變化。這些你稍後都會學到。她輕握他的手，臉上浮現蒙娜麗莎般甜美的微笑，教導他透過呼吸從普通意識進入基督意識。

圖10-6：伊西絲、荷魯斯和奧賽里斯在阿布辛貝神廟的壁畫。

圖10-7：伊西絲把安可給了奧賽里斯。

圖10-8：另一張交付安可的圖。

埃及人的啓蒙

孔翁波的鱷魚啓蒙

圖10-9：孔翁波神廟。

圖10-10：荷魯斯的兩隻左眼。

　　啓蒙者的情緒和感覺若不平衡，將阻礙進化。情緒不平衡的人在開悟之道上前進一小段，便會停滯不前。缺乏愛、慈悲和健全的情緒體，心智將蒙蔽自我，以爲啓蒙完成而事實上沒有。

　　接下來的儀式充分解釋了埃及人認爲克服恐懼有多麼重要。恐懼的負面情緒是阻擋人們成長和進入光明的主要力量。一旦進入更高的光世界，想法和感覺將直接顯化，而這種狀態會引發嚴重的問題，因爲若一個人進入新次元，首先顯化的便是恐懼，將產生自我毀滅並被迫離開。因此古老部落發現，爲了生存在更高的世界，我們必須在地球上克服恐懼。爲了達到這個目的，埃及人在尼羅河畔蓋了一些很特別的神廟。

　　圖10-9是孔翁波神廟，代表第二脈輪「性輪」。十二座沿尼羅河建立的神廟中（若算上大金字塔是十三座），孔翁波神廟是唯一奉祀極性（或稱二元性）的地方，而極性也是性的基礎。孔翁波神廟裡有兩位神：鱷魚神索貝克（Sobek）和荷魯斯。它是全埃及唯一的一座雙神廟。當你面對神廟，廟的右邊獻給黑暗，左邊獻給光明。有趣的是，這座神廟在一九九二年發生的事，象徵性地呼應了新時代──在那年的埃及大地震中，神廟右半部代表黑暗的一邊倒塌，而代表光明的那一邊則毫無損傷。桂格・巴登（Gregg Braden）當時在現場，是他告訴我的。如同我們一向強調的，現在的光明比黑暗強壯許多。

　　圖10-10是孔翁波神廟後牆上的雕刻，兩個左眼表示這是處理情緒體的陰性學校，它是獻給兩位神明的兩所學校。你可以在左方看見那個復活用的四十五

圖10-11：祭祀儀式洞口的切面圖。

度角權杖。當時是一九九〇年，我在第二次到埃及旅
行，我們在孔翁波神廟進行了一個美麗的儀式。我們
爬下一個洞，圖10-11是那個洞的橫切面。一塊大理
石板橫陳在洞中央，只有底部接近地面的地方有點空
隙，所以我們從那兒過去，從另一邊爬出來，這就是
儀式的實際動作。在圖10-12，你可以看見一個人正爬
進洞裡。

　　我知道古代這裡不只是如此。因為我的朋友要工
作，所以那天我有很多時間參觀。我在埃及隨時可以
感覺到圖特，所以我就問他。圖特要我爬上神廟後方
的高牆回頭看，於是我拍了圖10-13這張照片。我們進
行儀式的洞口是B，已經在照片範圍之外。你可以看

圖10-12：儀式洞口的入口。你可以
　　看到一個準備下到洞裡的
　　男子的右手和頭頂。

圖10-12b：上圖A點的楔子的形狀。

在圖10-14a中
標示為H的洞口

B

圖10-13：孔翁波神廟的其他部分。

見建築物左後方的背景是尼羅河。尼羅河流經神廟前方，被引進神廟，在這裡水和鱷魚是教導的一部分。

圖10-12的A點是楔子，形如圖10-12b的金屬製品，用來固定石塊不受地震移動，也用以穩固牆面的位置。那位男士向下爬的洞口兩側原有兩道牆，這種楔形的小洞一路延伸到圖10-13的C。

D、E兩道牆原本向我拍照的地點延伸，你可以看見一些神祕空間存在兩牆之間。從神廟後方看過去，這些中空處的左側是黑暗的一邊，右側是光明的一邊。如果只站在牆邊，你無法看見兩牆之間有空間，你會以為牆的另一邊便是神廟的另外一半。

在埃及，每座神廟都會營造一些情境，讓你獲得不易自行得到的經驗，好讓你變得更堅強，並在實際發生時不害怕。你會被放進極度恐懼之中克服恐懼，這個神祕空間的作用便是用來克服一種特別的恐懼。

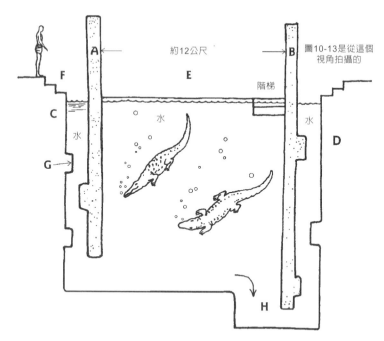

圖10-14a：啟蒙者所用的鱷魚池。

圖10-14a是圖10-13的剖面圖，你可以看見兩牆之間的空間，A、B牆和C、D牆

之間的距離很短，形成迷宮般的通道，看起來像是可以通到另一邊。通道內是水和被拴在池中央的鱷魚，好整以暇地等待進入水中的人。E是可以透光的開口。

　　想像你從未經過這個測試，在許多準備和靜心之後，你現在站在F點的階梯上，看著腳邊那塊不超過一碼寬的小方池。你不知道水裡有什麼，也不知道它通往何處，你被告知要進入水中，並且不能從原來的入口回來。

　　你深吸一口氣，小心地進入水中，因為你知道如果你跳水，可能會碰到突出的大理石板G。你的訓練教導你在未知環境中要保持謹慎，因此你貼著大理石板移動，進入二十呎深的水底。此時一片漆黑，唯一有光的地方只有上方，當你向光明處看過去，迎面而來的是一隻巨大的鱷魚，你能想像那種恐懼嗎？除了奮力擠開可怕的鱷魚向上游去，似乎沒有其他選擇。圖特說，幾乎所有的受試者都會這麼做。然而你不知道的是，這些鱷魚都餵得飽飽的，不會傷害你，不過對於在水底下只憋了一口氣、乍見鱷魚的受試者而言，差別應該不大。從來沒有人被鱷魚吃掉，不過誰知道呢……

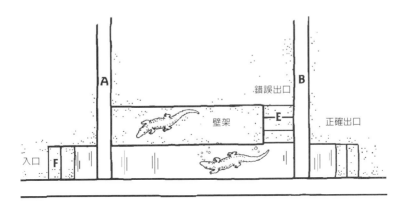

圖10-14b：鱷魚池鳥瞰圖。

　　當你經歷一切，從圖10-14b中的E點出來，你便失敗了，沒有通過測試。因此你要接受更多訓練，當你的老師認為你準備好了，會讓你接受第二次測試。這一次你知道：有鱷魚、你只能憋一口氣，以及出口並非通過鱷魚向光游去。

　　你會再次進入池底，在看見鱷魚的恐怖時刻，找尋另一個出口。如果你找到圖10-14a 中H點所指的通道，也就是我和朋友進行儀式的地方，你必須游到B牆底部，向上游過漆黑的通道，不確定這是否就是出口。這是學校為啟蒙者特別設計的經驗，還有各式各樣的設計，這棟建築有許多用來克服恐懼的房間。

　　當然這裡也有正面的地方，也就是研究譚崔之處——不單是性的歡愉，還要理解性的流動、性能量，以及性與復活的關係。他們研究呼吸和人體的相關性。光是能在水中待那麼久，也就夠令人欽佩了。

　　現在我們已了解恐懼的重要性，再來要談談我在井室的經驗和井室的祕密。

大金字塔下方的井室

　　一九八四年，大金字塔下方的井室因為安全的理由被關閉，很長一段時間他們在下通道的入口處裝設鐵門，派警衛看守，因為井室有很多人離奇死亡，所以不再對觀光客開放。

　　他們否認那些難以置信的事，例如毒蛇和埃及不存在的蜘蛛。關閉井室前的最後一次意外，據說是一群在房間中進行儀式的人因為毒氣而喪命，沒有人知道是怎麼回事。

　　這個空間有一種不尋常的本質，特別是通道底部的那堵牆。那裡是三次元和四次元的交界，你想到和感受的一切會發生。你害怕的事物會變成真實，讓你無法存在新世界中。當你無所懼，你便有顯化正面事物的自由，為你開啓更高世界的大門。四次元的本質就是你思考和感受的事會發生。

　　這就是埃及神祕學校要學生接受十二年訓練，面對人類所有恐懼的原因。孔翁波神廟處理的是與第二脈輪相關的恐懼。每個脈輪都有對應的恐懼。他們讓啓蒙者經歷並克服所有能想到的恐懼，十二年之後他們會成為無懼的人。全世界的神祕學校都在做相同的事。印加人把人逼迫到無以復加的恐懼狀態，喪失性命也在所不惜；馬雅人用整年時間訓練兩個隊伍參賽，獲勝的那方會被斬首，而他們相信這是至高的榮耀，這是他們為高次元做的訓練。

　　在大金字塔的地下通道裡還有一件有趣的事，人們躺下來享受一段美妙的經驗後，卻發現自己在國王墓室的石棺中醒來。埃及人不知道到底發生了什麼事。這是因為當人們在沒有受過訓練的情況下被吸入黑光旋渦，會經過虛無抵達黑光的源頭，在那裡反轉極性，循著白光螺旋回到石棺，將他的整個存在（包括肉體和一切）帶回這個實相中。

　　躺在國王墓室石棺中的人也有許多問題，他們會經歷無法解釋的非理性體驗，因此石棺的位置在很久以前便被移動了。他們把它弄歪並向後推，不讓它對準那個能量場。現在躺進石棺，你的頭也照不到那道光了。埃及人明白這些事。他們會告訴你為什麼要搬動石棺，但不肯說明為什麼不搬回來。他們了解石棺，然而他們不

了解井室旁的通道。因此一九八四年，當一群人在井室通道喪生，他們便封閉整個區域。直到一九八五年我們向有關當局解釋，只有通道末端才是問題之後，他們才開放通道以外的區域，整個區域封閉了一年。

大金字塔底下的通道

說故事是給予和接收資訊最好的方法。再來我要告訴你我在那個通道發生的事，你會因此理解埃及人經歷的啟蒙和四次元的本質。它是這本書的重點，我希望這個故事能開啟你內在的智慧。你不必相信，當成故事來聽就好，我會長話短說。

一九八四年，圖特現身，要我準備去埃及。他說為了連結地球的能量，和地球一起經歷未來的改變，我必須接受啟蒙，並在完全無安排的情況下去埃及。我不能買機票、規畫行程和告訴任何人我要去埃及，生命會安排，如果發生，啟蒙將自然開始。如果沒有，啟蒙也就不會發生。遊戲規則很簡單。

兩週後，我去加州看我的姊姊妮塔。我們很久沒碰面，她剛從中國回來。妮塔總是在旅行，她去過所有主要國家和城市。她非常喜歡旅行，乾脆買下一家旅行社，把愛做的事和工作結合在一起。我在她家裡聊天時，小心避免談到圖特要求我的事，然而它還是發生了。

凌晨一點半，我們閒聊著中國的話題，她桌上放了曼理（Manley P. Hall）的《各時代的祕密教導》（*The Secret Teachings of All Ages*）。她隨手翻到了大金字塔那一頁，於是我們的話題開始轉向埃及。不一會兒，她看著我的眼睛說：「你沒去過埃及吧？如果你想去，我可以幫你出錢，告訴我一聲就好。」

我必須忍耐著不提圖特的事，於是我謝謝她，並說如果我想去會打電話給她。妮塔去過埃及二十二次，造訪過每一座神廟，我很高興她願意帶我去，但我不知道這和啟蒙有什麼關係。

我回家後，圖特便立刻現身告訴我，我的姊姊便是我去埃及的方法。他要我隔天打電話給妮塔，說我想在一九八五年的一月十號到十九號之間去埃及，而且這是啟蒙的唯一時間。那時已是一九八四年十二月上旬，也就是說，我只有一個月的準備時間。

隔天早上我掙扎著打電話給妮塔，因為我覺得很不自在。她說要帶我去，但她說的是某一天，而不是立刻。我大概猶豫了二十分鐘，才鼓起勇氣打電話。在電話中，我告訴她圖特要我做的事，並說我得在一個月內成行。她查了一下行程表，告訴我九個月內不可能，因為她的工作是滿檔的。這和我預期的差不多。

妮塔很愛我，她安慰我會再查查行程，晚點再聯絡。她掛上電話時，我想這是不可行了。然而我不懂的是圖特從來沒有失誤過，而他告訴我這是我去埃及的方法。

不久，妮塔打電話給我，她的聲音聽起來很奇怪，她說：「我的行程比原來說的還要滿，已經安排到十月份了。但是我去看你要的時間，我在一月九號前和一月二十一號後都沒空，然而中間這段期間居然什麼都沒有安排。德隆瓦洛，我相信圖特是對的，我們要去。」

不僅如此，妮塔隔天告訴我更有趣的事，她說：「我打電話給幫我處理旅行社機票的朋友訂機票，她發現這是我要給你的，就給了我們免費機票。」這真是完美的啓蒙，毫不費力。

圖特開始每天出現，教我去埃及需要的資訊。首先是按照順序造訪神廟，否則無法完成啓蒙。他教導我亞特蘭提斯語，有些話要用標準發音大聲念出來才能完成啓蒙。圖特每天都來教我發音，直到他滿意為止。他讓我用英語拼音記錄和背誦。造訪埃及的每一座神廟時，我都必須念出特定的亞特蘭提斯語來開始啓蒙工作。

最後，圖特教我面對恐懼的方法，他教我分辨我害怕的是真的，還是想像。他讓我想像藍色電流像呼拉圈般環繞我的身體，如果恐懼是真的，它會以特定方向轉動，如果只是想像，便會反向旋轉。我認真地練習。圖特說我的生命要依賴我對靜心的認識。

我們出發前有人想加入。圖特在他們詢問前便知道了，他說這是在很久之前就注定的。最後我們一共五個人成行，我和我的姊姊、另一位女士和她的丈夫與兄弟。我記得我們飛抵埃及前，飛機在吉薩金字塔繞了一圈，我們五人就像等待玩樂的孩子，興奮不已。

來接我們的人是世界最知名的埃及考古學家奧米德・費賀得（Ahmed Fayhed）和他的父親穆罕默德（Mohammed），也是埃及名人。他們都是妮塔的好友。費賀得讓我們快速通關回到他家。那是一棟巨大的建築，他的家族住在這棟大樓不同樓層，從他們家可以直視人面獅身像的眼睛。

費賀得的父親穆罕默德是個有趣的人，他小時候夢見大金字塔旁有艘大木船，隔天畫了那艘船和船上的象形文字，並記下船的位置，這個筆記不知怎麼傳到埃及官員手裡，他們看到那些象形文字，知道這是真的，便按照地點去挖掘，果然找到一條大船。

埃及政府挖出這條支離破碎的船，想重新組合，經過兩年努力，不得不放棄。

這時候穆罕默德又做了一個夢，畫下那條船的藍圖，埃及政府便藉此完美組裝了那條船，還在大金字塔旁蓋了一個美麗的展示間，你若有興趣可以去看看。穆罕默德幾乎發現了整座孟斐斯城，他絲毫不差地畫下建築物或神廟的藍圖，然後告訴埃及政府到哪裡去挖掘。

吉薩中間的那座金字塔也是穆罕默德用心靈力量打開的。埃及政府問他打開這座金字塔是否合宜，穆罕默德靜心後說可以。埃及政府表示他們只想要挖開一塊磚（有兩百萬塊磚頭）來打開，於是穆罕默德便坐在金字塔前靜心了五個小時，說：「這塊磚。」結果，它確實就是入口的位置，於是埃及政府第一次進入第二座金字塔。他是我們的嚮導費賀得的爸爸。

當我們抵達費賀得的家，他讓我們休息了幾個小時，然後問我們想去哪裡，我給他圖特交代的行程，他看了看說：「這不好，你們只有十天，去盧克索的火車明天晚上六點才有，這樣你會損失兩天。我們應該先去薩卡拉（Saqqara），然後直接去大金字塔。」這自然是圖特交代不能做的事。

然而費賀得豈是能接納其他意見的人，因此他安排我們隔天早上去大金字塔，並要求我們不能進入地下通道。然而那正是我們來此的主要目的呀！他告訴我們那有多麼危險，而且如果我們要去，他不跟我們去。我真不知該如何是好，圖特說我們必須照著行程走，而現在眼看著不可能，那麼啟蒙也就不會發生了。

我決定依照費賀得的計畫進行，然而我也了解，一旦這麼做，整件事就泡湯了。

隔天早上，每個人帶了必要的隨身用品，包括手電筒、蠟燭和水等，一行人在費賀得的客廳等待出發。費賀得打開前門要我們離開，我姊姊帶頭，三位同伴隨後，然後是我。除了有些擔心行程，那天早上我的身體非常健康，心情愉快。然而就在我走向費賀得時，突然間彷彿晴天霹靂，一陣能量襲來，像是要阻止我前進。接著有兩陣非常強大的能量穿透我的身體，然後一波一波的能量快速衝擊我，我只知道自己跌坐在地上大吐特吐，感覺我身體的每個系統就在我眼前崩潰，不到十五秒，我病得無法自理一切。奇怪的是，當疾病來得這麼快，靈魂是來不及生病的，我記得我躺在地上，想弄清楚到底怎麼回事，就像看一場電影一樣。

他們把我抬進房間，我全身癱瘓、動彈不得。這真是嚇人。我躺了三個小時，感覺愈來愈糟，一點辦法也沒有，直到隔天早上，中間的事情我都沒有印象。我一整天什麼都不能做，只能躺著，直到下午三點才恢復一點精神。我試著做梅爾卡巴靜心來療癒自己，然而那時候我還不知道怎麼躺著靜心。我讓我的朋友把我扶起

來，開始靜心。

當能量在我體內流動，我便開始恢復，三十分鐘後，雖然還有些暈眩，但我已經可以在房裡走動。費賀得來問我的情況，我說好多了，但還是不太舒服。他從口袋裡拿出原來的行程表看了看，表示如果趕一個半小時的車，可以搭上去盧克索的火車。然後他對我說：「你應該很快樂，現在我們按照你的行程走了！」

我始終想不通是自己還是圖特讓我生病。總之，那一場病很不尋常。無論如何，啟蒙開始了。

當我坐上開往盧克索的火車，生病的感覺還是不斷回來，但我持續用生命能的呼吸讓身體充滿能量。隔天早上到達盧克索時，我又變得生龍活虎，興奮地等待接下來的事。

在造訪盧克索的「人之神廟」（啟蒙的第一座神廟）前，我們先去旅館。費賀得交給我房間的鑰匙，房號444，靈性啟蒙的號碼。我明白一切都回到完美的路徑上。事實上從那時起，每一件事都非常流動而完美。我們依照圖特的順序造訪每一座神廟，進行儀式，我按照小抄念出標準的亞特蘭提斯咒語。生命的進行就像尼羅河水一般流暢。

一月十七號我們就回到費賀得的家，預備要到地下通道完成最後的啟蒙。結果直到隔天一月十八號（我的生日），我們才進得去。我在一九九〇年第二度造訪大金字塔，行程是我朋友規畫的，結果也在我生日當天進入大金字塔。我相信事情的發生總有個宇宙性的理由。

我們雖然在十七號就回來，但費賀得到了晚上才收到進入大金字塔的書面許可，所以我們只能在隔天早上前往。當我們到達通道前的鐵門，費賀得設了兩道關卡才擋住觀光客，讓我們進入禁區。要知道一天可是有一萬八千人的參觀人潮呢！守門的警衛警告我們只有一個半小時，要我們遵守時間。當我們進入門裡，他們才讓觀光人潮繼續通行。

我們站在這個傾斜角度和地軸一樣的二十三度傾斜通道上，要向下走四百呎，進入一個地底下的房間。沒有人知道怎麼走，樓梯只有一碼寬，一碼高，非常陡峭，不能走，也不能爬，我們相互取笑說只能用滾的下去。背包不能上肩，不然會碰到天花板。於是我們把背包放在大腿上，像鴨子一樣蹲著走。其他人先走，我殿後。

我的腦中一片空白，不能思考，只能觀察，突然間一種感覺喚醒了我。大金字塔有一種陽性的振動，深沉而密集，綿綿不絕，我一進入金字塔就感受到了，而我

在下降過程中一直專注於此。突然間，我發現有兩個兩吋見方的紅色方塊出現在牆上（圖10-15），一邊一個。通過它時，振動似乎往下掉了八度，同時一陣恐懼湧上心頭。

　　我完全投入這種振動和恐懼感中，完全忘記圖特的教導。他告訴我克服恐懼是進入這個空間最重要的事。可是我不記得，我回應了我的感覺。進入更深的通道後，我感到更加害怕，然後又通過另一組紅色方塊，振動好像又降了八度，恐懼變得更為強烈。我問自己怕什麼？我聽見內在的聲音說：「你怕毒蛇。」我說：「是，但這裡沒有蛇。」那個聲音說：「你怎麼知道？可能有蛇。」就在這個內在對話中，我們到達了底端，我感到極度恐懼，我雖然怕蛇，但生命中從來沒有這麼害怕過。圖特像是離我百萬哩遠，我完全忘了他，我忘了可以幫助我克服恐懼的藍色光環，我忘了所有訓練。

　　我們通過一個書上很少提起的房間，進入我們的目標「井室」，房間中央正是那口井。井裡面填了三十呎的碎石，這個房間沒有特別的形狀，完全是陰性的，沒有直線，看起來像洞穴，而非房間。最後我們終於站在那個小小的通道口，我們大老遠來的目標。

　　順便一提，圖特說這房間非常古老，不是埃及人蓋的，他不知道是誰建造的，他蓋金字塔的原因就是要保護這個房間。他說這是一個四次元空間，通往阿曼提大廳（地球子宮）的入口，是世界最重要的地點之一。圖特鼓勵我把握機會查證他的話，特別是容易確認的事。因此當我和費賀得搭上往盧克索的火車時，我便趁機問他。他證實了圖特的說法，那個房間並非埃及人所建，不知道是誰建造的，沒有書籍提過這件事。

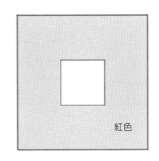

紅色

圖10-15：紅色方塊。

回到我的故事。這個通道非常狹窄，比我們下來的通道更小，我不確定它在幾次元，你只能以肚皮貼地的方式爬行，我認為它向下延伸至少八十到一百呎，然而最近去過的人告訴我那裡只有二十五呎。我認為不可能，我相信埃及人封閉了那個通道。地板是柔軟的矽砂鋪成的，牆上和天花板都覆蓋細小的水晶，閃閃發光像鑽石一般，非常美麗。當我們用手電筒照通道，光似乎只能螺旋前進數呎，之後便是一片漆黑，我從未見過那種景象。

大夥兒把手電筒湊過來增加亮度，想評估前方的情況，接著回過頭對我說：「你帶我們來的，你先請。」我別無選擇，把背包墊在胸前爬行，用我的小手電筒照路。我仍感到對蛇的恐懼，四處張望，希望不會看見牠們。我們似乎爬了幾個小時，終於來到通道的底部 —— 沒有蛇，我鬆了一口氣，然而此時我卻瞄到底部右邊有個很小的洞，看起來很像蛇洞，我的恐懼立刻衝到頂點。我拿手電筒照進去看看有什麼東西望著我，還好沒有。但我實在不喜歡，然而又能如何？我把注意力轉到眼前的問題，我發現牆上文字顯示的奧賽里斯引導啓蒙者的方式，對我們並不適

圖10-16：奧賽里斯和一群啓蒙者在隧道中。

用，因為現代人的身體似乎比以前大的多，見圖10-16。

從圖上看來，奧賽里斯讓啓蒙者坐著，而我完全做不到，此時我終於再次想起圖特並要求他出現。他要我頭朝通道底部躺下來，也要求所有的人都這麼做。當我躺下來，立刻發現了幾件事。首先，這真的是我到過最黑暗的地方，即使把手放在眼前也看不見，這裡一個光子也沒有。再來我感覺無比沉重，彷彿一整座山壓著我，就像被活埋一樣，除了通道，四面八方都是堅硬的岩石，而通道被我們的身體塞滿。我很慶幸自己沒有幽閉恐懼症。

圖特很清楚地出現，告訴我開始做梅爾卡巴靜心。我想開始，然而對蛇的恐懼襲來，我想起那個蛇洞就在我頭部的左後方。我看不見，然而我的想像開始變得狂野，我看見蛇從洞裡出來爬滿我的全身。感覺很真實，我知道如果我繼續這麼想，蛇真的會出現，我將全身布滿響尾蛇。我知道這是為什麼這麼多人死在這裡的原

因，然而我還是忘了圖特教我對付恐懼的方法。

我想我的反應很美式，我學約翰韋恩揪起衣服，對自己理性勸說。我告訴自己，我一路從美國到埃及，死了又如何，生命仍然繼續。我要振作起來，**忘了毒蛇，記住神**。即使全身蓋滿毒蛇也要繼續。幸運的是，這居然奏效了。我開始把心思放在完成梅爾卡巴靜心。像飛碟一般的美麗光體伸展至五十五呎遠，一種幸福感圍繞著我，我完全忘了毒蛇的存在。有趣的是，在我生病時，我沒有辦法躺著靜心，然而在這個通道中卻可以。也許因為黑暗中分不清上下左右，就像漂浮在外太空一般。不管如何，感謝上帝讓我能躺著靜心。

此時圖特一直在我的視野中，他先要我念出亞特蘭提斯咒語，好獲得七位阿曼提大廳之神的應允，他要我用力地唱；之後是一段空白，彷彿過了數年之久。然後圖特問我，是否知道我在梅爾卡巴中就像太陽一般發光。我說我知道。他又問了一次，我又說了一次我知道。接著他問第三次，說道：「如果你真的知道，那就張開眼睛。」我睜開眼睛，我能看得見。我周圍的一切都帶著一種微光，就像在月光中一般，但不像有光源，彷彿空氣在發光。

然後我的頭腦介入了，我以為有人點燈。我用手肘撐起上身，看看其他四個人，他們躺得好好的，沒有人開手電筒。我看得見他們，我又躺下去，四處張望，真是太神奇了！我可以看得很清楚，幾乎亮得可以閱讀，於是我又再度閉上眼。我不時睜開眼睛，那光還在。玩了一會兒，我閉上眼，問圖特下一步要做什麼。他看著我說：「照亮整個通道還不夠嗎？」於是我花了一個小時觀照這不可思議的現象。我記得鬧鐘響起時，我的眼睛是閉上的。當我張開眼睛，期望看見明亮的通道，然而令我驚訝的是通道裡已是一片漆黑，啟蒙結束了。

我們回到守衛那裡，門已經打開。我的姊姊參觀過太多次金字塔，她先到外面去，我們則參觀國王墓室和其他房間。後來交換故事，我發現每個人都得到了各自所需的不同經驗。我的姊姊說她站在那個小通道裡，一位很高的存有帶她去一個特別的房間進行啟蒙。生命真的不是我們能理解的。

我離開金字塔時，看見了一件難以置信的事。從金字塔入口一直到頂端，有六、七萬個人在那裡聚集，當我再看清楚些，我發現他們都是五到十二歲的孩子，幾乎沒有大人。我看到他們從金字塔底手牽著手排成一列。我走到最接近他們上方的樓梯，發現他們真的是手牽著手。這引發了我的好奇，我繞了金字塔一圈，發現他們牽著手繞著金字塔形成一個完整的圓。我甚至跑到第二個和第三個金字塔看看是否那裡也一樣，果然是。當我們在裡面的時候，孩子們將三個金字塔團團圍住，

這到底是怎麼回事？

　　當我回到費賀得家，我進入靜心，問天使這些孩子是怎麼回事？他們問我是否記得十二年前他們告訴我的話。他們說十二年前，我被要求成爲來自中央太陽的孩子的父親，而這個孩子是金字塔的頂端。將會有幾百萬個孩子來到地球協助地球轉化到下一個次元。這些孩子在十二歲之前和普通小孩並無不同，之後他會在地球各地加速出現，成爲一股不可抑遏的力量。天使說這些孩子們的靈性相連，他們會在適當的時間帶領地球進入新世界。

　　完成靜心後，我計算了我的兒子采巧瑞的生日（一九七二年一月十號）和那一天（一九八五年一月十八號），恰好距離十三年又一週。我都忘了這件事，但孩子們沒忘。在最後一章，你會知道關於這些孩子的訊息，我們的孩子們，那些來自星際的美麗存有將爲地球帶來巨大的希望。記住，孩子是荷魯斯的中央之眼，他們就是生命。

哈索爾人

　　哈索爾人（Hathors）是荷魯斯左眼神祕學校的主要導師。他們不是地球人，然而從遠古時代他們便在這裡協助我們開展意識。他們對我們極其友好，現在仍是。當我們的意識愈來愈趨向三次元，我們終於不再能夠看見他們或回應他們的教導。直到現在，因爲我們的成長，我們將能再次看見並與他們溝通。

　　圖10-17是哈索爾人的樣子，他們是來自金星的四次元存有。你無法在三次元的金星看見他們，但你若對準金星的四次元，高八度的泛音，你會發現他們的巨大文明。他們是太陽系最有智慧的意識，是太陽系全體生命的核心管理者。外來者要進入太陽系，必須

圖10-17：哈索爾。

先經過金星人的同意。

　　他們是愛的化身，有著基督意識的愛，用聲音溝通和創造生活環境。他們耳力極佳，內在毫無黑暗，他們就是光——純潔慈愛的存有。哈索爾人就像海豚，海豚幾乎能用聲納做任何事情，而哈索爾人幾乎能用聲音做所有的事。我們創造機器供給家庭照明或熱能，哈索爾人用聲音就能做到。因為羅馬人認為他們是惡靈，不遺餘力地鏟除他們的形象，所以沒有多少塑像被保留下來。這座雕像是在孟菲斯城挖掘出來的，原本位於四十呎高的梁柱頂端，然而現在的地表已經高於那根柱子了。我一九八五年在那裡的時候，他們發現了這座神廟。

　　哈索爾人和第一冊第三章所談的尼菲林人一樣，身高約十到十六呎。長久以來，他們以愛和對聲音不可思議的常識協助人類在地球的生活。埃及人有一種大金字塔的啓蒙儀式是利用安可（ankh）的聲音。哈索爾人能持續發聲半小時到一小時之久，用於療癒身體或協助自然恢復平衡。哈索爾人學會同時發聲和呼吸，用鼻子吸氣到肺並從嘴巴出來，能持續不斷地發聲。用安可的聲音做啓蒙儀式是他們為我們創造平衡的方法之一。哈索爾人在地球上幫忙人類已有幾千年之久。

　　同時呼吸和持續發聲並非前所未聞。有一位演奏「迪吉里杜管」（didgeridoo）的原住民便運用循環呼吸來吹奏，藉由控制空氣進出身體而維持連續一小時的單音吹奏。事實上並不難學。

丹達拉神廟

　　圖10-18是丹達拉（Dendera），一座敬獻給人類偉大導師「哈索爾人」的神廟。過去在神廟的廊柱上都刻有哈索爾人的頭像，但遭人毀損。這座神廟非常

圖10-18：丹達拉神廟。

圖10-19a：阿比多斯的第一座塞提一
世神廟。

大，有許多大型梁柱，縱深約有四分之一哩，你很難
想像那有多大。

　　丹達拉有兩個非提不可的地方，神廟中有一幅占
星圖，我提過很多次。大廳右手邊的飾牆下方有個小
房間，我沒去過，裡頭有一幅壁雕，畫的是從太空看
到的完美比例的地球，從地球伸出一條線，線的尾端
有個插頭，插頭旁是一個電源插座，插頭沒有插在插
座上。埃及人如何知道地球未來會使用電力？

　　還有一張照片。當我在阿比多斯塞提一世的第
一座神廟時（圖10-19a，見第一冊第二章），幫我工
作的守衛要我等到四下無人時、對準天花板的一根橫
梁拍照，因為很黑，我也看不清楚到底拍了什麼。等
回到家把照片沖洗出來，才發現一張匪夷所思的照片
（圖10-19b）。如我對埃及「時光刻痕」的解釋（見
第一冊第54頁），任何高於地板十五呎以上的東西都
代表未來，照片中的區塊在四十呎到天花板之間，畫
的是一架攻擊式直升機，下方有成堆油桶，一隻老鷹
站在半球上對著一輛武裝坦克，另外還有兩架朝相同

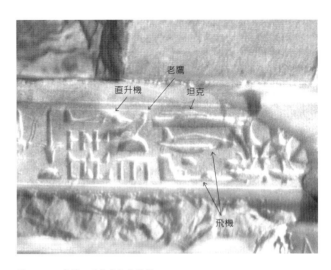

圖10-19b：塞提一世神廟裡的雕刻。

方向的飛機，對著武裝坦克這個「敵人」。

在一九八六年，這張照片還沒有什麼意義。到了一九九一年，一位參加工作坊的退休軍官說，這系列象形文字完全像是美國軍方在「沙漠風暴」戰爭中出動的武器。歷史上也只有這場戰爭同時有直升機和坦克出現。很難說埃及人是不是看見了尚未發明的直升機，自從我拍下這張照片後，有很多人和網站都看過它，但迄今還沒有合理的解釋。

圖10-20是丹達拉神廟後方通道最上方的一個小房間，門楣上有巨人尼菲林人的行星「馬杜克」的符號。下方的圓中間是荷魯斯的左眼，象形文字的左邊是圖特指著這個圓 （圖10-20a）。這個入口後方的牆上畫了伊西絲和奧賽里斯的故事，那幅畫風極度簡潔的畫是埃及信仰的基礎，遺憾的是埃及官員不讓我拍照。

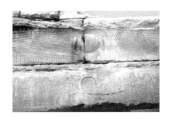

圖10-20：丹達拉神廟其中一個房間的門楣。上方中央是「馬杜克」行星的符號。下方中央的圓圈是荷魯斯的左眼，左邊是代表圖特的象形文字。這個房間本身記述的就是以象形文字記錄的伊西絲和奧賽里斯的故事。

神交受孕

奧賽里斯、賽特、伊西絲和奈芙蒂斯是兄弟姊妹。哥哥奧賽里斯娶了姊姊伊西絲，弟弟賽特則娶了妹妹奈芙蒂斯。有一天，賽特殺了奧賽里斯，把屍體丟進尼羅河。伊西絲和奈芙蒂斯設法找到他，並將他救回來。賽特發現後再次殺了奧賽里斯，把他分成十四塊丟棄到世界各地，以確保他不再回來。伊西絲和奈芙蒂斯找到其中十三塊，而失蹤的是奧賽里斯的陰莖。

圖10-20a：放大圖10-20下方的圓圈。

牆上的故事說的是她們找回了十三塊身體，並把他拼了回來，獨缺陰莖。於是圖特用魔法把奧賽里斯的陰莖變回來，讓創造能量流通他的身體。伊西絲變成一隻老鷹回來，從空中降落並用雙翅環抱丈夫的陰莖，受孕後她就飛走了，生下一個鷹頭寶寶，取名荷魯斯。當然他並不是真的有顆老鷹頭，這只是他的名

字的象形文字。後來荷魯斯報了殺父之仇,讓賽特也嘗受他父親奧賽里斯經歷的痛苦。

圖特說畫在這裡的是「神交受孕」或「處女生殖」。由於女性不必要是處女,因此他稱之爲「神交受孕」(Immaculate Conception)。圖特說那是一種跨次元的生子,伊西絲跨次元飛向奧賽里斯,他們並無身體的交歡。

全世界的處女生子

我提過要探討這方面的資訊,我自己本來也很難接受,請你自行下結論,我起初也只當是神話,現在我知道那是真的。許多人認為瑪麗和約瑟夫及處女生子的故事純屬神話,而且只發生在耶穌身上,一般人不可能。然而我發現無交配受孕在日常生活中隨處可見。

許多宗教領袖和建立者都是處女生子,例如耶穌和克里希納,他們的父母親並沒有肉體的接觸。除了人類,昆蟲、植物、樹木……幾乎各種層次的生命都利用無交配受孕來繁衍。

圖10-21是一隻雄蜂的家譜。雌蜂可以隨時生出雄蜂,不需要藉助雄蜂來生育。然而如果牠想要生雌蜂,就必須和雄蜂交配。在這棵家族樹中,雄蜂只需要母親,

圖10-21:雄蜂的家譜。

雌蜂則需要父母，整個後代依此規則繁衍。左方的數字是每一層家族的人數，這符合費伯納齊數列的數字「1，1，2，3，5，8，13」。如此你可以說，無交配受孕的基礎是費伯納齊數列，至少這一種是。那麼一般交配的生育又是什麼數列？一個孩子有兩位父母、四位祖父母和八位曾祖父母，屬於「1，2，4，8，16，32」二進制數列。這兩種出生方式也就仿效了生命的兩個主要數列：費伯納齊是陰性數列，而二進制數列是陽性數列。換言之，無交配受孕是陰性，交配是陽性。

無性生殖

圖10-22是南太平洋群島上的晨曦壁虎，只有三吋長，全都是母的，不需要公壁虎便能生子，這是怎麼辦到的？一九七七年，彼得‧霍普和卡爾‧伊曼瑟（Peter C. Hoppe and Karl Illmenser）就在緬因州的傑克森實驗室以無性生殖（或處女生子）成功培育了七隻「單親鼠」，當然「無交配受孕」更貼切，因為母親未必是處女。然而沒有男方的受孕要如何發生？

幸運的是，有一位研究無性生殖而成功「做人」的醫生來參加工作坊，提供了解答。他說只要用細針刺破透明帶，有絲分裂便會發生，一個孩子便能形成，似乎唯一要做的事情便是劃開表層。我在第一冊第七章（207頁）提過，受孕未必需要男方那五十％的染色體，女方可以提供一半到全部的染色體，這已經是科學事實。還有另一個新發現，科學家一直認為特定的基因行使特定的功能，然而現在他們發現特定基因也許會有完全不同的作用，端賴它來自男方還是女方。

從一九七七年開始，科學家便設法要破解所有生物的卵子。當他們實驗到人類的時候發現，如果沒有

圖10-22：一則壁虎的新聞。這個品種完全只有雌性，有興趣的讀者可以多做些研究。

男性的精子，女性只能生出女寶寶，目前還沒有例外。所以人類的無性生殖是可行的。還有兩個發現是：（1）無性生殖的女嬰會和媽媽一模一樣；（2）無性生殖的女嬰沒有生育能力。看起來這個領域還有很多可以探索的地方。

跨次元受孕

在我思考處女生子很長一段時間之後，我突然想到，人類的無性生殖是否需要用新的觀點來看？有沒有可能女寶寶並非無生殖力，而是她不再屬於二進制數列，而變為費伯納齊數列？有沒有可能女寶寶只能跨次元受孕？而目前觀察到的是肉體交配無法使她們受孕。跨次元受孕意謂著兩方不需要在同一個星球，卻能在另一個層次上連結。這種受孕仍伴隨性能量的流動並且有高潮，只是不需要身體交合。

另外，利用尖銳小針劃破卵子表面的人工無性生殖，結果必然是女嬰，然而我相信跨次元的受孕應該會產生男孩，至少目前的例子，耶穌和克里希納都是如此。當然這不足以證明，不過據我所知似乎如此。

圖特的基因和族譜

我注意神交受孕很久了，很想了解。有一天在我研究幾何學時，圖特看著我，我正在思考他為我解釋的一些事。他問我想不想知道他和他母親的故事，我心不在焉地說好，因為我正全神貫注地思考。於是他告訴我一個很不尋常的故事，聽得我目瞪口呆。

他告訴我他的母親是賽庫蒂特（Sekutet），我見過她一次，她非常美麗，在同一個身體裡已有十萬年。圖特說在亞當和夏娃之後，人類開始做愛並進入二進制的生育系統，他的母親卻不這麼做。她遇見了一個心愛的男人，他們開始學習跨次元做愛，並生下一個男孩。在懷孕生子的過程中，就像阿已和提亞一樣（見第一冊第三、四、五章），他們了解並進入永生。這大約發生在人類出現之始。圖特的母親和父親都是為了挖金礦而創造的新人種，我不確定他們是亞當夏娃的後代或其他應該為不孕的人類族系。總之，他們在人類進化之初便理解跨次元的交合，並利用這種方式生出小孩。

地球人的星際之旅

這個男孩長大成人後，他的父親（也就是賽庫蒂特的第一任丈夫）離開地球，

進入四次元的金星並變成哈索爾人。埃及神話故事有很多這樣的記載，說明他們如何揚升進入金星的意識。

在孩子的父親去了金星之後，賽庫蒂特和她的兒子跨次元做愛並再度懷孕，生下第二個男孩。這個男孩長大後，她的第一個兒子（第二個兒子的父親）便加入他的父親去了金星，而那個父親則去了天狼星。當第二個兒子長大成人，賽庫蒂特又與他跨次元做愛並再次懷孕，生下第三個兒子。在第三個兒子長大後，第二個兒子（第三個兒子的父親）也加入他的父／兄（第一個兒子）去了金星，在他安定下來之後，第一個兒子也追隨父親去了天狼星。而此時第一個父親則去了昂宿星，開始昂宿星的旅程。

於是深入太空的生命傳承從此開始，每一個兒子追隨父親的腳步走得更遠。這是個有趣的故事，可以回溯到亞特蘭提斯時代，從亞當夏娃之後延續至今。

圖特的父親桑姆，是當初建立亞特蘭提斯時，在悟達島上扮演連結兩邊的胼胝體的三位代表之一（見第一冊第四章）。後來桑姆在亞特蘭提斯憑空消失，離開地球去了金星，留下賽庫蒂特和圖特在地球上。

圖特打破了這個傳承，他和雪賽特（Shesat）成婚，傳說中他們生了一個孩子名為塔特（Tat，見第一冊第四章）。圖特說情況比這複雜些，他在遇見雪賽特之前也和母親跨次元做愛，於是母親便生了塔特。他和雪賽特在祕魯生了一個女兒，以肉身的方式受孕，這並不在紀錄上。因此圖特同時有兩種族系，和母親生的孩子是費伯納齊數列及與妻子的二進制數列，這也是人類歷史上的首例。

圖特說完故事就離開了。這是個怪異的故事，我不知道他為什麼要告訴我。不久他又回來告訴我：「你需要知道更多關於處女生子的事。」並要我研究這個主題。我愈研究愈驚訝，生孩子其實是進入永生之門。如果你和一個人真心相愛，那麼你現在有個新選擇，進行神聖婚姻與跨次元受孕而揚升，藉此重建你在地球聖潔的三位一體。阿巳和提亞的經驗現在變得很清楚，生命真的還有很多我們不知道的部分。

接下來我們要探討荷魯斯左眼神祕學校這條陰性道路。在你能運作梅爾卡巴光體能量場之前，你的情緒和感情須達到平衡，你的恐懼必須被克服。

從陰性面觀照的生命之花

現在，我們要從荷魯斯左眼神祕學校純粹陰性的觀點，檢視埃及哲學的另一

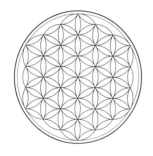

圖10-23：生命之花。

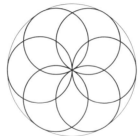

圖10-24：創世紀圖騰在外圈加一個
　　　　 圓（旋轉30度）。

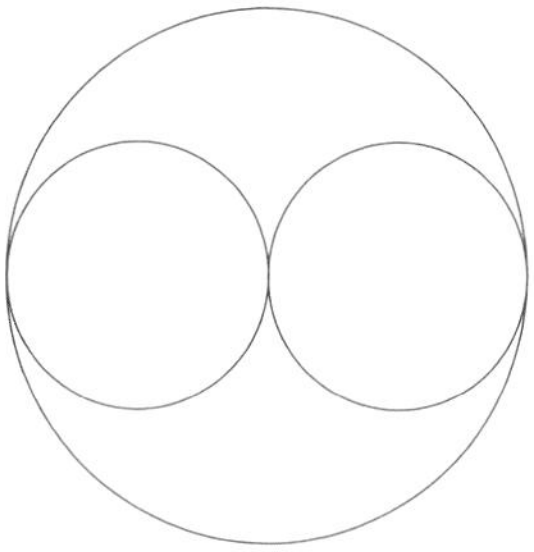

圖10-25：兩個圓包含在一個大圓之
　　　　 內。

面。以下內容證明埃及人明白生命之花，並能活出
它。

　　我們要以右腦的陰性觀點而非左腦的陽性觀點，
以女性的邏輯，從圖10-23的生命之花找到特定的圖案
來用。當你在創世記圖騰外圈加一個圓，便會得到圖
10-24，拿掉上下的四個圓可得到圖10-25，我們將不
斷使用這個源自生命之花的圖形。在圓中畫兩個直徑
為它的一半的圓（圖10-26），並在每一個小圓中再畫
兩個直徑為它的一半的圓，直到你得到圖10-27。

　　還記得那個透明帶和卵子嗎？還記得卵子首先在
內部理解生命怎麼工作，當它進入桑椹胚階段或形成
蘋果（見第一冊圖7-19）時，它開始向外展開嗎？我
要用幾何來說明這件事。你在圖10-27看到的是一個

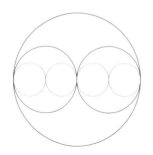

圖10-26：在10-25的小圓之內，重複
　　　　 兩個小圓。

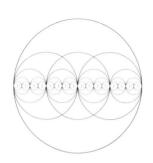

圖10-27：連續重複一串小圓。

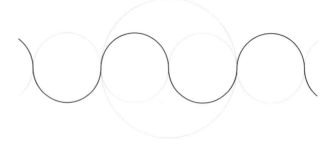

圖10-28：正弦波的行進。

二進制數列，從2個圓，
變成4，6，8，16，32等
等。這是卵子在內部發展
時的幾何模式，你可以看
到圖10-28黑線部分的正弦
波，於是了解它如何超越
原本的模式向外發展。理
解它，你便理解生命能超

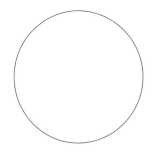

圖10-29：圓，基本形態。

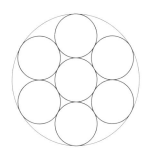

圖10-30：七個小圓在一個大圓中。

越自己。**生命需要在幾何
上理解事物的原則，以便在更大的範圍運用。**這就是
「**天有一象，地有一物**」。如此讓我們以不同方式再
看一次生命之花。

　　生命之花的基本定律是圓或球（圖10-29）。每
一個圓，無論大小，都有七個小圓（圖10-30）可以恰
好填滿它。這是永恆不變的事實。你可以在生命之花
中看見七個主要小圓藏在一個較大的圓中，這個「一
中有七」的關係是生命之果的基礎。在生命之花中，
當你完成外圍那些未完成的圓圈，能量漩渦再次轉動
就會看見外層的圖形，而形成生命之果（第一冊圖
6-13）。然而有一種方法能讓生命之花的系統直接涵
蓋生命之果，那就是讓中央或任一圓半徑變成新圓的
直徑。從最原始的圓開始，它會變成七個圓的圖形，
把它們排列起來，當你完成十二個圓，生命之花內部
就會出現生命之果（圖10-31）。如此你了解你可以直
接向內得到生命之果，而非如前幾章的向外取得。你
會發現這樣的幾何中流動著無比的和諧，它難道不像
音樂嗎？一個音程包含七個音符，在音程中還有五個
額外的半音。

　　我被要求繼續完成（圖10-32），以較小圓的半
徑作為更小圓的直徑，擴大出去完成整個範圍。於是
一件綿綿不絕的事發生，彷彿生命之果是一個全息影

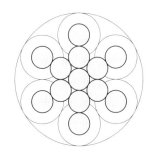

圖10-31：十三個圓在七個圓中。

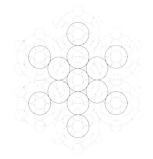

圖10-32：以大圓的半徑作為小圓的
直徑向外延伸。

圖10-33：以小圓的半徑作爲更小圓
　　　　　的直徑，向內畫更多的
　　　　　圓。

圖10-34a：埃及古墓天花板上的轉
　　　　　輪。

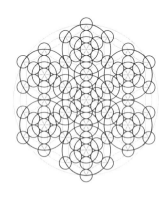

圖10-35：生命之花與10-32的網格重
　　　　　疊。

像，換言之，13個圓連結13個圓，連結13個圓，連結13個圓，完美而和諧地鋪陳在小小的生命之花中。

　　我們若再次以較小圓半徑作爲更小圓直徑作畫，便得到圖10-33的網絡。我故意不完成，好讓你不會迷失在圖中。

　　你發現它不斷重複，13個圓連結13個圓，直到永遠，在幾何級數中，完美與和諧，以完全的全像展開。你可以向內和向外無限展開，因爲一個包含整個圖形的圓，會是下一個更大網絡的中心圓。

　　這個幾何級數就像是黃金比例一樣，沒有開始，也沒有結束。這種沒有開始也沒有結束的情況，都非常原始，這種理解可以讓我們在科學上建立理論，去擁有諸如無限數位儲存設備等的創造，而那是傳統數學觀點認爲不可能的事。

　　現在我們了解了這個新網絡，可以來看看我在第一冊第二章提過的埃及古墓天花板上的輪子（圖10-

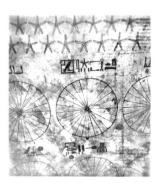

圖10-34b：另一面天花板上的輪子
　　　　　放大圖。

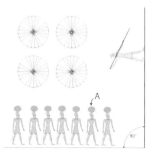

圖10-34c：天花板上的輪子，簡化
　　　　　示意圖。

34a,b）代表的意義。圖10-34c是個簡圖，詳細的內容稍後再聊。

　　先觀察圖10-35，由圖10-32美麗和諧的圓網絡加上生命之花組成，多完美的流動，真是生命之花！

現在看圖10-36的星中之星如何美妙地分布在這個
網絡上。我在圖10-36b中把大衛星和整個網絡旋轉了
三十度，你可以看見鑲嵌在球體中的星狀四面體。圖
10-37是第八章的極座標，你看到這兩個內部的生命之
果如何恰好地重疊。附帶一筆，這兩個圖加在一起就
是人體能量場的俯瞰圖，寬約五十五呎，從中心到圓
周為27呎，涵蓋所有的幾何。當你仔細觀察這些圖，

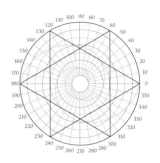

圖10-37：大衛之星置於極座標之
中，參考第一冊第八章。

圖10-36：生命之果的星中之星。　　圖10-36b：生命之果的星中之星，旋
轉30度。

你會發現它們都能彼此重疊。你若繼續研究就會發
現，所有圖形都來自生命之花。

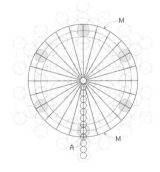

圖10-38：神祕之輪。

我們利用圖10-38談過音樂的和弦（第一冊244
頁），明白音樂和弦與次元的相關性，也明白每個音
符的頻率和相鄰次元的波長間有相同的比例（第一冊
65頁），因為你明白這個圖和音樂和弦與聲音有關，
你也就能夠深入研究而更了解埃及古墓天花板上的輪
子是什麼意思。

首先注意繞著中心有一系列沿著六邊形、彼此連
結的灰色圓圈，共有24個。從圓周M到中心的距離為9
個小球的直徑，小球是下一階的球體，大小就像中央
的那個球。9個小球最外層的是A，而9個小球的距離
包括中央那個小球的半徑和最外層那個小球的半徑，

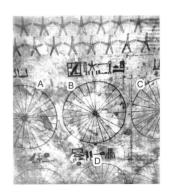

圖10-39：A、B、C、D四個輪子的
輻條，有同步也有不同步
的。

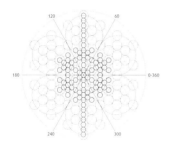

圖10-40：生命之果，六等分。

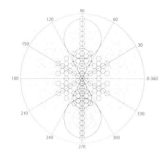

圖10-41：陰影區域恰爲60度夾角線，
通過生命之果中心的線，
則與兩邊各成30度夾角。

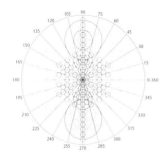

圖10-42：圖上端，在75和105度中間
的圓，也呈30度角。

你可以用眼睛就看得出來，毋須計算。那個粗線的圓M剛好把這24個圓包起來；而24條徑線只有12條通過圓心，另外12條則切過大一階的圓周。

天花板上的轉輪

圓M、24條徑線和圖10-39的轉輪是一模一樣的。還記得我提起過這張圖嗎？這是我最早給你看的照片之一（第一冊62頁），我說這是埃及人懂得生命之花的證明，而不是什麼有趣的天花板裝飾。我現在要用右腦的方式解釋，好讓你了解古代埃及人的想法。

我仔細測量過這些轉輪，圓心到圓周的距離正好是中央小圓直徑的九倍，正恰好是圖10-37、圖10-38中央小球到外圈的比例，24個輻軸也一模一樣。

圖10-34a的A箭頭指出人像頭上的變形蛋，根據以上的幾何，我相信他們在做九十度轉彎和進行復活過程，這些轉輪是鑰匙。圖中人物演示的比例精確地指出古埃及人要去的次元，他們在古老的天花板上留下了地圖。

你會注意到圖10-39每個轉輪的方向都不同，輪中輻軸未必同向，B和C似乎完全同向，但A和B、B和D便不一致，都些微偏離一些角度。我認爲那在標示埃及人要去的世界或次元層次。不管如何，牆上的那些轉輪表示埃及人對生命之花知之甚深，要畫出這些圖畫需要極高的知識背景，絕非偶然。那些埃及人至少明白我們現在探討的事，他們或許已經在生命的層級上了解生命之花，而我們現代人才要開始憶起和明白。

埃及轉輪的幾何學

現在，要完成對那些埃及轉輪的認識，必須把另外兩個象形圖畫帶進來。我們回頭看之前看過的生命

之果的深一層展開（圖10-40），注意這些維度將圖分成六個部分，每一個部分皆為精確的60度。在圖10-41中，你可以看見上方和下方的那些圓恰好定義了60度弧形，若你畫一條通過每一段弧形中心的直線，你就來到下一個六等分圓的情況，也形成外圈上的30度等分點，將外圈分成十二等份，而它即是丹達拉神廟的占星圖所使用的圓，用以分割天頂和劃分星群。

　　繼續看圖10-42，在上方的60度弧形中，灰色的圓定義了15度弧形，在90度的中線兩邊標出75度和105度，上方剩下的兩塊剛好是兩個15度的弧形，如此將

圖10-43：丹達拉神廟中的星相圖。

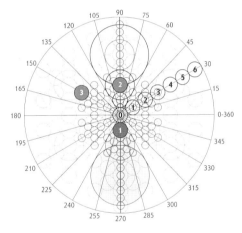

圖10-44：從0到6的圓，分別代表不同輪子的不同角度。

外圈區分成24份，恰好是在埃及古墓天花板上發現的幾何圖形。

　　因為那個圖上還有代表群星的象形文字五芒星，表示它與丹達拉那個指引天堂之路的星圖有關。圖10-43的丹達拉星圖上還有更多證據，轉輪外圈有四個女人和八個男人在支持它，代表劃分天際的十二個區塊，實際握住轉輪的是二十四隻手，而中間有三十六個圖像。埃及轉輪上所有分割區塊的數字「12、24、

補充：就在這本書付印的前夕，當我們檢查最後這張圖的數學式時，發現了一些不太對的地方。我本來想重寫這一章，但最後決定還是保留，因為未來的研究者也許需要這個經驗，去了解一個錯誤如何有可能引導一個重大的發現。然而不管如何，它的本質是對的，也提供了我想要的證明。

首先，神聖幾何是精準的科學，不會出錯。我注意到在神聖幾何

中「看起來」正確的，未必總是正確。然而，如果一個幾何圖形的級數被證明為真，那麼相關於這個第一個級數的一切都會是真的。絕無例外。

所以問題出在哪裡？

圖10-40外圍第一次在0、60、120、180、240和300度的六個分割是完美的。圖10-41第二組創造十二塊分割的六條線也很完美。顯然這個級數以90度和270度這個區間來看的60度和30度的分割都沒有問題。

然而當你看圖10-42，這個內部級數在75度和105度之間明顯無以為繼。而數學上顯示在這些角度上的直線與線之間並沒有恰好的關係，約略差了0.5度左右，非常微小而不易分辨。這會有什麼問題呢？

當我們測量轉輪時，會假設它是平均分割的，而或許它並不是。如果古埃及人用這些轉輪作為空間旅行的地圖，那麼合乎真正的幾何便很重要。因為不管這個級數擴展到多遠，這個地圖都是完美的。

這意謂著必須有人到埃及去實際測量，才知道這些轉輪到底是平均分割的12條線，還是符合幾何學、有些微差距？如此更深的理解將會產生，我們也能重製地圖。

當然也有其他的可能性，但這一切有待探索。

祈禱你成為追求真理的靈性研究者，因為在真理中，我們不僅能發現古埃及及天花板上轉輪的意義，還會發現真正的自己。

36」都在這張星圖上。

再看圖10-44，你會很驚訝。先看30度線上的七個圓（從中央數字的0開始），數字從1到6。白字的圓圈1用來定義60度。白字的圓圈2用來定義30度，將整個外圈24等分。150度線上的圓圈3將外圈分成20度的弧形，它的一半是10度，和極座標一樣（據說極座標即是來自埃及）。最後，它左右兩側的圓也同樣定義10度弧形，而將60度分成六個10度的弧，將整個外圈分成36份，和極座標相同。

注意它們的數學關係，數字1的圓是60度，數字2的圓是$60 \times \frac{1}{2} = 30°$（外圈24個圓），數字3的圓是$60 \times \frac{1}{3} = 20°$（36等分一個圓），數字4的圓是$60 \times \frac{1}{4} = 15°$（48等分一個圓），數字5的圓是$60 \times \frac{1}{5} = 12°$（60等分一個圓），最後數字6的圓是$60 \times \frac{1}{6} = 10°$（72等分一個圓）。最後那個圓直接產生極座標，值得注意的是這個72等分為銜接五邊形的平台，因為五邊形的角度是72度，此時陰性幾何學開始形成。

這個主題不容易了解，但顯然很有趣。分成十二塊的轉輪定義天堂，分成三十六塊的轉輪定義地球，分成二十四塊的轉輪則介於天與地之間。

Chapter 11

古代對現代世界的影響

當你從空中鳥瞰吉薩的金字塔群,你會看見圖11-1的黃金切割矩形(見第一冊第七章)。這個黃金螺旋從一哩遠處(點A)開始切近金字塔群,並通過三座金字塔的尖頂。我們在第八章說過,費伯納齊螺旋在金字塔附近和黃金螺旋幾乎是完全相同的,唯一的不同是起點,但很快便接近彼此。

那裡的費伯納齊螺旋,又名「太陽十字」,比黃金切割螺旋還要早十年被發現,後者約在一九八五年,而且沒有特別的名稱。吉薩金字塔的黃金螺旋很有趣,埃及人在那個發源地點精確地放了一根石柱,並在兩側各樹立了一根石柱。我去過那裡,但那時的我並不知道這些資訊。後來有人發現那裡有第四根石柱。除了那個起源的能量漩渦被標示之外,對角線B也非常仔細地被標示出來。為何如此?在給你答案之前,我們先聊一些背景知識。

圖11-2是大金字塔附近的巨大天體圖,只能

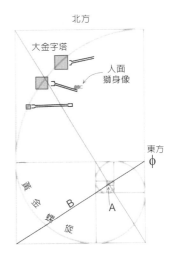

圖11-1:黃金螺旋與吉薩金字塔群。

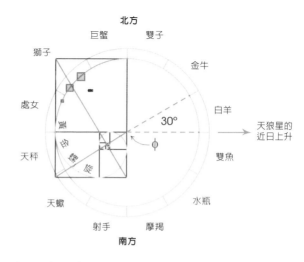

圖11-2：埃及天體圖（俯瞰）。

從空中鳥瞰，你若跟著德魯伊人的腳步，這倒
並非不尋常。德魯伊人離開埃及到了格拉斯頓堡
（Glastonbury）和英格蘭，在那裡創造了和埃及一樣
的大型星盤，只是埃及有更多圖畫。這個地上的星盤
顯示了不同的星座，然而只有從空中才看得見。還有
五、六個德魯伊人創造的星盤在英格蘭被發現，似乎
這是個來自埃及的德魯伊特徵。

在埃及的丹達拉神廟有更多證據，它的天花板上
有一個完整的星盤，就像現代人用的一樣。所以我們
明白埃及人知道占星盤的用法，唯一不同的是天體的
運行方向，那個圓盤轉動的方向和現代人觀察的恰好
相反。

圖11-3顯示，從大金字塔下來的石階通道和從第
二座金字塔下來的石階通道間有精確的30度夾角。這
是十分重要的資訊，待會兒就用得上。

根據洛基・麥克柯倫（Rocky McCollum）的調
查，從第三座金字塔下來的那個石階通道，正好對著
含納整個幾何圖形的黃金矩形長邊上的另一個黃金切

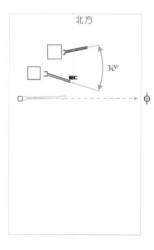

圖11-3：兩個通道夾角恰為30度。

割點。這也證明埃及人確實明白那個從沙漠的奇怪洞口發出的螺旋有何意涵。

乍看之下，人面獅身像是莫名出現在那裡的。然而如圖11-4，你若橫切黃金切割矩形的長邊，並從左右兩邊的交點任意畫兩弧相交於中間，你可以畫出短邊的中線A，則人面獅身像的頭飾剛好就在這條線上，而第二金字塔基座南邊出來的延伸線剛好切過人面獅身像的右肩，如圖11-5，這表示人面獅身像不是隨便出現在那裡的。

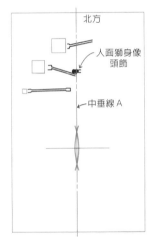

圖11-4：人面獅身像的位置，黃金矩形的中垂線，正好對著人面獅身像的頭飾。

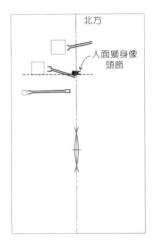

圖11-5：人面獅身像的右肩、右爪和第二金字塔通道的關係圖。

在圖11-6中，你可以看見人面獅身像的頭飾。熟悉愛德加・凱西（Edgar Cayce）資料的人應該記得，他說我們有一天會在人面獅身像的右爪附近發現地球幾百萬年前便存在超級文明的紀錄。更精確地說，人面獅身像後方那些金字塔也不是隨意設置的，因為人面獅身像比那些金字塔更古老。

我們在埃及時，圖特說會有四十八組、每組三人，共一百四十四名西方人來到埃及，完成特定的事

補充：兩年前，我們發現整個金字塔群的大祕密。在那個我們認為是螺旋起源的洞旁，有一間建築物。我原本以為它是黃金矩形，後來請人丈量，發現是個正方形，四邊各有一個房間，比例就像是達文西畫中那個環繞人體四周的正方形。

這個建物中有四根柱子，有兩根位於兩個費伯納齊螺旋的起點上，其中一個螺旋正好通過三座金字塔的尖頂，另一個螺旋則朝相反方向進入沙漠。建物的設計就像是達文西畫中的方格，從這個網格可以定義吉薩金字塔群的每一樣東西，它是了解吉薩建物、甚至世界主要聖地的鑰匙。

另外兩根柱子看起來像是任意放置，其實不然，它們是系列五角形幾何級數的起源，可定義大金字塔和吉薩金字塔群中的每一個建物。這不啻為埃及人擁有古老智慧的另一個證據。

我們把這個資訊告訴埃及政府，他們的反應就是搬走這個建築物，並摧毀所有遺跡，讓它看來彷彿從未存在。天知道為什麼，大概是不希望人們因此找到任何東西吧！

圖11-6：人面獅身像的頭飾。工程鷹架是因爲正在做重建和加固工作。

情，而有一組人最後會打開凱西說的那個資料大廳。他們會發現三條埋在沙下的路，並用聲音打開通往資料大廳的那條路。日本科學家已經發現了那個房間，圖特說在角落有一個寫著象形文字的陶土罐會指出道路。而這個陶罐和一綑繩索已被日本科學家用儀器發現。

當我和兩個朋友在一九八五年去埃及的時候，人面獅身像還完好無缺，圖特要我們對著人面獅身像後四分之一哩遠的向下通道發出某種聲音，持續一段時間，然後離開。當我一九九〇年再次造訪人面獅身像時，它的右方已經傾倒，同時開始轉向，不只一點，而是相當多。它的右肩和右爪也開始剝落，埃及人想盡辦法要修補（圖11-6），然而似乎連它的頭也開始掉落。圖特說有一天它會崩落，屆時頸部會出現一個黃金球體，那是一個時空機器。看來埃及人有兩件事要奮鬥：保住人面獅身像的頭和右爪。

最後一個特別訊息，圖特說吉薩金字塔群下面有個能住一萬人的城市。他在一九八五年告訴我這件事，我在一九八七年將之公諸大眾。住在這個城市的人都已達到永生，成爲升天大師。他們也就是古埃及人稱的「塔特弟兄」（Tat Brotherhood），六年前他們的人數超過八千，幽居在這個地下城市，等待其他人類的進化，我們在第一冊第四章說過這個故事。這些是過去五年發生的事，大都無法證實，尤其是埃及官員不願承認時，我們也只能靜待眞相大白。

補充：

圖特一九九二年告訴我他將離開地球，他對我
的工作已經完成。他說地球的事件正在加速發
生，而升天大師們（塔特弟兄，或稱淨光兄
弟）將要踏上新的意識領域，進入一個尚無人
類的意識空間。他說不管發生什麼事，都會決
定人類進化的結果。我從那時候起就沒再見過
圖特了。

圖特說一九九〇年夏天，他和其他升天大師們
認為地球意識即將於一九九一年一月十號到
十九號之間達到某種臨界狀態，而結果已定。
人類雖然仍具有高度的二元性，但那個特殊時
刻已至，某種巨大改變將發生。他們看見地球
可能在那個時刻得到靈性的合一，並揚升到更
高的意識層次。圖特說升天大師們不確定什麼
情況會發生，那端賴於人類的心。然而升天大師
們已決定一起離開，好釋放巨大光明，推升地
球進階到新的意識層次，他們集體進入更高的
生命層次，將對全體人類有益。

到了一九九〇年八月，圖特說升天大師們不確
定人類是否能完成這個轉化，或許另有時機。
因此他們延遲離開的計畫。就在八月底，伊
拉克成為外在世界唯一不利於合一的能量，
而全世界在一九九〇年九月對伊拉克宣戰。
一九九一年一月十五日，當那個機會之窗來
臨，地球本來可以成為一個合一的國家，全人
的合一，然而我們卻在那天開打，把地球推進
更深的黑暗。

圖特和升天大師們的對策是讓第一批三十二位
升天大師先離開，在宇宙中尋找人類能轉移的
地方，再利用特定的宇宙事件分批離開，讓每
一次離開都為那些事件增加能量。圖特和他的
妻子雪賽特是第一批離開的升天大師，每隔幾
天或幾週都有一小團升天大師進入更高次元，
以新的方式存在，一種人類未來可以跟從的狀
態。當他們逐漸離開大金字塔下方的城市後，
那個城市也就開始荒蕪，到了一九九五年底只
剩下最後七個人留守。當城市淨空之後，有了
新的用處——提供現代世界一個生命有無限可
能，以及人類還有希望的證明。

我沒有太多證據證實這些事，你可以把它放在
心裡，直到這個世界知道這些真相。

一九九六年十一月，有個在埃及的人告訴我，
埃及發現了前所未有的東西，在人面獅身像的
腳掌之間挖掘出一塊石碑，上頭記載了資料大
廳和人面獅身像下方房間的事。埃及政府立刻
將它搬走，以防有人看見內容。然後他們開始
開挖，並打開日本人在一九八九年發現的那個
房間，角落有個陶罐和一綑繩索。這個房間有
通道通往一個圓形的房間，那個圓形房間又有
三條通道，其中一條通往大金字塔，在那裡，
埃及政府找到兩件前所未有的東西。

首先是一個光能量場，一片光擋住了通道的入
口，子彈也通不過，如果有人靠近超過三十呎
的範圍，感覺就像快要死了一樣，沒有人能夠
碰它。

更令人匪夷所思的是，這道光牆後方有個十二
層的建物——地底深處居然有十二層樓的建築
物！這兩樣發現都超過埃及政府的處理能力。

於是他們要求外援，埃及政府選定了一個有能
力關掉光場和進入通道的人選（我不公開他的
名字），他和另外兩個人一起進入那個房間。
其中一人是我的好友，所以我才這麼清楚。他
帶了派拉蒙公司的拍攝小組，拍下這個特殊通
道的開啟過程，他們也是拍攝圖坦卡門墓室開
啟的小組，和埃及政府的關係素來良好，也
為此給了埃及政府數百萬美金。大家決定在
一九九七年的一月二十三日進行。

然而就在他們要進行的前一天，埃及人要求五十萬美元的地下紅包，這激怒了派拉蒙，整件事不了了之，沉寂了三個月。

然後我聽說有另一組三個人進入了那個通道，其中有位世界名人，不願公布他的名字。他們以聲音和唱誦神的名字關閉了那個光能量場，得以順利進入那個建築物。這個過程的影片後來在澳洲公開，我有三個朋友看了內容，他們說那並不是一個建築物，而是一個城市的邊緣，深入地下數哩之遠。

後來知名的埃及考古學家賴瑞‧杭特（Larry Hunter）也去了，他也對我說了一模一樣的事，加上更多細節。他告訴我那個城市的長寬為六‧五哩和八哩，深度為十二層樓，整個城市所在的地上區域有許多非常特別的埃及神廟圍繞著。

接下來的內容超越葛拉漢‧漢克（Graham Hancock）與羅伯特‧鮑威（Robert Bauval）在《人面獅身像的訊息》（*Message of the Sphinx*）中透露的資訊。他們相信三座金字塔對準獵戶座腰帶上的三顆星，而獵戶座的每顆星星都有一座相對應的神廟，然而他們未能證實這個理論。

然而杭特先生利用他在海軍服役時獲得的觀星知識，在地面上發現了對應獵戶座每一顆主要星星的神廟，誤差範圍不到五十呎。這些神廟都是以特殊材質建造的，與埃及其他地方的神廟不同。那是一種稱為「錢幣石」的石灰岩，吉薩三個金字塔的基座都是這種材質，也只在那個長寬為六‧五哩和八哩範圍的神廟才會採用這種獨特的材質。

總結上述，圖特說的那個可以容納一萬人的地下城市確實存在，其範圍由一種材質獨特的神廟所標定，而這些神廟代表獵戶座的每一顆主要星星。

我相信這是真的，即使埃及官方否認。真相總會水落石出，當地下城市重見天日，將為人類整體意識帶來提升的效果。

天狼星的近日上升

　　圖11-7是環繞整個大金字塔群的黃金矩形，注意
那兩條通過圓心的直線，如果我們把地上的圓完成，
它的直徑約略是二·五哩。發現這些關聯的麥克柯倫
調查員和許多研究吉薩金字塔的作家都認爲金字塔和
人面獅身像面對正東方，然而那並不正確。人們也相
信三座金字塔的連線對準磁北極，然而它們不斷小量
偏離，實際上並不構成直線。人們推測這是因爲地表
的變動，然而並非如此。

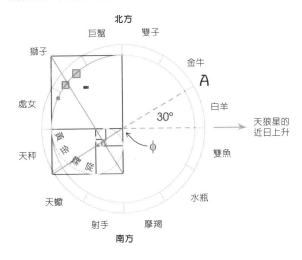

圖11-7：金字塔與人面獅身像完整的環形布局。注意黃金矩形和天體圖的圓
　　　　心，相交於Φ點。

　　它們絲毫不差地位於一段弧線上，收斂點對準天
狼星近日上升的海平面，而非正東方。我們在第一冊
第一章談過每年七月二十三號，天狼星會在日出前一
分鐘閃耀著紅色的星光現身，而這正是地球、太陽和
天狼星連成一線的時刻。更令人驚訝的是，人面獅身
像的眼球便注視著這個上升點。這自然是合理的，因
爲整個埃及曆法便奠基於天狼星的近日上升。天狼星

圖11-8：丹達拉神廟天花板上的星
　　　　輪。

補充：一九九九年一月，天使告訴我升天大師們將在一九九九年一月十至十九日的空窗期回到地球，他們將帶回全然不同的宇宙資訊。天使說地球很快便會開始接收新訊息，以往不曾聽聞的資訊。

接著一九九九年十一月，圖特再度出現。圖特說他會回來，我們會在適當的時機再次一起工作。幾年後，有位年輕人在一個講座上送了我一根橘紅色的朱鷺羽毛，那正是圖特的象徵。

雪賽特也一起回來了，她和我在一起兩週，告訴我我來這個八度次元的主要目的。我仍在學習這些功課。將來再告訴你她教導我的事。

對埃及人而言是至高無上的。

　　由於兩座金字塔的石階通道夾角30度，當我們把圓以30度區分時，正好分成十二塊。從丹達拉神廟的星盤（圖11-8）上，我們知道埃及人對星象有精湛的認識。所以如果我們把星相的區塊套用到這個圓上，就可以得到一個時間輪。根據這個理論，麥克柯倫調查顯示金字塔的位置正位於獅子座，它的0度上升點在牡羊座，換算時間，那正是西元前一萬零八百年，而這也是凱西所說的建造時間。

處女與獅子座，寶瓶與雙魚座

　　當你觀察圖11-7，三座金字塔正好位於圓上的處女座和獅子座，這正是此刻分點歲差軌道上我們的實體所在之處。再者，人面獅身像原本是半獅半女的造型。傳說人面獅身像的臉在第四王朝被重新雕刻，刻成帶有鬍鬚的人臉，但後來鬍鬚掉了。然而牠原始的樣子是獅子加處女，這也進一步肯定這個星盤的正確性。麥克柯倫的調查地圖顯示，若你把三座金字塔投射到對面的圓上，可得到我們現在的時間，從雙魚向寶瓶前進。目前還沒有足夠的研究能夠證實，也許你可以實際用電腦計算一下。

四個角落的暗示

　　本章開始時，我要大家想想為什麼古埃及人那麼重視圖11-1的A、B兩條線，現在我提供可能的答案。有位占星學家說它也許和美國的一個特區有關。當你把圖11-7中的A點對準北極和開羅，那麼線的另一端就會對準地球上的一個區域：美國四角（四個州的交界處）──猶他、科羅拉多、新墨西哥和亞利桑那

州。對霍皮族和其他印第安人而言，這個四角由四座山所環繞，範圍更小。我在等待進一步的訊息告訴我埃及和美國有什麼關係，幾年前一位年輕人告訴我一個充滿驚奇的故事（見右側補充）。

費城實驗

　　現在我們切換到一個看似無關的主題，而事實上卻與本書密切相關。

　　很多人都聽說過「費城實驗」。這是美國海軍在一九四三年、二次世界大戰結束前進行的實驗。有趣的是，這實驗起初由特斯拉（Nicola Tesla）主導，然而他卻在實驗完成前過世。特斯拉對這個實驗至為重要，但我們不知道，因為美國政府嚴密隱藏了真相。歷史上建立和監督這個實驗的人是他的繼任人選馮紐曼（John von Neumann）。

　　實驗目的是將美國軍艦隱形，這當然會為戰爭帶來無比的優勢。本質上，實驗內容是把軍艦移到別的次元再帶回來。我相信，特斯拉和外星灰族溝通，並向他們學習跨次元旅行的祕密；據說特斯拉曾公開承認他從外星人那裡取得進行這個實驗的方法。我確定四〇年代的人必定認為他在開玩笑。

　　很多人把這事當成偏激人士的想像。但你若想要，你可以取得原始資料的副本（當時的極機密文件）。當然，大多數文件仍以「國家安全」理由而難以取得，然而已有足夠證據證明這個實驗存在，並顯示它的內涵。

　　從這份文件、許多研究它的同好，以及我與天使的靜心中，我了解費城實驗和其他實驗在能量上的關聯，它們透過時間、空間和次元彼此連結。第一次實驗是一百萬年前，亞特蘭提斯初期，火星人第一次來

補充：有位年輕人和我說了一件很有爭議性的事，不過如果有人願意去探究真相，這個故事便值得說了。他說在大峽谷中有一座山名為「伊西絲的神廟」，一九二五年那裡有個重大的發現，《亞利桑那州公報》還刊了一篇六頁的報導，並在隔年出了一本書。報導中說，在這座山發現埃及的木乃伊和象形文字，史密森研究機構（Smithsonian Institute）在做田野調查時碰到這個北美洲歷史上的最大發現。然而這件事之後沉寂了六十八年，直到一九九四年。

這位年輕人說他看了一九二六年出的那本書，做了些研究後便出發去大峽谷找這個地方。「伊西絲的神廟」位於大峽谷一塊關閉的區域中，只有特定情況、經過申請才能進入。那裡沒有水源，只有相隔甚遠的少數泉水，需要隨身攜帶水，限制了探索的距離。那裡非常酷熱，未經訓練無法生存。這位年輕人和朋友一起進入這個區域，他們都是受過嚴格訓練的登山專家。

要爬上那座山需要攀上八百呎的垂直岩壁，他說他們找到那座山，並在進山不遠處發現了一個人造的石頭金字塔。顯然已經遭人破壞，瓦礫落石擋住了他們的去路，然而他們在入口處發現一個寬六呎、深數吋的印痕，顯然有人來過這裡。他們沒有找到任何象形文字。而後他們因為飲水匱乏，只能撤離。有趣的是，距這座山一哩處有一座等高的山被美國政府挖空，派軍隊駐防，禁止任何人進入，並規定一萬呎以下禁飛。為什麼呢？

我說這個故事，是因為吉薩高地的對角線指向美國四角區域，有重要的埃及遺址。我相信埃及對開展地球的意識扮演舉足輕重的角色，而我希望我對這些事的認識被保留下來。

到地球。另一次實驗是一萬三千年前,亞特蘭提斯末期,造成百慕達三角洲的混亂並在遙遠的太空引發許多問題。如第一冊所述,那個實驗因火星人試圖製造合成的梅爾卡巴來控制亞特蘭提斯而失控。

位於百慕達三角洲比米尼(Bimini)的這個失控的梅爾卡巴,在太空中引發許多嚴重的問題,灰族受到的影響最大,他們有許多星球因此被摧毀,因而來到地球解決這個問題。後來他們對人類做了許多實驗,企圖創造一種混合種族來解救自己,當然這和梅爾卡巴的實驗無關。

為了解決那個失控的梅爾卡巴,灰族在一九一三年協助人類做了第一次實驗,但不幸失敗。我相信那導致了第一次世界大戰。四十年後,美國海軍在第二次世界大戰期間做了費城實驗。又在一九八三年(另一個四十年後)做了「蒙托克實驗」(Montauk Experiment),試圖解決費城實驗引起的問題。一九九三年又有一項小型實驗,加速了亞特蘭提斯時期引起的問題。這所有的實驗都環環相扣。

這些事有必要先了解,因為這些實驗都是以梅爾卡巴科學為基礎的高次元實驗。費城實驗做的是逆時鐘旋轉的星狀四面體能量場,與我們教學的內容相似;蒙托克實驗做的是另一種可能性,逆時鐘旋轉的八面體能量場。

有次我在紐約長島的工作坊談起費城實驗,並在主辦的女士家中待了幾天。隔天早上,我們在她家看《消失的1943》這部電影,我甚至還不知道有這部片。第二天有位聽說我在談論費城實驗的男士來電,問我想不想和實驗的倖存者談話。我之前已和費城實驗的一位工程師聊過,他很難相信我真的知道他們在做什麼,興奮之餘給了我一些資料,所以我知道實驗和星狀四面體有關。而現在我有機會見到實驗中倖免於難的人。

於是我和費城實驗的倖存者鄧肯‧卡梅倫(Duncan Cameron),以及寫作費城實驗書籍的作者普雷斯頓‧尼可斯(Preston Nichols),有了一次頗具啟發性的會

面。一九四三年，卡梅倫的脊椎被置入一個合成的梅
爾卡巴，而尼可斯說他是一九八三年蒙托克實驗的原
始工程師之一。基於尼可斯對梅爾卡巴幾何學的高度
理解，我相信他。

圖11-9：草帽星系。

當卡梅倫走進房間，他身上有件至為怪異的事，
有兩個失控的梅爾卡巴繞著他轉動，彼此搖擺並不斷
改變方向，轉速極慢，並且沒有鎖定合作的相位。當
他走近我的能量場，好像有磁場在推斥他，他無法靠
近我，否則便失去平衡並被迫後退。最後他只好走下
樓梯，和我保持至少三十五呎的距離。我們就如此吼
著談話。我可以靠近他，但他必須待在我的能量場
外，否則很不舒服。

我的梅爾卡巴能量場是隨時啟動的，而他第一個
想知道的是我的能量場為什麼有個黑色光環。一個轉
動的梅爾卡巴直徑為五十五呎，當轉速為九五％光速
時，會有一個黑色光環環繞著它（圖11-9），請參考
第二章。黑色光環出現表示銀河已達最快轉速，因為
當事物以光速轉動時是看不見的，光在那裡，但相對
你而言是黑的。卡梅倫的話表示他可以看見我的梅爾
卡巴，這本身便非尋常之事。

接下來我發現卡梅倫沒有情緒體。他說他被注射
LSD，並以性能量剝奪情緒反應。我從來沒有見過這
樣的事。這當然和他有兩個失衡的梅爾卡巴有關。他
參與兩次實驗，被置入兩個梅爾卡巴，都不是在愛中
產生的，因此完全失衡。

尼可斯坐在我旁邊，看起來非常緊張害怕，他說
他擔心費城和蒙托克實驗產生的梅爾卡巴力量正在結
合，他手上的資料顯示，他憂心這些梅爾卡巴回到地
球時會釀成大禍，他恐懼自己和其他人性命不保。

離開他們之後，我問天使，我清楚卡梅倫的問題
很容易解決。然而天使不讓我介入。他們說二〇一二

年十二月十二日之後會有一個爲期十二天的新實驗,那會解決所有問題,把一切失衡帶回平衡。他們不要我插手幫忙。

我帶出這個主題,是因爲這些實驗都基於梅爾卡巴科學。而我們的政府不僅想用它在戰爭中隱形武器,更意欲用它來控制人的情緒和心智。

對你而言,重要的是知道當你在你的梅爾卡巴中,你可以免受別人基於這個知識的操弄。有許多政府對民衆做的實驗正在進行,加上地球的環境問題日益嚴重,**明白和運用人類光體的力量,你不僅能恢復自己的平衡,也能促進整個世界的平衡。**

我想讓你明白,學習運用你的光體和認知它如何帶來改變,在適合的環境下,透過你,任何事都有可能。你能療癒自己和世界,而如果你有足夠的愛,你能協助大地之母揚升,進入下一個世界。

Chapter 12

梅爾卡巴・人類光體

　　埃及神祕學校對人類各種經驗的研究，遠多於我們提及的，然而整個埃及的神祕學訓練核心集中於梅爾卡巴。梅爾卡巴——人類光體——是一切，就他們的觀點，缺乏這個認識和體驗，就無法進入其他的世界。

　　「梅爾卡巴」（Mer-Ka-Ba）在很多語言都有相同的意思。祖魯語的發音和英文一樣。祖魯族的精神領袖科瑞多・穆特瓦（Credo Mutwa）說，他的族人乘著一架梅爾卡巴從太空來到這裡。希伯來的拼音是「Mer-Ka-Vah」，意思是上帝的寶座和戰車，一種攜帶人的肉體和精神體來去各地的載具。在埃及，「梅爾卡巴」由三個字組成：「梅爾」（Mer）是一種逆時鐘旋轉的光能量場；「卡」（Ka）是神性（人類的精神體）；「巴」（Ba）是對實相的詮釋，也就是人體。「梅爾卡巴」合起來，就代表一種能讓精神體和身體互動、進出不同世界的逆轉光能量場。它真正的意義比字面的解釋更廣博深遠，它就是創化的圖騰，一切存在由它創生。

　　它不是新資訊，你早就知道，只是一時忘了。你的生命透過時／空／次元的層層創化開展而來，你早已運用它千千萬萬次。當你需要時將憶起它。

　　這一章直接談人類光體或梅爾卡巴的內在機制與能量流動，下一章則教導梅爾卡巴的靜心，好讓你憶起它。了解內在結構有益於你運作光體，然而若你不覺得有必要，也可以直接進入下一章。

　　重新創造或啓動你的光體並不需要知識，愛與信任便已足夠，甚至對某些人而言，那是唯一的方式。然而我在地球的使命便是以陽性知識呈現這條道路，而有些人只能以左腦來理解。陰性的道路原本即契合地球的生命體，其實是陽性面才需要平衡。

　　我將從脈輪開始，它們是內部的能量點，逐漸解釋整個人體能量場。資訊太多，我盡力簡化。我還必須說明一個觀念，否則你不會了解。那就是無論學習多少神聖幾何都不足以理解梅爾卡巴，因爲它的另一半是經驗，你必須體驗它，而體驗它唯有融入愛。你並非需要愛，愛是梅爾卡巴的生命，它是活的，你什麼也不少，它就是你，梅爾卡巴無法與你分割，它是你。

　　它是讓生命能（普拉納、氣）流入並流回神的能量線，是你與神的直接連結，讓你與神合一。環繞著你的光中有一半是愛，另一半是知識，在愛與知識合一時，基督將永遠臨在。你若認爲書中的內容對你腦袋中的計畫有益，你將無法明白眞理，因爲它需要被體驗。然而你若想研究獲得梅爾卡巴經驗的機制，那麼以下是我爲你準備的。

人類脈輪系統的幾何

　　如果你選擇陽性的途徑，那麼你一定得認識脈輪，它們讓你運作體內與周圍的精細能量，經常被概稱爲「人類光體」。脈輪是在人體內外的能量點，每個脈輪都具有某種特質。當一個人聚焦於特定脈輪，他的整個世界都會染上這個脈輪的顏色，就像在有色鏡片下看每一樣東西。

　　每個脈輪對應的能量和體驗都不同，然而共通之處是有一個更底層的能量將它們串在一起。人類的脈輪系統位於脊柱中，一共有八個，還有一個十三脈輪系統更爲完整。在此暫且不談那些較小的脈輪，例如在手心或腳心的脈輪，先探討沿脊柱上下流動的能量，並延伸相關的主題。下一章我們會探索身體周圍氣場的神聖幾何，它們是梅爾卡巴的基礎。

　　我們將探索八脈輪的幾何根源，它源自生命之卵的結構，和第七章的人類原始八細胞有相同的能量圖形。無論原始八細胞、八個脈輪或中醫的奇筋八脈，都與立方體或星狀四面體有關，那些連結細胞的電子迴路在中醫亦稱爲「經絡」。要了解脈輪系統必須研究經絡，然而它太複雜，無法在此陳述。

生命之卵的展開和音階

在圖12-1中，你可以看見生命之卵的八個球體排列成星狀四面體，若以特定順序打開排成長鏈，如圖12-2，把半音放在適當的位置，就可得到人類的八脈輪系統。人體的性能量和電能的流動都依照這個順序，在第三和第四脈輪及第七和第八脈輪之間爲半音（半個音階），流動在此轉向。能量流在第四和第五脈輪，也就是心和聲音輪之間，也有特別的變化。我們在音樂和弦中也會發現這些變化。觀察音階對理解人類脈輪系統的結構有幫助，讓我們一起來探究。

圖12-3中大調音階的第三音與第四、第七音與第八音之間都是半音。管樂器透過孔洞的指法來表達這些半音。葛吉夫（Gurdjieff）說第四音和第五音之間也很特別，極性反轉在這裡發生，陰性會轉變爲陽性。利用這個展開的生命之卵可以了解音樂的流動，而人體能量也以相同的方式在脈輪中流通。

圖12-1：生命之卵。

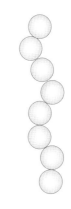

圖12-2：展開生命之卵。

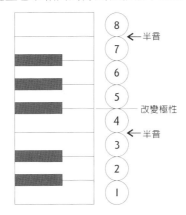

圖12-3：生命之卵的音樂式展開。左邊是八度音階的鍵盤，音階C用白鍵，以便容易看出半音，兩個四度音階構成一個大音階，大音階在3、4音和7、8音之間爲半音。

在圖12-4中，梅爾卡巴的能量在人體的兩個四面

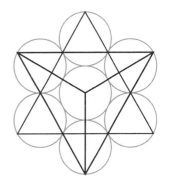

圖12-4：生命之卵中的四面體。

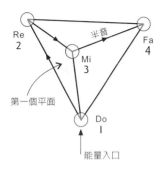

圖12-5：陰性四面體從底部的Do，到
Re和Mi，都是在同一個平
面上。然而要到第四個頂點
Fa，就必須變換方向，才能
完成第一個四度音階。

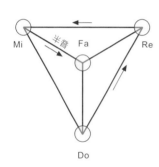

圖12-6：現在旋轉方向，從Fa爲頂點
來看，底部的Do、Re、Mi，
然後到頂點Fa。這在平面上
的投影長度，就成爲半音。

體中以圖12-5的方式流動：1（Do）來到2、3或4，然
後在平面上移動到另外兩個頂點之一。爲了到達最後
那個頂點，它必須改變方向，那些改變方向的地方就
是半音的位置。

我們利用鋼琴鍵盤上的音程來說明，能量進入生
命之卵的星狀四面體時，從Do由陰性四面體的底部進
入。之前的能量來自上一個八度音程，是陽性，然而
當它進入一個新的陰性四面體時，會改變屬性。

每當進入下一個四度音階或四面體時（圖12-6和
圖12-7），極性便會反轉。進入某個頂點的能量有三
個平面可以流動（圖12-6），一旦選擇了某個平面，
能量就會在那個三角形中流動，並定義另外兩個音符
爲Re和Mi。當能量在平面上運動時，音符之間的距離
都是一樣的，然而當能量來到第四個音符Fa並完成這
個陰性四面體時，能量必須到新的平面上，並改變方
向（圖12-7）。

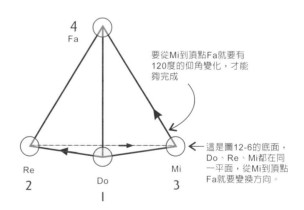

圖12-7：從Mi到Fa爲半音，因爲必須要有120度的仰角才能從Mi到Fa。

還記得第一冊第五章談到的創世記運動和無中生
有的創造嗎？精神體的投射是同樣的概念。精神體在
虛空中創造空無，規則是凡事皆可視爲三維或二維，

然而二維先於三維，平面的實相先於三次元世界。因此從靈性的角度來看這個四面體運動的轉向，在二維平面上看起來只有原先距離的一半，因此被標示為半音，雖然它與前三個音的距離實際上是一樣的，然而精神體的經驗是它只移動了一半的距離。而二維是三維的源頭，這讓我們世界的Mi與Fa之間的距離為半音。至此完成第一個陰性四面體。

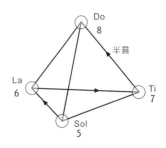

圖12-9：陽性四面體從Sol、La、Si轉換方向到Do，回到陰性四面體的起點。

　　此時能量須從陰性四面體移動到陽性四面體（圖12-8），它從Fa穿過星狀四面體中央的「虛空」（陰性與陽性四面體交會的空間），到達陽性四面體的第一個音符「Sol」，從這裡極性由陰轉陽。能量流動像陰性四面體一樣，只是被限制在四面體底部的平面。當選擇一個可用的頂點為Sol，加上La和Ti便完成這個平面。此時能量必須轉向圖12-9，以到達最後的音符Do，並開始下一個四面體。死亡即新生，一個形式轉化到另一個形式，陽性轉變為陰性，再次更新。

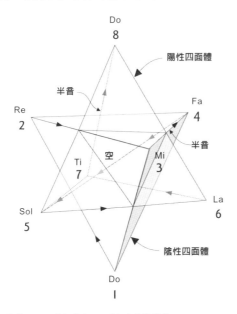

圖12-8：在陰性四面體和陽性四面體之中的能量流。

　　沒錯，更新。因為四面體是複合體——一連串的四面體，出現在我們討論過的所有形式中。例如音樂有高八度和低八度，理論上可以不斷繼續，永恆不絕。我們在第二章談論的意識和次元也一樣，在脈輪中流動的能量也相同，永遠有比你經驗的更高和更低的脈輪系統，這是永生的幾何基礎。靈性依其所欲向上或向下移動，從一個世界離開，便進入另一個世界。

人類的脈輪與音階

　　圖12-10顯示人類脈輪和音階的相似度（脈輪的位置並不精確）。沿著身體，注意三個下層的脈輪，第一脈輪在脊柱底端，第二脈輪比它高7.23公分，第三脈輪再高7.23公分。這是全人類的平均值，兩眼之間的距離也一樣。在第三脈輪之後方向會改變，你在那裡會「撞牆」，那就是「半階」（即半音）所在之處。這個半階是人類進化的關鍵，當精神體對新世界足夠熟悉時才會揭露。對於存在肉體中的精神體而言，這個半階是隱藏的，只有在適當的時機才會被看見。

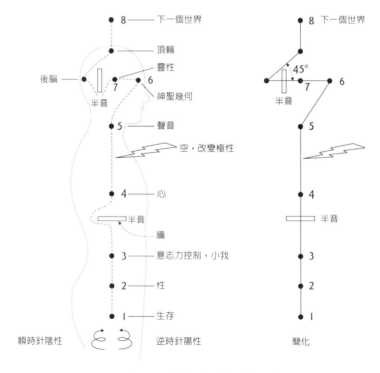

圖12-10：人體脈輪系統與音階的相似度。

　　一旦這半階被發現和通過時，能量會流到心輪、喉輪、腦下垂體和松果體，直到碰到與第一面牆垂直、在後腦與腦下腺之間另一個阻礙能量的「半階」。能量一旦通過第二道牆，將到達這個八度音程的最後一個脈輪，第八脈輪。在印度，第八脈輪稱爲「神之首」，是全體生命的目的，位於頭頂上方一個手掌的高度。

　　第八脈輪是頭頂上方的那一組脈輪的開始或第一音，當然在身體下方也有一組脈輪，你便是從那裡過來的。

　　能量向上貫穿身體的方式有兩種，陽性和陰性。能量以螺旋的方式流動，當它相對身體以逆時鐘旋轉時爲陽性，順時鐘旋轉時爲陰性。當你出生時，精神體集中在脈輪的底部，從那裡開始通過各種生命階段向上移動。

　　每個脈輪都有自己的品質，如圖12-10所示。第一脈輪與「生存」有關，第二脈輪管「性」，第三脈輪管「意志力」，第四脈輪和「心或情緒」有關，第五脈輪管「聲音」，第六脈輪和「創造一切的神聖幾何」有關，第七脈輪與「靈性」有關，第八脈輪關乎「進入下一個世界的存在」。

　　當存有們來到一個新實相，例如在地球出生爲嬰兒，生存是唯一的念頭。他們全心全意專注於在新世界活下來。此時第一脈輪是詮釋這個新實相的透鏡，目的是讓你設法在這個新世界待下來。

　　克服生存問題之後，精神體才有能力多注意一、兩個脈輪（實際上是兩個，但也許只用到一個），其他脈輪則隱而未現，因爲那道半階的牆遮擋了較高的脈輪。直到精神體學會控制較低的脈輪時，自然會獲得智慧，理解較高的脈輪。

　　取得生存能力之後，本能上你會渴望接觸這個實相中的存有，嬰兒時期的你把接觸這個實相的渴望詮釋爲對母親的渴望，特別是代表這個實相的奶頭，然而那在本質上是性渴望，與高次元的性渴望意義不同。當你成長，接觸的渴望將轉換爲純粹的性欲，你想和這裡的人有身體的接觸，而此時基本上你已經穩定在地球上，並意欲接觸新世界的生命，我們把這個脈輪稱爲「性輪」。

　　當你安全存活並接觸人，你便準備好經驗第三脈輪，學習支配和控制這個新實相，它被稱爲「意志力的脈輪」。你渴望明白萬事萬物的道理和法則，想知道你可以做什麼？你把時間都花在探索物質定律和運用意志力控制物質世界。更高世界的物理學與三次元不同，但仍有呼應之處。隨著時間過去，你想理解這個新實相的努力展現在許多地方。嬰兒有個時期被稱爲「可怕的兩歲」──你會把看到的每一件東西撿起來放進嘴裡，並開始去做每一件不允許你做的事，直到你的探索滿足爲止。

嬰兒時期的你不知道在第三脈輪後需要改變方向，一堵牆遮住了第四脈輪。孩子不會理解還有其他脈輪的課題會到臨。在地球上有很多成人不知道自己有更高的能量中心，大多數人還活在最初的三個脈輪中。然而這種情況很快會改變，因為大地之母正在甦醒。

隱藏在牆中的門

神設下障礙，好讓人學習掌握較低脈輪。因此當你長大，你其實只經驗了三個較低的脈輪，也許是其中的一個、兩個或三種脈輪以某種比例組合。這個模式對於全體生命都是一樣的，包括人、國家、行星、銀河等都相同。以美國為例，相對於歐洲和其他地區的國家而言，美國是嬰兒。美國大多數民眾在一九五○年代還停留在三個較低的脈輪上，執著於控制、金錢、物質主義、房子、車子、性、食物，特別是求生存，人們需要金錢以獲得安全感，那是個唯物主義的世界。六○年代意識的改變開始轉換人們的思想，人們開始透過靜心進入更高的脈輪。

若你去一些古老的國家，如印度、西藏和中國的某些地方，他們已經發現穿牆之道，能進入第四、五、六、七脈輪。通過四個較高中心後，仍會在第七脈輪遇上另一堵阻擋進程的牆。當一個國家或個人越過第一道牆後，便再也不同，他們會利用剩餘的生命設法回到上層中心，即使僅能對更高的世界驚鴻一瞥。

當個人或國家跨越第一道牆，進入心、聲音、幾何和靈性本質的世界後，便不再執著較低脈輪的事。他們開始不在意物質生活，只關心更高脈輪的知識和經驗。因此那些古老國家的物質環境通常很殘破，因為他們全心投入發現更高層次的實相，印度就是一個例子。

一個國家到達第七脈輪時，當然並不容易，它只關心生命的下一個層次——死後的世界，古埃及便是如此。

隱藏於兩組脈輪中的門或半階在一般情況是不可能被發現的，你不知道它存在。在了解有通往更高脈輪的牆／門之前，須歷經多世苦修，然而那些致力靈性的人或國家必然會發現那道門。

發現祕密通道的方法

我相信從亞特蘭提斯殞落後的新人類開始，人類便在瀕死經驗中體驗這種現已遺佚的更高意識。每一個人都會死，人死後會通過第一道門，發現其他的世界——不同的實相版本。然而突然有人在瀕死狀態短暫經歷另一種實相後，並未真正死

亡，反而帶著那些記憶回到身體。凡是經歷這件事的人都會完全改變，想盡辦法明白發生了什麼事，並開始追尋生命的另一面，與更高脈輪相關的一切。

接下來可能有一群使用迷幻劑（psychedelics）的人，發現進入更高意識層次的方法。世界各地的宗教都使用迷幻劑。迷幻劑不是藥，它和帶來快感的鴉片、海洛因等毒品不同，效用剛好相反。那些帶來興奮感的毒品作用於較低脈輪，讓你快樂，也讓你沉淪。葛吉夫認為古柯鹼對靈性的負面影響是所有毒品中之最，因為它會放大小我的力量，把你帶往與靈性相反的方向。

迷幻劑不像毒品那樣讓人上癮，印加人用聖佩德羅仙人掌（San Pedro cactus）加入微量古柯葉（古柯葉與古柯鹼完全不同），美洲印第安人用佩奧特仙人掌（peyote）作迷幻劑，這是他們宗教信仰的一部分，是合法的。在埃及有大約兩百面牆上畫著毒蠅傘（Amanita muscaria mushroom）的圖，那是一種有白色斑點的大型紅蘑菇，有本書專門討論它（《The Sacred Mushroom》，作者是Andrija Puharich）。

六〇年代的美國，LSD帶領人們穿過這道門。有超過兩千萬人用LSD-25 直接衝到上層脈輪。然而在未啟蒙的情況下，很多人失控。古文明在使用這類迷幻劑之前，會做相當的準備。六〇年代的美國人在毫無準備的情況下使用，造成很多傷亡。很多人衝上了心輪，感受擴展的知覺，成為愛，成為創造的一切。

用藥時，聽音樂的人可能會掉入第五脈輪的聲音流動中，有些人在實驗中衝上了第六脈輪，發現創造宇宙的神聖幾何，一切生命都以幾何形式出現。還有少數的人到達第七脈輪，進入靈性範圍，此時人們只有一個念頭，與神合一。

迷幻劑的問題是當藥效過去，人們會回到較低脈輪和三次元的實相。然而這些經驗已完全改變他們，他們通常會繼續尋找不用迷幻劑便能回到更高世界的方法。迷幻劑的時代為美國打開了隱藏的意識之門，為人們展示更高世界的存在。從那個時候起，百萬千萬人嘗試回到這些更高的聖境，如此他們改變了這個國家，也改變了世界。

我認為人類下一階段的進化是不借助藥物回歸更高的意識狀態。許多修行上師、瑜伽行者和各種靜心修練法與宗教都在找方法。六〇年代末和七〇年代，有很多人迷上各種靈修和靜心，靠修煉得到平靜，找到那道隱藏的門並穿越那道牆。沒有最好的方法，重點是對你而言有效。

當你進入第四到第七脈輪、並能駕馭它們時，你會來到另一面與較低的牆垂直的牆。當你發現穿牆的方法，你便超越三次元，進入下一個世界，地球的全體生命

圖12-11：八個脈輪與八個端點。

都會來到這裡。當你在地球死亡，你便在新的地方誕生。靈性不朽，永遠存在。我們很快就會討論這個新的地方，它並非某個地方，它毋寧是一種存在狀態。

埃及的啓蒙者經過二十四年訓練後，會服下適當的迷幻劑，在國王墓室的石棺中躺上三天兩夜（有時會再加一天），以發現這道進入更高世界的門，並回來幫助其他的人。每一個去過更高層次的人回來後，都只剩下一個目的：服務全體生命，因爲他經驗了「我即全體生命」。

全世界都在尋求一種自然的方式來穿越那道牆，不是瀕死經驗，也不靠藥物，無論第一或第二道牆。不論何種宗教或修煉，何種技巧或靜心方式，或你用什麼語彙來描述這個經驗，大家的目標都一樣，就是找到穿牆的祕道。

星狀四面體上的脈輪

貫通我們身體的八個脈輪，也複製在我們的周圍，大小隨人的身形改變，球體半徑爲手掌長度（從最長指尖到手腕上的第一橫紋，我的球體半徑約爲九吋），它們位於星狀四面體的八個端點（圖12-11），能被偵測或感受。脈輪則是能量球體的核心，位於四面體的端點，它們本身很小。

我曾用分子掃描器探測星狀四面體上的脈輪。我用感測器在球體上掃描時並沒有反應，只有在對準中心點時，電腦螢幕上會出現亮點。於是我們鎖定那些中心點作微波攝影，它看起來和身體中的脈輪是一樣的。我們發現體內和體外的脈輪之間有一種脈動相連，兩者是一個完整的系統。我想找出那個脈動是什麼，我首先想到的是心跳，而人體還有許多當時不清楚的節奏。然而我還沒發現結果，便離開了那家公司。

埃及人的十三脈輪系統

　　現在我們探索以半音爲基礎的十三脈輪系統，它是更開展的能量，相當複雜，你不一定需要了解，可以跳過或略讀過就好。

　　理解十三脈輪系統需要一些背景知識，否則很容易迷惑。你無法同時用兩個系統，只能取其一。就像量子物理的波動性和粒子性，你無法要求兩者同時成立。例如在八個脈輪的系統中，「虛空」在心輪和喉輪之間；在十三脈輪系統中，虛空則出現在上下兩個心輪，也就是第六和第七脈輪之間，因爲精神體以完全不同的觀點在星狀四面體上移動。我盡量簡要說明。

　　在鋼琴鍵盤上，將八個白鍵加上五個黑鍵就是C大調的十三個半音（圖12-12），換言之，在C大調的白鍵（CDEFGABC）加上黑鍵的五聲音階（C# D# F# G# A#），便是半音音階。整架鋼琴由類似的音階構成，以升降記號來區別。從Do開始（或記作C，C調在鍵盤上最容易發現），依序是C，C#，D，D#，E，F，F#，G，G#，A，A#，B，C。

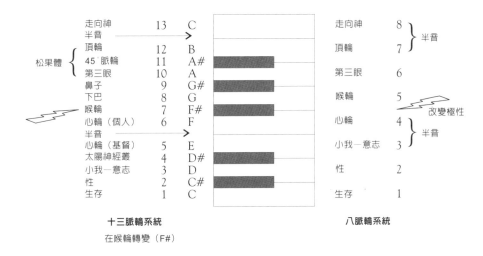

十三脈輪系統
在喉輪轉變（F#）

八脈輪系統

圖12-12：鋼琴式音階與十三脈輪（全音階）、八脈輪（大調音階）系統。

　　半階的位置在E、F和B、C之間。那個特別的虛空位於八度音程中的第四音（F）與第五音（G）之間，第二個四面體從那裡開始（圖12-12閃電處）。因爲觀察星狀四面體的方式不同，虛空在半音音階的音程中出現的位置也不同。我們先看看

半音音階展開的方式，再談它的流動。

半音音階總共有十二個音符，第十三個音符便是下一個階層的開始。八度音程有七個音符，第八個音符就回到相同的音，因此八度音程有八個脈輪，而半音音階有十三個脈輪。十三脈輪比八脈輪系統更完整，可以解答許多你還沒有遇到的問題，例如為什麼每個脈輪的距離是7.23公分。如此用十三脈輪能解答的問題，八脈輪系統不一定能解，反之亦然。兩個系統無法同時使用，我們會告訴你用的是哪一個系統。

另外還有許多其他的和弦與音階，它們是大自然用來安排我們周遭一切的和弦關係，然而所有的音樂和弦皆源自單一的神聖幾何。這個單一的神聖幾何便是四面體，它的道理十分複雜。我們在第二章談過八度音程和次元之間的關係，如果你重新閱讀，會更理解其中的道理。

發現脈輪真正的位置

用分子掃描器觀察身體，可以看見脈輪的微波而確認它們的位置，然而我們發現脈輪並不總是在書上說的那些地方。有些書說第十三脈輪在頭頂上方四到六指寬，然而在那裡掃描不到任何影像。幾何預測它在頭頂上方一個手掌長的地方，掃描那裡，確實發現螢幕上有活躍的光點。還有第三脈輪，許多武術和印度哲學說它在肚臍下方一到兩指寬處，然而在那裡掃描不到任何影像。幾何學預測它在肚臍所在的幾何中心，而我們確實在那裡發現了它。我懷疑有人知道脈輪的位置非常重要，為了保密而散播不實資訊，這種扭曲在二千年以來的科學、宗教和靈性書籍特別嚴重。

體表的脈輪地圖

在埃及十三脈輪的資訊中，脈輪中心均勻分布於體表。中央管道的脈輪並沒有一致的間隔，然而它們在體表的進入點卻有，以兩眼的距離為間隔，那也是鼻尖到下巴的距離。這個長度在身體中不斷出現。你若把它當作度量單位，平躺在地板上，從處理生存問題的第一個脈輪會陰開始，間隔一個長度是第二脈輪性輪，位於恥骨；然後是第三脈輪肚臍，第四脈輪在太陽神經叢開口處。

繼續向上是第五脈輪基督之心，也是第一心輪，在胸骨上方。然後是第六脈輪，第二心輪。第一心輪是主要心輪，與宇宙對全體生命無條件的愛、神之愛有關。第二心輪是生活之愛，愛上某人就是用這裡感覺，若你愛上一顆行星或不管多

大的存在體，發生感應的地方都在上心輪。兩個心輪都是白鍵。有趣的是，它們恰好在十三音階中半階的兩端（圖12-12）。

男性的下一個脈輪在喉結，第七脈輪。然後是下巴，第八脈輪，力量強大的脈輪，瑜伽行者巴贊（Yogi Bhajan）認為這是最重要的脈輪。然後是鼻子，第九脈輪。接著是第三眼，第十脈輪。再來是前額頂端，第十一脈輪，又稱為四十五度脈輪。然後是頭頂，頂輪，第十二脈輪。最後在頭頂上方一個手掌高為第十三脈輪，是這個系統的結束和下一階的開始。

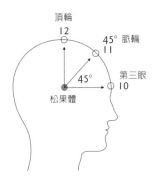

圖12-13：與松果體相關的三個脈輪。

第十一脈輪又稱為「四十五度脈輪」，它和第十及十二脈輪都與松果體有關（圖12-13）。記得我們說過松果體是一隻眼睛嗎？當它對腦下垂體投射能量，便產生第三眼的覺察，當它對第十一脈輪發送能量，會與它夾角四十五度。當它向上投射則會直接通過頂輪。這些是聚焦於松果體能量的三個脈輪。

兩個脈輪系統間的矛盾在於，八脈輪系統的松果體是進入下一個世界的地方，但十三脈輪系統則以三種不同的方向來處理松果體的能量。

另一個有趣的不同是，八脈輪系統中的半階位於心和喉嚨（聲音）之間，十三脈輪系統的第一個半階位於第五與第六脈輪之間，區隔了宇宙心（全體生命之愛）與人心（鍾愛人事物之心）。而它正是靈性工作最重要的地方──理解基督之愛和小我之愛的差別，而這裡也是改變方向的地方。另一個更高的半階也非常重要，它位於第十二和十三脈輪間，是次元或世界的交界，從那裡進入另一階層。這兩個半階提供了人類最主要的生命課題。

星狀四面體上不同的運動

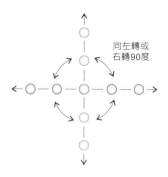

向左轉或
右轉90度

圖12-14a：從頭頂看，五個通道，旋
轉向上。

尾骨　肛門　會陰　陰道　陰蒂

圖12-14b：從側面看，脈輪的螺旋旋
轉上升（以女性爲例）。

　　精神體似乎可在星狀四面體上以不同的方式移動，八脈輪系統較爲簡單，十三脈輪相對複雜。我想提供一種同時符合兩個系統的觀點，但也怕讓你更迷惑。你若想知道，請自行探索。試著俯視或仰視星狀四面體，線索是：讓其中一個四面體代表白鍵，另一個代表黑鍵。

五個向上盤旋的光通道

　　前面提的兩個脈輪系統是簡化過的，實際的情況更複雜。我們假設有一條能量的管道貫穿各個脈輪，但實際上是五個管道和四個額外的脈輪與每一個主要脈輪連結在一起，在水平方向排列成直線，與垂直面垂直（圖12-14a），並以九十度間隔向上旋轉（圖12-14b）。

　　中間和最外側的兩條是主要管道，第二層的兩條是次要管道。這與圖特在第九章談到的五個意識階層有關。第一、三、五階層爲合一意識，第二、第四爲不和諧意識。它們和人類的五種感官和五個柏拉圖多面體也有關。我們暫且不討論。

　　在說明這五個管道前，先來談談光。理解了光在太空中的運動，會更容易理解普拉納在脈輪中的向上運動。所有的能量形式只有一個單一源頭，即是普拉納、氣或生命能，它本身就是意識、知覺和靈性，從太虛開始旅行，創造想像的直線和圓。

　　要研究光，就要研究精神體透過神聖舞蹈一路展開的自然界，那是靈性的創造。精神體的運動我們前面已討論過，現在我們要先談談光，再回到脈輪的主題。

要有光

　　圖12-15是我對實相的理解畫過的最重要的一幅

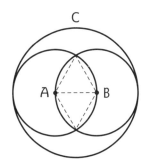

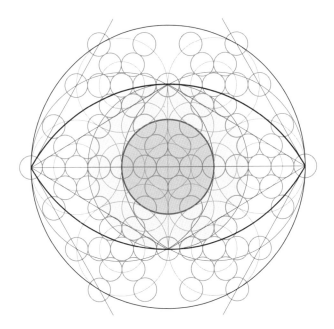

圖12-15：「眼睛」，神聖幾何圖形。

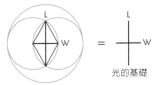

光的基礎

圖12-16a：由A、B兩個圓交匯區域所成的魚形橢圓。

圖12-16b：從魚形橢圓中做出的鑽石切面圖。

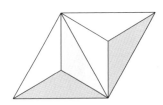

圖12-17a：兩個立體的四面體，一個邊相交（俯瞰圖）。

圖。你還記得我說過的創世記第一動嗎？我們從太虛到達第一個球的頂端，在那裡形成第二個球體，形成魚形橢圓。在《聖經》中，神在第一動之後移到水面上，立即說：「要有光。」還記得我說我會解釋魚形橢圓就是光嗎？圖12-15即為魚形橢圓的能量，實際比這個更複雜，然而這顯示了它和光之間的關係。

在圖12-16a中，圓A與圓B通過各自的圓心，形成魚形橢圓，完美嵌合在更大的圓C中。這個魚形橢圓可以被內部的直線進一步分解為兩個等邊三角形。三角中的兩個對角的長（L）和寬（W）形成十字（圖12-16b），這個十字便是光的基礎。

注意這兩個三角形其實是共邊的四面體（圖12-17a），完美地嵌在魚形橢圓中（圖12-17b）。L和W分別是魚形橢圓的長與寬。每旋轉九十度，便生成一個新的魚形橢圓，小橢圓的長邊是大橢圓的短邊，而

這幅圖便逐漸發展成眼睛的樣子。這個級數可以向心或離心，無限地展開。魚形橢圓中的幾何級數就是光的藍圖，以√3為基礎。光行進的路徑正如圖12-18所

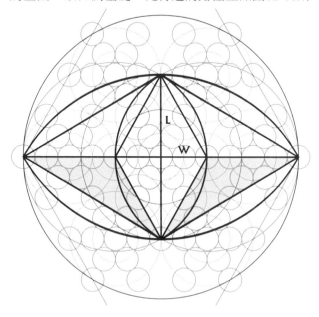

圖12-17b：兩個立體的四面體相交。

示。

　　許多年前，有位男士來參加我的工作坊，他是全世界最偉大的三位光學專家之一，也是享譽全球的傑出人士。他二十三歲剛從大學畢業時，馬丁－馬利埃塔公司（Martin-Marietta）便和他簽約，願意提供大筆金錢和工作團隊讓他做研究，於是他把這筆經費用於研究光。他計畫先研究眼睛，因為眼睛是光的接收器。

　　如果你想研究東西的本質，你會設法拆解它的元件，這裡指的是光波和接收光波的配備（也就是生物的眼睛），因為它們互相反射彼此的幾何結構。眼睛與光波必然有相似之處，或類似的運動方式。如果你

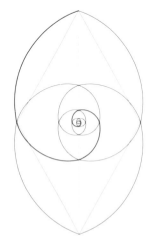

圖12-18：光之螺旋。

想發明接收某樣事物的設備，你愈能貼切地複製它，接收的效果就愈好。

　　這位男士研究了地球上所有的眼睛，發現眼睛如同水晶，可以區分成六類。地球上有六種類型的眼睛，而每一類的生物都有相似的幾何和身體結構。

　　當我在工作坊展示圖12-18，他非常驚訝，差點沒從椅子上摔下來，他說這是他研究所有眼睛的類型後畫的圖，那裡有所有眼睛共同的特徵，他怒斥我剽竊他的研究成果。後來他明白這些資訊是圖特給我的。你知道的，這些資訊並不屬於任何個人，它屬於全體生命，只要問對問題的人都會找到它，它就內建在每一個活體的每一個細胞中。

　　一般看見的眼睛是橢圓形，然而它其實是個圓形球體，部分表面覆蓋了透鏡（圖12-19）。你在圖12-15可以看見球體、魚形橢圓和虹膜上更小的圓，你的右腦立刻知道這是正確的幾何。這張圖並不僅是示意圖，它其實顯示了眼球背後的幾何和光本身的幾何，因為那是同一件事。創造所有眼睛的幾何和整個電磁頻譜的幾何（包括光），都是相同的。當聖靈在創世記第一動創造魚形橢圓後隨即說「要有光」，光便出現，並非巧合。

　　圖12-20是光波的運動，你可以清楚看見魚形橢圓和光的關係。電場以正弦波沿著某個軸運動，磁場同時以正弦波垂直電場的方向運動，並且這整組圖形以九十度的間隔旋轉。如果你注視圖12-21，你會看見光的幾何。魚形橢圓的長軸是電場，短軸是磁場，以√3的比例變化。我在第二章說魚形橢圓的長寬比為黃金比例，我錯了，其實它的比例是埃及人眼中的神聖數字√3。然而如果比較長寬比例為黃金切割的矩形中，互相垂直的魚形橢圓形成的圖形和比例為√3的魚形橢圓所形成的圖形，你會發現它們極度相似。就像費伯

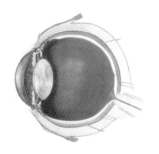

圖12-19：人類眼球。

圖12-20：光波的運動。

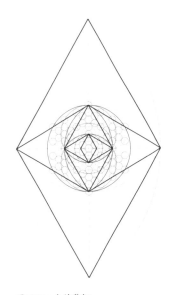

圖12-21：光的幾何。

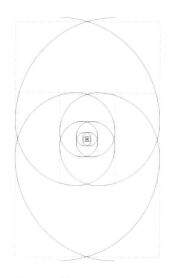

圖12-22a：黃金切割螺旋之中的光的
幾何。

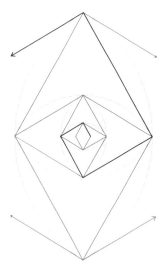

圖12-22b：從魚形橢圓中畫出的四個
陽性的比例螺旋。

納齊數列，大自然再次意圖複製黃金比例。

　　光以九十度轉角的方式流動，如果你看出魚形橢圓的幾何級數亦以九十度向內或向外移動，你便能了解圖12-18的光的幾何。

　　黃金切割螺旋和√3的魚形橢圓螺旋十分近似，然而當你仔細觀察圖12-22a的矩形，你會發現它們並不接觸彼此，不像真正的魚形橢圓彼此相接。

　　有趣的是，真正的魚形橢圓（如圖12-22b所示）是光、也是眼球的幾何，同時也是許多自然界生物的幾何，例如圖12-23的葉片。大自然設計葉片來接收光，以進行光合作用。你可以在葉片中看見和圖12-18

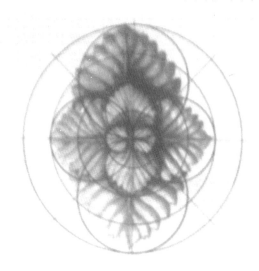

圖12-23：葉子與光。

一模一樣的幾何圖樣：光的螺旋。

　　接下來我們會發現在脈輪中的能量流動和光的運動十分相似（容我再說一次，如果你覺得這個部分太複雜，可以跳過，因為你只需要知道有八脈輪和十三脈輪系統的能量流動就夠了）。

　　圖12-24a是一個光或能量圖，顯示光在脊柱盤旋

而上，如同它在太空的運動一樣（不過在太空中它會不斷擴展）。圖12-24b是俯視圖。

現在來看看能量如何流動。能量在脈輪中沿著五個管道，以陰性或陽性的方式盤旋而上。從體腔中央來看，陽性能量呈逆時鐘旋轉，陰性能量呈順時鐘旋轉。

如果你從人體下方的生殖器官向上觀察這些精微的能量管，你會看見有五道能量流在脊柱中向上流動，在水平方向有排列成直線，特別的連結和開口，與脊柱成九十度。如圖下方所示，那裡是人體基座會陰的位置。

會陰在女性的肛門和陰道之間，男性的肛門與陰囊之間。在會陰柔軟的皮膚底下有個看不見的開口，你若在那裡施壓，手指甚至可以向內伸進兩吋。會陰是第一脈輪之所在，也是中央管道的入口，然而還有另外四個開口和能量管分置兩側（見圖12-25）。

在會陰後面的能量開口是肛門，肛門後面有一道來自下方三角形的薦骨區域的能量，以尾椎為開口。它與會陰和肛門位於一條水平線上，但它的振幅更大（見圖12-24a），能量也大於肛門的管道。在會陰前方的開口，對女性而言是陰道，對男性而言是陰囊內的開口，它的能量強度與肛門相當。最前方的能量更大，強度相當於脊柱，女性的起點在陰蒂，男性在陰莖，能量擺動的振幅更大，如圖12-24a所示。

從軀幹底部去看這五條管道，它們從身體前方到後方對齊成直線，基本上的能量都是前後走向，唯一例外的是男性睪丸，為左右排列，但相當靠近彼此。稍後談到第五脈輪時你就會明白。陰道和陰莖皆為前後走向的魚形橢圓，第一脈輪的流動本身亦是從前面到後面。

順時鐘（陰）或逆時鐘（陽）旋轉了九十度，就

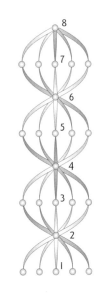

圖12-24a：光之螺旋，沿著八脈輪向上。

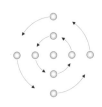

圖12-24b：陽性螺旋俯視圖，陰性螺旋是相反的。

身體正面

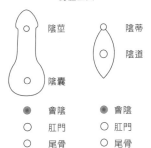

圖12-25：五條管道的五個開口。

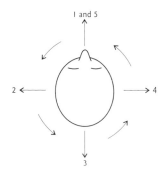

圖12-26a：從頭頂看下去。一個完整
　　　　　的循環，分為五步，循著
　　　　　箭頭方向，向上運動。

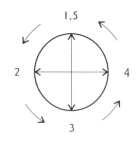

圖12-26b：完整一圈，成為一個圓。

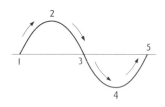

圖12-26c：完整一圈，成為一個正弦
　　　　　波（或光波）的移動模
　　　　　式。

到了第二脈輪。生命總是嘗試符合這些自然能量，生理結構和這些能量的方向是一致的。事實上，是身體部位符合這些內部脈輪的能量流向。

　　在第二脈輪的層次，女性輸卵管便位於兩側，和第一脈輪的前後方向垂直。再一次向上盤旋，便到了第三脈輪的臍輪，臍帶的方向是前後。再次盤旋，到了第四脈輪的太陽神經叢，它的形狀就像魚形橢圓，左右排列，與第三脈輪的方向成九十度。

　　再次轉動恰好到胸骨上方，這裡和下方完全不同，只除了與第一脈輪相似之外。你可以從轉動的模式看到其中的差異。圖12-26a從面向前方的人頭頂上看下去，當我們開始這個沿著脊柱的向上盤旋，第一脈輪的能量面對前方。假設它是逆時針旋轉九十度（見圖12-26a、12-26b），第二脈輪（2）朝左，第三脈輪（3）朝後，第四脈輪太陽神經叢（4）朝右。繼續來到胸骨上方的下心輪（5），回到了原來的方向，朝前。如此心輪的不同在於它知道完整的圖形，能量已經完成了三百六十度。你看（圖12-26c）的正弦波，要完成一個波有五個位置。到了下心輪時，循環已完成，因此它有朝向前、後、左、右的能量，在這個特別的空間中形成了一個十字。埃及人認為這是人體最重要的中心之一。它是完成的地方，我們在此感受對神的愛。在這個中心的胸腔有前後的縱深和左右的寬度，兩個方向同時存在，當然這也發生在第一脈輪的睪丸上，因為1和5在循環上的相同位置（見圖12-26a、12-26b中的1和5）。

埃及的性能量和性高潮

　　我們要暫時離題一下，談談「性能量和性高潮的重要性」這個龐大的主題。埃及人相信性高潮是永生的鑰匙，並且與第五脈輪密切相關，我們先解釋這件

事。

　　現代人在經驗性能量和性高潮時，一點都不關心能量釋放時發生了什麼事，大多數人在性高潮後對於他們的性能量去了哪裡一無所知。通常性能量從脊柱向上流動，直接從頭頂進入第八或第十三脈輪。只在少數情況下，性能量會從脊柱向下進入隱藏在腳底下方的中心，一個與頭頂上方中心對稱的位置。

　　無論哪種情況，性能量，也就是濃縮的生命能，都白白浪費和消失了。這像是把電池接地，電池便不再有電是一樣的。這是全世界對譚崔的信念：**性高潮讓人接近死亡，因為人在性高潮中會失去生命能。**然而埃及人很早以前便發現不一定這樣。因此，印度和西藏的譚崔要求男性不射精，他們認為若人們學習控制性高潮，精子會沿著看不見的小管道進入更高的脈輪。他們和中國道家的譚崔，講究的是在性高潮前的性能量如何流動，然而埃及人的觀點完全不同。

　　埃及人相信性高潮是健康和必要的，但是性能量必須以一種很深的神祕學程序加以控制，而它和其他譚崔的方法完全不同。**他們認為性能量若控制得宜，性高潮會成為「普拉納」的源頭，那是一種永恆的生命能，不會消失。**他們相信整個梅爾卡巴或光體將受益於這種性能量的釋放，也就是在正確的情況下，**性高潮將直接進入永生，而「安可」是其中的關鍵。**

　　安可和性能量有什麼關係？解釋起來很複雜，但值得花這個時間。要理解埃及人花費了數千年理解的東西，我們要從第五脈輪開始講起。上一節我們談到第五脈輪是旋轉的脈輪系統首次完成整個週期，擁有來自前後左右的能量。從上方俯視這些能量，你會看到圖12-27a；若從人體前方去看，會看到圖12-27b。注意兩者都是基督的符號。然而，同樣的能量從側邊看去會看到很不同的樣子，你會發現另一條能量管，

圖12-27a：俯視圖，第五脈輪向上螺旋的能量。

圖12-27b：前視圖。

圖12-27c：側視圖，成為埃及的安可
圖騰。

圖12-27d：立體視角，基督教的符
號。

那是埃及人從住在大金字塔底下的塔特弟兄們學習的，這個知識來自亞特蘭提斯。

從側邊看人體五個脈輪的能量場，就像圖12-27c。有趣的是，基督徒一定知道這個符號，因為很多牧師的道袍上有繡，通常在一年之中與耶穌復活有關的活動裡，你會看到圖12-27d的符號。這個符號是從全方位看見的能量場，上方、前方和側邊。我相信基督徒故意去掉整個安可的環圈，是為了不要和古埃及的宗教有什麼關聯，然而很顯然他們知道。

現在，你知道安可是人體能量場的能量管道，就會理解埃及人進行性行為的道理。

在說明安可和性能量的關係之前，我想先說幾件事。我在埃及旅行時，親自觀察過超過兩百根埃及人用的長桿，大都是木製的，偶爾也有其他材料。他們會在長桿底端綁上音叉，而頂端可以接上四種不同的工具。

我們在第五章提過復活用的四十五度角的工具，但沒談過安可，它有驚人的效果。當長桿尾端的音叉振動時，通常它的能量會很快散失，但你若在另一端接上安可，能量似乎會被帶回長桿中，因此**保存**了能量。

幾年前我在荷蘭，有人用銅棒接上高品質的音叉，並在另一頭安裝上螺絲座，可以鎖上不同的東西。我用這個銅棒做實驗，在另一端加上安可，銅棒振動的時間增加了三倍。

此即埃及人特殊的做愛方式的關鍵。他們發現在性高潮時，若讓能量行至脊柱的頂端或底部，性能量會消失；**若有意識地引導性能量進入安可的管道，性能量將回到脊柱並不斷振動，生命能不消失，事實上，它似乎會放大能量。**

這個話題你可以談上一天，但只要經驗一次，你便了解。不容易一次成功，因為剛開始性能量會超過

第五脈輪並在身體流動，需要練習。然而只要你做到，我猜你會不想用其他方式達到高潮，因爲它太強大、太美好了。一旦身體記住這個經驗，就不會再回到老方法了。

六十四種性／人格組合

一旦你有了體驗，你可以稍做改變，以符合你的需要。現在我要解釋圖特告訴我的古埃及人的基本做愛方式。現代人大概很難想像它有多麼複雜。

首先，他們的「性傾向」不只有兩種，而有六十四種。我不打算深入解釋，只列出一些簡單的模式，它們主要來自DNA中的六十四個密碼。

他們看見四種基本的性模式：男性、女性、雙性和中性，這些性模式又可繼續區分成同性與異性。男性有「男同性」和「男異性」；女性有「女同性」和「女異性」；雙性者又區分爲「雙性─男體」和「雙性─女體」；中性者亦區分爲「中性─男體」和「中性─女體」。於是這裡出現了八種基本的性模式。

我接著要說的事一般人也一樣沒概念。埃及人不認爲我們單獨存在身體中，他們可以分辨我們有八個不同的人格。這八種人格與最初的八個細胞有關，形成八個迴路，並產生八個主要的脈輪，同時也是環繞我們的星狀四面體的八個基礎端點。

精神體首次降生地球時，會創造一個環繞身體的星狀四面體來表達其性別，此時出現的是第一個人格，在第二世時通常會安排相反的性別，然後它會選擇一個不同的點爲前端，直到八個端點或八種人格都經驗了地球生命。在最初的八世之後，通常精神體會選擇以某種頻率來經驗性別，以維持性別的平衡。例如選擇三次男性，然後三次女性，並依此節奏繼續。精神體可以任意選擇節奏。

然而絕大多數的情況是，精神體喜愛某一個性別勝於另一種，更常使用它，結果讓某一個男性和女性的人格變得特別強勢，它們就像其他六個人格的祖父母一樣；然後是稍微年輕、相當於中生代的人；然後是更年輕的、相當於二、三十歲的人；最後是不常用的，像青少年。它們有男有女。於是這八種人格變成了首次來到地球的精神體的人格矩陣。

古埃及人以八種主要的性模式和八種人格，創造了六十四個「性向／人格」組合，與埃及譚崔有很大的關係。不過我們暫且打住，然而這是個令人著迷的主題，需要多年才能精通。埃及人花費十二年通過每一種「性／人格」組合，好培養對生命的大智慧與理解。

到了訓練的尾聲，學生將同時與八種人格相會，爲了把祖父母的智慧傳承給年

輕的人格。

進入性高潮

現在我們要談談如何運用安可達到性高潮。要如何到達性高潮操之在你，我不會批判你，埃及人也不會，因為他們相信，當你進入大金字塔的國王墓室，預備揚升到下一個意識層次前，你已充分了解六十四種性模式了。

他們認為這很重要，其實不然，即使你不知道這些資訊，仍能進入下一個意識層次。然而從他們的觀點看來，安可對於達成永生是至為重要的。你可自行決定是否要練習。

1、在感覺性能量將從脊柱升起時，深呼吸，讓肺部充滿九成的空氣，然後屏住呼吸。

2、讓性高潮的能量從脊柱上升，當它到達第五脈輪，用意志力把它朝身體的背部轉九十度，它就會自動進入「安可」的導管。當它到達頭頂上方一個手掌高度的第八或十三脈輪的水平線時，它會回轉，慢慢從身體前方返回第五脈輪，進入時有時會劇烈振動，然後逐漸回到它的起點。如果你看得見能量，它會集中在一個很小的點。這些都是在你閉氣時發生的過程。

3、在性能量回到源頭的時刻繼續吸氣，剛才只有九成滿，現在盡量讓肺部充滿氣體。

4、非常緩慢地吐氣，在你吐氣時，性能量會繼續在安可的環管中流動。當你吐完氣時，再深吸一口氣，此時某種改變會發生。

5、在這一個點上，深呼吸繼續著，但是你會在瞬間看見性能量變成普拉納從兩端向下心輪（第五脈輪）匯聚。此時覺察你的整個梅爾卡巴，感覺這綻放的能量充滿你的光體，讓這個能量下達你的肉體，穿透每一個細胞，感覺所有細胞都因為生命能的滋潤而恢復青春活力，感覺這美麗的能量圍繞你每一個層次的存在，為你帶來身心靈的健康。

6、繼續深呼吸，直到放鬆的感覺擴散到你的全身，然後你可以慢慢轉換到正常的呼吸。

7、如果可能，讓自己完全放鬆，甚至小睡一會兒。

如果你持續練習一週，我相信你會更了解。當你繼續練習，它將開始強健你的心智體、情緒體和身體，並且為你的光體帶來更大的動能與活力。然而不管你因為什麼理由感覺不好，那麼就不要做。

第五脈輪之後

接下來的脈輪在生理結構上不像前面的五個脈輪
那麼清楚，然而我們還是能在身體的上半部看見類似
的現象（圖12-28）。能量向上盤旋離開第五脈輪後，
左轉九十度到第六脈輪，人格之愛的脈輪，而我們的
心臟恰好在體腔左邊，和第五脈輪的基督之心保持
九十度。接著這個螺旋轉向後到了喉輪，男性的喉
結便位於這個前後方向的平面上。來到第八脈輪的下
巴時，規則似乎有所改變，變成了前一後的流動，而
非九十度轉動。在這裡能量中心有了新的排列方式，
也許因為它是第八脈輪，在八脈輪系統中，第八「完
成」一個循環。因此在頭部出現一個小型的新系統以
組成十三脈輪系統。

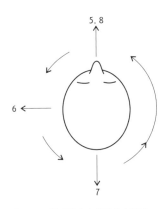

圖12-28：第五脈輪之後的向上螺旋。

如果你研究達文西的人體比例圖（圖12-29），你
會發現它的頭部恰好占64網格中的一塊，並進一步被
劃分成4×4的16個方塊。這個圖不夠清楚，你可以找
一個更清楚的版本來看，換言之，頭部占人體比例圖
的 $\frac{1}{64}$。

脈輪系統一路向上貫穿身體和頭部，然而在頭部
自成一個獨立的迷你系統，它似乎是八脈輪系統，我
不確定是不是也有一個十三脈輪在那裡，它是額外的
系統，但包含在我們剛才研究的十三脈輪系統中，從
下巴、嘴巴、鼻尖、眼睛到第三眼，其他三個在頭裡
面，看不見，除非研究大腦的內部組成。

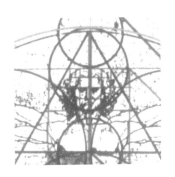

圖12-29：達文西的人體。

你仍然可以看到同樣的旋轉模式，下巴向前伸，
然後轉動九十度到嘴巴，一個左右伸展的魚形橢圓；
再轉九十度到鼻子，指向前後。然後是眼睛，魚形橢
圓，左右各一，向左右伸展，與鼻子成九十度。最後
到達第三眼，第五脈輪，就像是基督之心，一個完成
的地方。正是這個原因讓基督之心的心輪和第三眼如
此獨特和重要，因為兩者都是第五脈輪，並且在它們

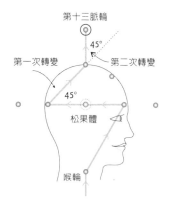

第十三脈輪

45°

第一次轉變　　　　第二次轉變

45°

松果體

喉輪

圖12-30：現代的提升。

各自的系統中代表週期的完成。

　　這是圖特離開地球時，我們正在探討的主題，我真希望還有更多時間可以和他討論，因為沒有任何書上提過這些事。除了紀錄大廳保存著之外，埃及人沒有畫下這些資訊，荷魯斯右眼神祕學校也未留下任何資訊。它只能經由口傳。

通過最後半階

　　圖12-30是頭部的松果體和第十三脈輪。你的意識最後會到達松果體，而第十三脈輪是我們都想到達的地方，顯然直上是最快的方式，然而神為了確定我們不會走上這條明顯的途徑，祂改變了角度，讓我們找不到它，如此你會停在松果體，直到熟悉為止。就像八脈輪系統（圖12-10），在第三脈輪之後有一道牆，讓你無法進入上層的脈輪 —— 在你的腦後還有一道牆，這也是半階所在的位置。這是一個你很難獲得經驗的地方。西藏人的說法是，除非你先到達後腦，否則無法上達第十三脈輪。你必須找到隱藏之門，發現它，便能通過這半階。

　　確實有五個脈輪前後排成一直線，如圖示。有三個在頭裡面，一個在腦後，另一個在頭的前面。大多數人只認識松果體和腦下垂體。尼菲林人發現如何從第十二進入第十三脈輪並改變次元階層，但他們的方法和我們要進行的不同。尼菲林人到達松果體之後，把意識發射到腦下垂體，接著進入頭部前方的脈輪，在那裡做九十度轉彎而直上，進入另一個世界。他們使用的這種快速改變的技術，路徑像是一個L，因此尼菲林人便被暱稱為「L's」或「Els」。後來當他們的人數在地球愈來愈少，便被稱為「長老」或「老者」（the Elders or the old ones）。

　　我相信在地球是以其他方式進行的，除非你想用

尼菲林人的方式，但我會用其他地球人的做法。以下是圖特和雪賽特離開的方法，是目前所知最簡單的方法，圖特在他離開那天教給了我。

我們設法從松果體到腦後的那個點，從那裡偏轉四十五度通過頂輪，在頂輪再偏轉四十五度，直上第十三脈輪。你也許會發現快速的四十五度角偏轉讓梅爾卡巴不穩定，不用急，它會恢復。

在亞特蘭提斯殞落之前，我們能做九十度轉彎，然而它是困難的，會帶來很大的震撼。兩次四十五度偏轉容易得多。第一次偏轉後，梅爾卡巴的能量場會有些晃動，你會感覺不適，經過大約一至一分半鐘後，梅爾卡巴會穩定下來，此時再一次四十五度偏轉，便能直接連結第十三脈輪。如此將你送進下一個次元——第四次元。這是許多升天大師的揚升方式，他們做第一次偏轉，穩定後立即做第二次，在等待期會進入無人之境，非常不穩定，等待期若太長，我不知道會發生什麼事。

我想再提醒你一次，直接經驗其他次元的方法有很多，然而只有成熟的靈魂能做九十度的快轉。兩次四十五度的偏轉像是附有安全輪的腳踏車，容易得多，比較不會讓你失去平衡。

環繞身體的能量場

現在我們來看看人類身體周圍，由能量流動和存在脈輪中的意識所產生的能量場。

肉體之外的第一層能量場稱為「普拉納」或「氣」，有時候也稱為「以太場」。雖然它環繞全身，但主要在你的手、腳、頭、肩膀附近看得見，通常會發出柔和的藍白光。緊鄰你的皮膚是一層黑色能量場，再來是一層淺藍光，它就是你身體的普拉納或生命能。你的雙手的能量場可以向外伸展 $\frac{1}{4}$ 吋到3、4吋，而身體其他部位則通常不超過1吋。

要看見它很容易。如果你從未看過，只要把一張黑色卡紙放在有變光開關的白色燈泡下，把手放在卡紙上方1吋，然後慢慢關掉光源，直到看不見手為止。等待十一秒，當你的眼睛適應，你會再次看見你的手，此時，你會看見普拉納的氣場。觀察你的中指指尖，注視著它，不眨眼，等個十到十五秒，你會開始在你的手指周圍看見柔和的藍光。

一旦你看得到這個能量場，你還可以做其他嘗試。你可以把兩隻手的指尖抵在一起，觀察指尖射出的光焰彼此相連。然後你移開手指，會發現那個光焰像吹泡泡

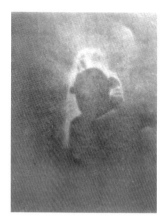

圖12-31：克里安照相下的手指。

糖一樣向外形成一個光泡。當你的手指距離五吋遠時，光焰便收回指尖。你可以反覆這麼做，大部分的人都看得見。

你可以在手腕上放一個水晶，開始做規律的瑜伽呼吸，花足夠的時間，直到你感覺夠深，能帶起生命能為止，此時你會看見你的指尖開始放光，光焰向外伸展4到6吋。然後你會發現它會呼應你的呼吸：吸氣時，能量場會稍微收縮，吐氣時，能量場會擴大。你可以用肉眼看見呼吸和普拉納的互動關係。

圖12-31是人體次元研究所（Human Dimensions Institute）提供的克里安照相，圖中是一位知名治療師的手指。上面那張圖是她坐著、什麼事也沒做時拍的照片，你可以看見她的手指發出白色的光；下面那張圖是她開始調息和聚焦於療癒時拍的照片，白色的光焰從她的指尖放射。那不僅是呼吸造成的，而是她所專注的脈輪的能量，我在談療癒的第十五章會提到。

身體的外圍，在普拉納之外是另一個與呼吸無關，但與思想和情緒有關的能量場。你的思想從大腦發射電磁場，你的情緒也會發出電磁場，它們都是可見的，但多數人關閉了這個能力，所以看不見。然而連接電腦的相機拍得到，所以它不是臆測的，而是科學事實。你可以參考瓦洛瑞‧杭特博士（Dr. Valorie Hunt）的書，看看科學如何揭示人體能量場的祕密。

關閉信息是個有趣的主題，就像生活在喧囂的大城市，喇叭聲此起彼落，引擎聲和警笛聲、車輛碰撞的聲音、人們的尖叫聲——這些聲音從未停歇，然而在人類經驗中只是微弱的背景，即使真的很大聲。如果你一直住在大城市，你可能充耳不聞，把它關閉了。在森林或小鎮獨居的人進城，可能非常敏感，這對他而言是震耳欲聾的噪音。然而如果待得夠久，他也會做同樣的事，關閉它，於是就聽不見了。我們對

氣場也是這樣，也許看到別人思想和情感的真相是件太痛苦的事，於是我們也就關閉了這個能力。

如何看見人體氣場

如果你希望看見人體氣場，可以先讀一兩本色彩治療的書，先了解色彩的意義。然而我發現，我們的潛意識了解所有的色彩。我讀過二十二本色彩治療的書，內容大同小異。你讀過幾本就會有概念了。凱西的《氣場——色彩散文》（*Auras: An Essay on the Meanings of Colors*）言簡意賅，是本優秀的書。

軍方訓練特種部隊觀察人體氣場，以便精確知道一個人的想法和感受，這對軍方非常有利。我待會兒會告訴你他們特殊的訓練方式。用這個方式培養你觀察氣場的能力。

準備一些彩色卡紙和一張半開的大白紙，把白紙鋪在地板上，用一盞有變光開關的燈來控制燈光。在中間先放一張紅色的紙，盯著中央注視三十秒，不眨眼。迅速抽走那張紙，保持凝視同樣的地方，一秒鐘內你會看到與剛才互補的顏色。對紅色而言，你會看見綠色，顏色互補但形狀一樣。這些殘留影像看起來是透明的，像是浮在表面上。你可以連續做幾種不同的顏色，培養你對這種發光、透明和漂浮影像的敏感度。這種顏色很像理想的人類氣場，因為少有人類的氣場如此清澈潔淨。

接下來你找一個夥伴，穿上白色衣服，讓夥伴站在白牆前，用最大的燈光投射在他身上。放一張彩色紙在他的鼻子下方，用三十秒注視這張色紙，然後讓你的夥伴移開那張紙，你會看見漂浮在夥伴身上的互補色。如此你開始習慣漂浮在人體周圍的顏色，於是你的頭腦會開始得到這種概念。之後，在距離夥伴二、三呎遠的地方，在他的頭部、肩膀附近放幾張顏色不同的紙，用這種方法來看各種顏色，直到你適應了觀察漂浮在人體周圍的顏色。之後，將這些色紙放在一邊，繼續觀察你的夥伴，把燈光用極慢的速度逐漸調暗，過程中你會來到一種奇妙的狀態，人體開始變暗，而各種漂浮在人體周圍的顏色冒了出來，你開始看得見人體的氣場。

你會看見整個氣場，你知道那真的是氣場的顏色，而非之前你所看到的互補色，因為它是各種不斷改變的顏色。這些顏色隨著你的夥伴每個片刻的想法和感覺而變化。通常你看到頭部周圍和肩膀的顏色主要來自這個人的想法，圍繞胸部、身體及後背的顏色主要來自這個人的感覺和情緒，當然它們會有些重疊。

氣場不僅顯示一個人的思想和情緒，還能顯示一個人的身體疾病。如果一個人的身體內部受傷，在氣場中通常會出現某種顏色的形狀。思想的顏色會隨著你想法

的改變而發光或變化，情緒的顏色通常會漂浮和流動。然而和疾病有關的顏色通常會有特定的角度和形狀，而且那些形狀是固定不動的，即使人體的動作也不會改變它。有些時候你可能完全看不到病徵，因為那些疾病的顏色隱藏在身體中不外顯，然而通常多少會顯露一些。

　　人體次元研究所裡面，有位專門教導氣場解讀和用它診斷人類疾病的醫生，他很早就發現，一旦你知道如何解讀氣場，便可一眼看出人們氣場中的固定圖案，而判斷哪些地方出問題。他不需要斷層掃描或其他檢測儀器就可以知道。他教導人們解讀氣場，大多數人都做得到。我相信所有人都能看得見氣場，除非真的有身體或情緒的問題。

　　我想談談如何分辨這些能量場是真的。我和學員有次在課堂上一起觀察人，我說：「想著你的車。」我看見大家頭上氣場的顏色都變了（大家對車子都有些情緒）。你可以說「想想你討厭的人」，你也許會看見暗紅色，憤怒的顏色，因為通常我們對不喜歡的人都有憤怒，它們可能會出現在頭部和肩膀，甚至環繞全身。如果你說「想著你心愛的人」，也許你會看見人們胸前放出粉紅色的光，而金色或白色的光出現在頭頂。你若讓一個人思考有關靈性和神的事，可能會看見很多金色和紫色的光。氣場顏色隨人們當下的想法而變化，因此你知道那是真的。

　　當你擁有這種能力，你可以隨心所欲開啟或關閉它。我通常會關閉它，除非被要求使用。這很容易，就像看3D圖，你可以用普通的方式看，或者稍微改變焦距看進其他的層次，觀察氣場也一樣，你可以只看人們的身體，或者稍微改變焦距看看他的周圍空間，你也可以兩者都看。

其他光體

　　人體氣場在一個環繞全身的卵形能量場中，外圍有許多極度特別的幾何圖形，它們的本質是電磁波（至少在這個次元）。如果你有設備，就可以藉由電腦看見。它們非常精微，很難用肉眼看見，只能用心感受。一旦你啟動梅爾卡巴就會很容易，因為梅爾卡巴有這個力量。下一章我們會釐清這些幾何能量場，當你能看見它們，它們便提供你揚升進入光次元的方法，你將能得到永生和來自神的直接知識。

Chapter 13

梅爾卡巴幾何與靜心

簡單總結前面兩章:第一,能量在脈輪中流動,從脈輪透過經絡到達身體的每一個細胞。緊鄰身體的是「普拉納」生命能量場,由脈輪和經絡中流動的能量所產生。再來是從體表向外伸展數呎之遠、環繞身體的卵形氣場,由思想、感覺和情緒所產生。向外越過氣場,我們開始看見光的幾何能量場,它們構成了大部分的光體。梅爾卡巴是一種透過意識創造的潛能,它組成了光的幾何能量場。須經過長時期的進化才能自然地擁有梅爾卡巴,溯古至今只有不到○‧一%的人類擁有活的梅爾卡巴。我相信從現在開始,這個數字會有急遽的變化。

人體被許多幾何能量場環繞,在三次元,它們的本質是電磁場(圖13-1)。梅爾卡巴可以伸展進入所有可能的次元,並在每個次元中,依循各自的法則顯化。就更高的架構而言,我們現在要明白的僅是存在我們身體周圍的一個可能性,而它是成千上萬種的可能性之一。「星狀四面體」是人體外圍的第一個幾何能量場,有時候被稱爲梅爾卡巴的「入口」。這個能量場是此刻在地球上的人類必須使用的能量場,然而我們將揭露更完整的光體幾何,因爲對某些人而言極其重要。但是對其他大多數的人而言,了解這個位於起點的星狀四面體就夠了。當你進入地球的第四次元(我們接下來的世界),你會收到那時候你需要的其他資訊。

那麼我爲何要提供只有少數人需要的資訊呢?我的聽眾有許多不同的進化層

圖13-1：人體的星狀四面體幾何。

次，對於生命而言，每一個人都很重要。事實上只要一個精神體不存在，整個宇宙就停止存在。為了觸及所有的人，我必須超越多數人的需要。

星狀四面體：人體周圍幾何能量場的源起

如果你跟隨這個星狀四面體的能量線回到它們在人體的源頭，你會看到一個很小的星狀四面體，它是人體最初的八個細胞「生命之卵」，位於人體的幾何中心。正如你在第一冊第七章所見，生命藉由幾何來創造。有絲分裂始於球體，然後是四面體、星狀四面體、立方體，再次形成球體，最後是螺形環紋曲面。這個創造生命的幾何並未停止，向外繼續伸展了五十五呎，環繞整個身體，創造出無比複雜、難以想像的驚人矩陣，形成層層交錯而相關的幾何能量體，為生命超越時空的進化所使用。

你現在明白了身體周圍幾何能量場的根源，讓我們仔細檢視一下，從星狀四面體開始。先回顧第一冊第二章的資訊，好幫助你回憶，而這只是個開始。因為接下來的內容是神聖的，將讓你永遠改變。你若還不想踏上這條路，那麼就不要練習，等你確定再說，因為一旦開始便無法回頭。你會明白並得到太多上層脈輪的經驗。我指的不是以下的文字內容，而是你對梅爾卡巴的體驗，這個實際體驗將改變你的生命。它將警醒你的高我，使你覺察他，而那個處於更高意識層次的你——你的高我，會開始改變你的地球生活，使你獲得快速的靈性成長。

很可能一開始練習，你就會發現生活有重大的改變，阻擋你踏上靈性成長之路的朋友和關係會消退，而你會獲得你需要的一切。它是一種靈性定律，當你進入這條位於上層脈輪和梅爾卡巴中的途徑，你很快就會經歷這些事，我想先提醒你，免得你太驚訝。

一旦生命覺察你的覺醒，它會幫助你；**當你覺醒，生命將借用你來進化**。想起來了嗎？這並非你第一次踏上這條路，你本來就認識它。所以，讓我們開始吧！

　　圖13-2的人體和星狀四面體，是了解和運作梅爾卡巴最重要的圖例。它是二維的圖，但請想像成三維，它是個完美內接於立方體中的星狀四面體。擁有一個實體樣本會很有幫助。天使教導我的第一件事，就是要求我用卡紙做一個星狀四面體。實際把玩一個星狀四面體是必要的，避免任何誤解阻礙你成長。

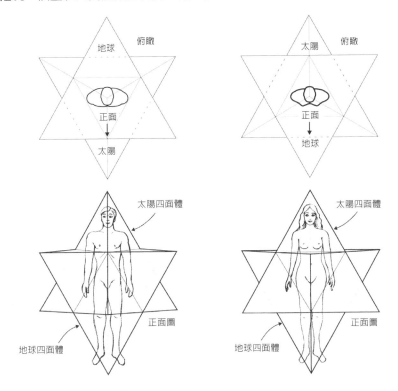

圖13-2：星狀四面體中的男性和女性的指向。

　　製作星狀四面體最簡單的方式是先做一個八面體，你可以看見星狀四面體的中心便是一個八面體。然後做八個四面體黏貼於八面體的每一個面，就會得到一個星狀四面體。還有很多方式可以製作，我建議你一定要有一個。

　　接下來是理解你的身體如何和星狀四面體接合，你可以用你製作的星狀四面體來比對圖13-1，你的頭腦會開始記住它，請務必這麼做。

　　在達文西的圖中，指向太陽的四面體是陽性，指向地球的四面體是陰性，我

們稱之為「太陽四面體」和「地球四面體」。一個人從星狀四面體朝水平面向外看時，只有兩種對稱的方式，可以讓星狀四面體的兩端分別指向頭頂和腳底。

當一位男性向外看時，他的太陽四面體底部的三角平面，尖端朝外，平邊在他的背後；而他的地球四面體頂端的三角平面，尖端指向背後，平邊在前，如圖13-2左下。當一位女性向外看時，她的太陽四面體底部的平邊朝外，尖端指向她的背後；而她的地球四面體的尖端朝前，平邊在她的背後，如圖13-2右下。再者，實際上是三個大小相同的星狀四面體交疊在同一個軸上，看起來只有一個，其實是三個，我們會在第十五式呼吸時再解釋。

接下來我要說明的是這個古老的梅爾卡巴靜心怎麼做，並用邊欄的「補充」回答過去人們啟動梅爾卡巴時提出的問題。生命之花的老師所做的引導就是這些內容，我把它公開在網頁上，然而人們經常會因為一些問題而做不到。那些補充是收集五年來學員在工作坊上發問的問題。你可以先閱讀，以避免碰到這些問題。然而最好當然是有老師帶著你做，我們在全球超過六十個國家都有老師在授課。老師們都受過很好的訓練，但最重要的是他們的心，心的功課遠比知識更重要，那是書上沒有的。當你開始了解梅爾卡巴，你會發現老師的必要性。

現在我們來看靜心的內容，可分成四個部分。

球呼吸與憶起梅爾卡巴

我們必須呼吸，像太陽般將光獻給全體生命，收穫來自全體生命的甘露美糧。

首先，在家裡找個不被打擾的地方，例如你的臥室角落，創造一個靜心的神聖空間。布置一個小聖壇，擺上蠟燭、座墊或抱枕。你將在這裡學習啟動活化你的梅爾卡巴，並與你的高我連結。每天在這裡靜心一次，直到你成為有意識的呼吸者。記住，你在每個呼吸中與神親密連結。（閱讀補充一）

安靜地坐下來，讓自己放鬆，姿勢不拘，你可以保持蓮花座或坐在椅子上。放下所有煩惱，輕鬆維持淺而有節奏的呼吸，覺察你的呼吸，感覺你的放鬆，當所有的緊張都消失，把注意力放在你的第一心輪，你的基督脈輪，它在你的胸骨上方一公分。開始打開你的心，感覺愛，感覺你對神和全體生命的愛。保持規律的呼吸（吸氣和吐氣的時間相同），覺察你的呼吸，感覺從你的精神體透過來的愛。當愛的感覺進入你的存在，你便準備好體驗活的梅爾卡巴，因為體驗愛的能力決定你對梅爾卡巴的體驗。

梅爾卡巴靜心總覽

　　整個靜心透過十七式呼吸來完成。前六式呼吸用於平衡你的八個細胞迴路的極性，並淨化它們。接下來的七式呼吸用於重建你脈輪系統的普拉納能量流，並在你的身體中創造球呼吸。第十四式呼吸很特別，將改變你身體的普拉納能量流，讓你的知覺從三次元進入四次元。最後三式呼吸在你的身體內外重建逆時鐘旋轉的梅爾卡巴能量場。

第一部分：前六式呼吸

　　接下來的引導內容分為四個部分：意念、身體、呼吸和心。

✡ 第一式呼吸：吸氣

心	打開心，感受你對全體生命的愛。你若無法完全做到，至少讓自己盡量對這種愛開放，這是指引中最重要的部分。
意念	覺察你的太陽（陽性）四面體（尖端向上的四面體，對男性而言，它的底部三角形的尖端指向前面，對女性而言，它的底部三角形的尖端指向背後），觀察它充滿如雷電般閃耀的白光，環繞你的身體，感覺它的能量也如同雷電一般。盡可能觀想，如果看不見，感覺或想像你的太陽四面體充滿這種能量。（閱讀補充二）
身體	吸氣時的手印是雙手的拇指和食指的指尖相觸碰，手掌向上，每一根手指分開，不觸碰任何物品。（閱讀補充三）
呼吸	淨空你的肺，開始帶進完整的瑜伽呼吸，只用鼻子吸氣，吸到肚子、橫膈膜，然後充滿胸腔，一次就好。吐氣時先放鬆腹部，保持胸腔的張度，然後挺住腹腔，再放鬆胸腔，最重要的是保持呼吸的韻律，用同樣的時間吸氣和吐氣，像西藏人呼吸那樣吸氣和吐氣各七秒鐘，時間長一些無妨，不要短於五秒鐘。

補充一：

如果你最近幾世都在地球，沒有從別的地方來，那麼你的梅爾卡巴已休眠了一萬三千年，你的身體很久不曾有過這種體驗。這個呼吸練習將活化你的梅爾卡巴，然而就像搖呼拉圈，你要繼續轉動，好讓它保持旋轉。對梅爾卡巴而言，這種重複的轉動最終會擁有自己的生命，到了某一個點，它會無限期轉動下去，成為永久的梅爾卡巴，然而必須花時間達成。當它達成，這個人會變為有意識的呼吸者，擁有活的梅爾卡巴並覺察梅爾卡巴呼吸。練習這個靜心是建構活的梅爾卡巴的方法之一，這種練習後來會被有意識的呼吸所取代。

你的小我會不斷說服你已經有了永久的梅爾卡巴，而實際上還沒有。你若停止練習，它會在四十七到四十八小時後停止轉動。

如何確定你的梅爾卡巴已經永久活化了呢？這是個難題。因為剛開始梅爾卡巴的能量很微小，如果你持續練習一年、發現你能經常意識到你的梅爾卡巴，那麼你就可以確認它是永久的。如果你與高我連結，你也可以直接問。當你停止練習、發現幾天沒有想起梅爾卡巴，那麼你必須重新開始。因為一旦你成為有意識的呼吸者，你會記得你的梅爾卡巴。

以下是關於瑜伽呼吸的敘述，出自《呼吸的科學：身心靈與靈性開展的東方呼吸哲學完整手冊》，作者是瑜伽行者拉馬恰拉卡（Yogi Ramacharaka）。書中的描述更清楚：

透過鼻孔穩定地吸氣，首先充滿下半部的肺，讓橫膈膜溫和地下壓在腹部器官上，將小腹往前推。接著充滿中間的肺，推動肋骨和胸骨和胸腔向外突出。最後充滿肺的上半部，讓上胸腔突出並挺起整個胸腔，包括上方的六、七對肋骨。你閱讀上述文字時，也許感覺呼吸像是被切成三個段落，其實不然，它是連續的。吸氣時，整個胸腔從最低的橫膈膜到最高的鎖骨，是在連續的運動下擴張。請避免突然顫動，保持穩定、連續的動作。

慢慢吐氣，固定胸部的位置，當空氣逐漸離開肺部，緩緩將腹腔往上收（大多數老師依前面所述的方式，也有些老師反過來，固定腹部而放鬆胸腔，兩種皆可）。當空氣完全排出，將胸腔和腹腔完全放鬆。經過一段練習時間，這個過程會自動發生。

補充二：

首先，你需要一個實體的星狀四面體來觀察，小型的也行。星狀四面體的邊長為你展開雙手的長度（左手中指尖到右手中指尖的長，約等於你的身高），因此實際上是很大的，你可以在地板上畫出三角形的真實大小，對你很有幫助。工作坊進行時，老師通常會架設3D的星狀四面體讓你進出，這也很有效。

當你觀想你的四面體，別把它放在你之外，也不要想像一個小的星狀四面體在你眼前，把你包在裡面。這會讓你與實際的能量場失聯而無法產生梅爾卡巴。你的意念得與真正的能量場連結，所以試著去看見星狀四面體圍繞著你，而你在其中。

再者，你可以透過視覺或感覺讓你的意念和四面體連結。有些人的觀想能力極佳，有些人則看不見。無論看或感覺都可以。看是陽性的，屬於左腦，感覺是陰性的，屬於右腦，兩者皆可，也有人兩種皆用。

補充三：

手印（Mudra）是一種手勢，許多靈修使用手印，例如西藏和印度。手印的功能是有意識地與身體中特定的電流迴路連結。當手印改變時，連結的電路便不同。我們的身體有八種不同的迴路，源自原始的八個細胞。當其中六個迴路平衡時，整體就平衡了。衛星定位系統使用的原理也是四面體，只要其中三點確定，第四個點便確定了。因此，如果星狀四面體的六個點平衡，那麼最後頭頂和腳底的兩個點也就自動平衡了。這是用六式呼吸來平衡和淨化八個迴路的原因。

✡第一式呼吸：吐氣

心	愛。
意念	覺察你的地球（陰性）四面體（尖端向下的四面體，對男性而言，它的頂部三角形的尖端指向背後；對女性而言，它的頂部三角形的尖端指向前面），觀察它也充滿了閃耀的白光。
身體	同樣的手印。
呼吸	吸氣完成時，不停頓，開始吐氣。用瑜伽呼吸維持七秒鐘的吐氣。當空氣完全從肺部排出，放鬆整個胸腔和腹腔並停止呼吸五秒鐘，當你感覺有呼吸的壓力時，接著做以下的觀想。
意念	覺察地球四面體頂部的三角形平面，它大約在基督脈輪之下三吋的地方，或者在太陽神經叢的位置（見右頁維特魯威的人體比例圖）通過身體。請在瞬間用一股脈衝能量，把這個三角平面向下推到地球四面體的尖端，看著這個平面隨四面體縮小，把這個手印／電路中的負能量送進四面體的尖端，從那裡射進地心。如果你看得見這個光的顏色，它通常呈現渾濁的暗色。請一邊觀想，一邊做以下的動作。（閱讀補充四）
身體	你可以睜開或閉上眼睛這麼做，把你的雙眼像輕微鬥雞眼一樣朝鼻梁集中，然後向上看，把你的眼球卡在上方的位置，不要太勉強。你可能會感覺你的第三眼有一種酥麻感，然後請你朝最遠的下方看去，此時你可能會感覺一股電流從脊柱向下流。藉著眼球運動，能將頭腦的鍛鍊整合到身心之中。當你的眼睛從最高點向下看，你的意念也恰好看著地球四面體的三角平面移動到下方的頂點，它會自動回到原來的地方。

這個練習特別用於清理進入這一組手印代表的人體電路中的負面想法和感受。當能量從脊柱上方沖刷下來，你可以換至下一組手印，並開始下一式的呼吸循環。

接下來的五式呼吸重複第一式，只有手印有變化。

{第二式呼吸}手印：大拇指與中指觸碰

{第三式呼吸}手印：大拇指與無名指觸碰

{第四式呼吸}手印：大拇指與小指觸碰

{第五式呼吸}手印：大拇指與食指觸碰
　　　　　　　（同第一手印）

{第六式呼吸}手印：大拇指與中指觸碰
　　　　　　　（同第二手印）

第一部分的六式呼吸現在已完成，它平衡你的極性並淨化你的電路系統。你已經準備好進入第二部分。

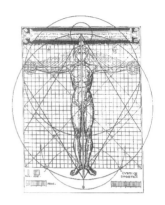

維特魯威的人體比例圖

補充四：

你不用擔心進入大地之母的負能量，她可以完全處理。然而，如果你住在二樓以上，為了負起責任，你要多做一點事。你務必要明白這股負能量不會附著在別人身上，而會完全進入大地之母，不造成任何損害。你只要這麼想，就會如此。

第二部分：接下來的七式呼吸，重建「球呼吸」

我們要開始全新的呼吸模式，現在你不需要觀想星狀四面體，只需要觀察和運用一條貫穿的呼吸管，從太陽四面體的頂點開始，直到地球四面體的底端，也就是從你頭頂上方一個手掌的長度到你的腳底下方一個手掌的長度。它的直徑是你的大拇指與中指碰在一起的圓直徑（按照各自的身形比例，因人而異）。這個管道就像是兩端接了水晶柱的日光燈管，隨著四面體的形狀收斂成尖端。普拉納從位於端點的一個無限小的孔洞進入。

✡ 第七式呼吸：吸氣

心	愛。還有其他品質也是你可以在熟練這個靜心時應用的。（閱讀補充五）
意念	看見或感受這根貫穿身體的管道。當你開始第七式吸氣的同時，看到普拉納耀眼的白光在管道中上下流動，你的意念可以控制這兩股流動的交會點，這是一門宇宙通用的大學問，然而我們只教你必要的方法，將你的知覺從三次元帶進四次元，以跟隨大地之母揚升。如此，在你吸氣的同時，用意念將那兩道普拉納能量流引導到管道的幾何中心，在你的肚臍交會，一個葡萄柚大小的白色光球瞬間在你的臍輪形成。隨著你繼續吸氣，這個普拉納光球變得愈來愈集中，並且慢慢變大。
身體	接下來的七式呼吸都採用相同的手印，將大拇指、食指和中指觸碰在一起，手心朝上。
呼吸	有韻律的瑜伽深呼吸，吸氣七秒，吐氣七秒，或你喜歡的時間長度。不須閉氣。當你繼續保持這種呼吸，從兩極過來的普拉納能量流將持續，不會在你轉換呼吸時改變——即使在你經歷死亡、復活和揚升之後。

補充五：

以下的品質是可選用的。如果你感覺不需要，那麼用愛就夠了。當你熟練梅爾卡巴靜心過程後，才需要考慮以下列七種品質替換愛，在對應的每一式呼吸中運用。

第七式呼吸：愛

第八式呼吸：真
第九式呼吸：美
第十式呼吸：信任
第十一式呼吸：和諧
第十二式呼吸：和平
第十三式呼吸：敬神

對神的敬意在進入星際之門時是必要的，例如在蟹狀星雲獵戶座的那個星際之門。活出這些品質的人或精神體才能通過這些入口。這些品質所產生的精微能量場未來將對你有幫助，稍後你會明白。

✡ 第七式呼吸：吐氣

意念	集中在肚臍的普拉納光球繼續變大，吐氣完全時普拉納光球已有八、九吋大。
呼吸	不要強迫氣體從肺部離開，當你的肺自然排空，立刻開始下一個呼吸。

✡第八式呼吸：吸氣

心	愛。
意念	普拉納光球不斷集中生命能並繼續變大。

✡第八式呼吸：吐氣

心	愛。
意念	第八式呼吸完成時，普拉納光球會達到最大的尺寸。你若將最長的手指放在肚臍邊緣，此時手腕的橫線便是這個光球的最大半徑。它不會變大，即使稍後我們會讓另一個球膨脹得比它更大。

✿ 第九式呼吸：吸氣

心	愛。
意念	普拉納光球不會變大，但是會不斷收集生命能而愈來愈亮。

✿ 第九式呼吸：吐氣

意念	隨著你的吐氣，普拉納光球變得更亮。

✡ 第十式呼吸：吸氣

意念	第十次吸氣時，這個胃部的光球已達最高能量密度。當你再吸半口氣，光球開始燃燒，改變顏色和質地。帶電的藍白色普拉納變成金黃色的太陽，發出耀眼的金光，並在你繼續吸氣時以極快的速度轉變，發出更高的亮度。當你完成吸氣時，黃金球已準備再次蛻變。

✡ 第十式呼吸：吐氣

意念	此刻，這個直徑為兩個手掌長的金色光球開始膨脹，在一秒內迅速擴大到直徑為雙臂展開的大小。你的整個身體包圍在巨大的黃金光球中。你回到古老的球呼吸。此時的球體並不穩定，要用第十一、十二、十三式呼吸來穩定它。
呼吸	吐氣時，讓嘴唇打開一個小孔吹氣，收縮你的肚子，打開喉嚨，你一吹氣，小球便開始膨脹。約一、兩秒後放鬆，讓剩下的氣體全數從嘴巴吐出。此刻金色光球立即膨脹為直徑如張開雙臂大小的達文西球體。原來的小球還在，現在你有兩個光球，小球在大球裡面。

✡第十一、十二、十三式呼吸：吸氣與吐氣

意念	放鬆並停止觀想。感覺普拉納從兩極流動交會在肚臍，並流進那個更大的球體。
呼吸	做幾次瑜伽深呼吸。第十三式呼吸結束時，大球已穩定，你預備好做第十四式呼吸，這個呼吸很重要。請注意，原來的小球還在大球中，比大球更明亮，能量更集中，普拉納可以從這裡被用於各種目的，例如療癒。

第三部分：第十四式呼吸

✿ 第十四式呼吸：吸氣

心	愛。
意念	吸氣時，用意念把普拉納的交會點從肚臍移到胸骨底上方兩、三指幅寬的地方，那是四次元的基督意識脈輪，把大球和小球都上移到新的交會點。這很容易，然而卻極為有力。從能量管的這個位置呼吸，將無可避免地把你的知覺從三次元移到四次元。要見到實際的作用需要花點時間，然而持續練習，必有成效。
身體	接下來的靜心的手印都相同——手心朝上，男性左手掌置於右手掌上，女性右手掌置於左手掌上，兩個大拇指輕輕觸碰。這是一個放鬆的手印。（閱讀補充六）
呼吸	有韻律的瑜伽深呼吸。若你繼續從基督心輪呼吸，卻沒有進入梅爾卡巴（在你連接你的高我之前，請這麼判斷），那麼請恢復淺而有節奏的、舒服的呼吸。舒服地呼吸，注意中央管道上下流動的能量，交會於基督心輪並擴展到整個大光球。感覺那個流動，以你的女性面存在，不思考，呼吸就好，感受和在。感覺你透過基督呼吸與全體生命連結，想起你與神的親密關係。（閱讀補充七）

補充六：由於太陽發射的新光線，觸發地球上產生性別的轉換，許多人發現他們的性傾向改變。這個手印的目的只是讓靜心者放鬆，因此你可以拋開性別，用你認為舒服的方式放置你的手掌。

補充七：過去人們會一直練習球呼吸，直到能與他們的高我做有意識的連結。然而因為地球近年來已進入更高的意識，建議你可以繼續進行活化梅爾卡巴的第四部分。

第四部分：最後三式呼吸，創造揚升的載具

過去的教導不允許你嘗試第四部分的靜心，除非你已和你的高我連結，並獲得高我的允許。我們現在允許你繼續，但請繼續保持與高我的溝通。這部分必須嚴肅對待，因為將到臨你的身體和靈性的能量是極為強大的。

✡第十五式呼吸：吸氣

心	對全體生命無條件的愛。
意念	覺察整個星狀四面體，是由太陽（陽性）四面體和地球（陰性）四面體所組成的立體大衛星。現在，理解有三個大小相同的星狀四面體，疊加成一個完整的星狀四面體，看起來是一個，其實是三個。三個星狀四面體各有屬性，陽性、陰性和中性，並依各自的軸心旋轉。 第一個星狀四面體的本質是中性，簡言之它就是身體，閉鎖在脊柱底部。除了極少數尚未討論的情況發生，它從未改變方向，而它的位置與性別有關。 第二個星狀四面體的本質是陽性，帶電的。簡言之它是人類的意念，它相對你的身體逆時鐘旋轉，也就是說當你向外看時，它從你的前方朝左邊旋轉。 第三個星狀四面體的本質是陰性，磁性的。簡言之它是人類的情緒體，它相對你的身體順時鐘旋轉，也就是說當你向外看時，它從你的前方朝右邊旋轉。（閱讀補充八） 當你吸氣時，一邊在心裡說「等速」，這是一個密語，讓兩個可轉動的星狀四面體以相同的速度反向旋轉。你的頭腦完全明白你的意圖，它會照做。如此意念的四面體每完成一次轉動，情緒的四面體也會完成一次轉動。也就是若一組四面體轉動十次，另一組也會轉動十次，只是方向相反。
身體	和前面的手印一樣。（閱讀補充九）
呼吸	三次瑜伽深呼吸。然後恢復較淺的、規律的呼吸。

補充八：

這是最容易誤解的地方，不清楚有三組環繞身體的四面體，而僅僅逆時鐘旋轉太陽四面體和順時鐘旋轉地球四面體。這個誤解不會造成傷害，卻會阻礙進一步的靈性成長。

這種類型的梅爾卡巴會帶你進入三次元地球的某個泛音，數千年以來，巫醫和薩滿藉此得到力量和療癒，甚至用來打仗。然而它無法帶你去哪裡，更不用說讓你揚升到大地之母要帶領我們進入的更高世界。如果你練錯了，請用上述方式修正。

補充九：

你可用手指交錯的合掌替代，將兩手的四指交錯，兩個大拇指互相輕觸。

✿第十五式呼吸：吐氣

意念	兩組四面體開始旋轉，瞬間達1/3光速。這個速度太快，你可能看不見，但可以感受。而你剛才所做的就是啓動梅爾卡巴的「引擎」。就像開車時點燃引擎待車，你還不會去哪裡，維持這種轉變的中立，這是創造梅爾卡巴的必要步驟。
呼吸	像第十式的吐氣一樣，把嘴唇打開一個小孔吹氣，一邊感受兩組四面體的高速轉動。（閱讀補充十）

補充十：

在你創造梅爾卡巴並持續練習兩週後，你可以象徵式地吹氣就好，因為你的頭腦已明白你的意圖，不管吹氣與否它都可以達成。如果你喜歡這麼做也無妨。

✡ 第十六式呼吸：吸氣

意念	這是最讓人驚奇的呼吸。當你吸氣時，一邊在心裡說：「34/21」，這是一個密語，讓你的意念以34比21的比例旋轉兩組四面體。意謂當意念的四面體向左旋轉34次時，情緒的四面體會向右旋轉21次。當兩組四面體加速時，這個比值仍維持不變。
呼吸	有韻律的瑜伽深呼吸。（閱讀補充十一）

✡ 第十六式呼吸：吐氣

意念	當你的吐氣，兩組以 $\frac{1}{3}$ 光速旋轉的四面體瞬間加速，以 $\frac{2}{3}$ 光速的速度轉動。此時有一個現象會發生：你的身體的最初的八個細胞（位於脊柱底端）會快速向外伸展成一個直徑五十五呎的圓盤。和兩組四面體中心的兩個光球一起，看起來就像是一個環繞身體的飛碟。這整個能量模型便稱為「梅爾卡巴」，然而這個能量場還不穩定。如果你此時看見或感受梅爾卡巴，你會發現它在緩慢搖晃。因此，我們用第十七式呼吸來加速它。
呼吸	和十五式呼吸一樣，把嘴唇打開一個小孔加壓吹氣。當你感受到速度開始增快，用力將所有的氣體送出。這個動作讓四面體的旋轉到達全速，而讓梅爾卡巴在穩定的位置成形。

補充十一：

解釋一下為什麼是 $\frac{34}{21}$ 這兩個數的比例。第八章談到費伯納齊數列，自然界所有不同速率的反轉能量場（counterrotating fields），例如松果、向日葵等都是費伯納齊數列（也許有例外，然而我沒有碰過）。這解釋了一部分，但為什麼是這兩個數？簡言之，這個次元的每一個脈輪都有不同的速率比，第十四式呼吸是從基督脈輪吸氣並將我們送進基督脈輪，而 $\frac{34}{21}$ 是基督脈輪的速率比。比它高一層的是 $\frac{55}{34}$，低一層的太陽神經叢是 $\frac{21}{13}$。這些事不那麼重要，因為進入四次元時，我們會得到這個主題的所有知識。

✿第十七式呼吸：吸氣

心	感受對全體生命無條件的愛，記住，在整個靜心之中都要感受愛，否則不會產生任何結果。
意念	當你吸氣時，在心裡說：「9/10光速」。這是告訴你的意念讓梅爾卡巴的速度增加到九成光速，如此可以穩定那個旋轉的能量場，而它還有別的用處。我們身體中的電子也以9/10的光速繞行原子，這是選擇這個速度的原因。如此你可以在三次元理解和運作梅爾卡巴，而不需要有四次元或更高次元的體驗。這對於開始這個練習很重要。（閱讀補充十二）
呼吸	有韻律的瑜伽深呼吸。

✿第十七式呼吸：吐氣

意念	增加到9/10的光速，穩定梅爾卡巴。
呼吸	和十五式及十六式呼吸一樣，把嘴唇打開一個小孔加壓吹氣，當速度提升，用力把氣體全部吐出來。此刻你在一個穩定的、三次元能感應的梅爾卡巴中。你的高我會幫助你理解這是什麼意思。

補充十二：

許多老師教導人們把梅爾卡巴轉動得比光速還快，這是非常危險的。即使他們要求，他們的高我也不會允許。一個人的梅爾卡巴若以高於光速的速度轉動，他將不再存在於三次元的地球。會有適合的時機這麼做，在第十八式呼吸時會發生，我們待會再談。

　　完成呼吸練習之後，你當然可以立即醒來，回到日常生活中。如果是這樣，請你盡可能記住你的呼吸和流通你身體的能量流，如此你可以了解生活是一種睜眼靜心，而事實上每一件事都是。

　　然而如果你願意，你可以繼續維持靜心十五分鐘到一個小時。在這種靜心狀態，你的思想和情緒都會被強化，這是一個用肯定句做正向創造的好時機。和你的高我交流，找出這段特別的時間可以為你做什麼。我們將在下一章對此做詳細討論。

✿ 第十八式呼吸

　　我們不教這個特別的呼吸，你必須從你的高我接收。這個呼吸將帶你以光速進入第四次元（或更高次元，你的高我會引導你）。它基於分數，像音樂一樣（見第八章）。你將從這個世界消失，並在另一個世界出現，暫時棲息。它並非結束，而是一種意識永恆擴展的開始，使你回歸源頭。我要求你不要實驗這個呼吸，因爲非常危險。

　　適合的時候，你的高我會讓你憶起這個呼吸。網路上有人教導第十八式呼吸。我不會告訴你怎麼做，請謹慎以待。有些老師號稱知道方法，可以帶你去，再帶你回地球。且記住當你嘗試這個呼吸法，你將不存在這個次元。進入更高次元又回到地球的想法是不可能的，並非做不到，而是不可能。你若眞經驗了更高的世界，你不會想回來。要小心。如我所言，當時機成熟，你將憶起怎麼做而毋須借助任何外力。

附加資訊和常見問題

這裡蒐集所有的問題和誤解，方便參考。有些已經提過，有些是新的。關於創造人類的梅爾卡巴，人們最常犯的錯誤是讓太陽四面體和地球四面體以反方向旋轉，而非太陽和地球兩組星狀四面體反向旋轉，因為它很重要，我會再說明一次。以下是常見問題和附加資訊，以黑體字來幫助你理解。

1. 只旋轉上方和下方的四面體

這是人們最常犯的錯。他們不清楚人體周圍有三組星狀四面體，於是僅僅逆時鐘轉動太陽四面體和順時鐘轉動地球四面體。這個錯誤不會造成傷害，但是會阻礙進一步的靈性成長。這種類型的梅爾卡巴會帶你進入三次元地球的某個泛音，數千年來巫醫和薩滿藉此得到力量和療癒，甚至用來打仗。然而它無法帶你去哪裡，更不用說讓你揚升到大地之母要帶領我們進入的更高世界。如果你練錯了，請用上述方式修正。

2. 太大、太小或大小不一的四面體

有時候人們檢查自己的四面體，發現它們太大、太小或大小不一，以下的指導也適用於彎曲或歪斜的四面體。

你的四面體是衡量你的極性是否平衡的指標。你身體的第一個主要極性來自你的父母。太陽四面體是你受孕時，你的父親給你的能量；地球四面體是你受孕時，母親給你的能量。若你在受孕後到滿三歲前的幼兒期經歷來自父母的傷害，你的四面體將反映這個創傷。

例如，若你的父親打你、讓你痛哭，那麼你的太陽四面體將收縮而比正常小。如果只有一次，而你的父親真的愛你，它會復元。若經常挨打，那麼太陽四面體會萎縮，並影響孩子一生，除非某種療癒發生。

四面體須有一致的大小，它的邊長是你的雙臂展開的長度，然而這種理想情況少有，因為人人都有童年的創傷。此時情緒治療是有必要的。

古老的埃及學校，會先開始陰性或右腦神祕學校（荷魯斯左眼），在那裡進行情緒療癒，然後才做左腦的教學（荷魯斯右眼）。然而在美國和其他左腦國家則直接開始左腦的學習，因為這些國家不了解或排斥陰性的途徑。因此陽性的途徑先發生，好滿足他們的意圖，然而開始學習陰性的方式是必要的。

你若想在此生開悟，情緒療癒是無可避免的。當你開始追尋更高的世界，你會停滯在某一個點上，直到情緒療癒發生。幸好協助人們療癒情緒的技巧在過去七十

年間有重大的發展，從佛洛伊德開始，我們對人類的情緒有了難以想像的理解，威廉‧賴希（Wilhelm Reich）是開啓理解大門的第一人。他發現一個不想感受情緒痛苦的孩子會將痛苦的情緒儲存在肌肉、神經系統和身體周圍的空間中——我們的光體。而我們現在知道，不是在光體裡，是在那些四面體裡。

從賴希的時代之後，艾達‧羅夫博士（Dr. Ida P. Rolf）認為既然這些情緒痛苦藏在肌肉中，何不進去找到它，於是「羅夫按摩」誕生了。還有許多偉大的探索者加入賴希的想法，例如弗列茲‧皮爾氏（Fritz Perl）和珊蒂‧古德曼（Sandy Goodman）的完形治療和心理劇，以至於後來的催眠治療，開啓了更新的理解，把前世與來世對今生的影響容納進來。有了容易的釋放方式，我們對於巫術和巫毒中存在的靈體、失常的精神體與能量，有了更多的了解。

我建議你相信自己，並開放別人進入你的生活幫忙你平衡情緒（即使你不覺得有失衡的情緒）。外在協助總是需要的，我們通常無法看見自己的問題，在人類經驗中，這是一個唯有透過外界協助才能解決問題的領域。

當人處於健康的情緒平衡時，他的梅爾卡巴才能成功運作。

3. 梅爾卡巴的圓盤不在正確的位置

五十五呎圓盤從人體最初的八個細胞伸展出去，通過脊柱底端的會陰，一個固定位置。有時候你會看錯，誤以為它通過其他脈輪或位置。用意念把它移動到對的地方很重要，因為這將改變整個脈輪系統的本質而扭曲梅爾卡巴的經驗。要修正很容易，只需要「看見」它回到適當位置，把它穩定在那裡就可以了。在每天做梅爾卡巴靜心時，確定它在適當的位置，一週之後它就固定了。

4. 能量場轉動的方向相反

錯誤的理解會造成梅爾卡巴能量場以相反的方向轉動。例如意念的四面體以34度轉向左，情緒的四面體以21度轉向右，若你把兩者的速度弄反了，就會造成能量場的反轉，那是非常危險的。因為那會不利於生命，時間久了，將導致生病或死亡。

解決之道很簡單，修正就好。然而當你修正它，就像從頭開始創造一個永久能量場一樣。

5. 看見自己在前方的小型的星狀四面體中

你若看見自己在身體前方的小型星狀四面體中，將無法創造梅爾卡巴。你的意念必須與真正的星狀四面體能量場連結，你必須看見自己在這個環繞身體的能量場中央，看見或感覺它都可以，都能將你的意念和你的光體連結。

6. 完美地使用手印

前兩週，使用確實的手印很重要。然而，當頭腦和身體知道你想做什麼，手印便可以放鬆或不用了。身體需要知道你想連結哪一組特定的電路系統，只要它知道，便能依照你的意圖行動。就像騎自行車，剛開始你要刻意保持平衡，一旦身體知道如何平衡便不需要意圖了，它會自動發生。

7. 向外吹氣──第十、十五、十六、十七式呼吸

同上，吹氣在前兩週也很重要，但之後也可以不用做。當頭腦和身體理解，有意圖就夠了。

8. 顏色

在最初兩週到一個月，我們要求你在四面體和呼吸管觀想閃電的顏色。你們許多人可能會發現更多顏色進入你的體驗，而你不確定這是否正確。我們要你用閃電的顏色，因為那是純淨的普拉納真實的顏色，很多人無法阻擋顏色從梅爾卡巴出現，先是在四面體中，最後整個梅爾卡巴都是，這很正常，沒什麼不對。一個月後，我們會要求你不抱任何意圖，讓出現的任何顏色進入你的梅爾卡巴，注意當你看見顏色時，你的身體感覺如何。用你的內在之眼觀察出現什麼圖像。這些顏色和圖像是高我對你的溝通，它開始了直接的交流，並從此與你連結。

9. 其他感官

顯然不僅顏色或視覺，所有五官（以及你還不知道的感官）都開始與你的梅爾卡巴互動。別害怕，放鬆，讓它發生，它是完全健康的。

除了顏色和圖像，你有可能聽見聲響、嗓音、音樂或和弦，聞到香味，感受某人或某地的觸碰或感覺，嘴裡出現味覺，甚至以超乎預期的方式「看見」，但並非來自眼睛的視覺。你對生命覺醒！愉快玩耍！這是即將出現的新世界，而你是個孩子！

10. 感覺和情緒

情緒和感覺在梅爾卡巴經驗中扮演舉足輕重的角色。陰性的情緒體賦予梅爾卡巴生命，而非陽性的知識創造梅爾卡巴。想知道這話的意思，研究補充五提到的星際之門的呼吸模式及圖18-1與圖18-2（見219頁），以你的梅爾卡巴活出它。你知道有許多星際之門的呼吸模式，然而愛與真理是通用的。當你明白感覺和情緒如何影響梅爾卡巴的能量場，你會回想起來。實驗一下吧！

11. 性能量

性能量對於人類意識和這個層次的梅爾卡巴而言很重要。埃及人的譚崔知識太

複雜，無法在這裡多談，也沒有必要。現在你唯一必須理解的是關於「生命之鑰」的部分，請參考第十二章。你若沒有性生活，也就不需要考慮這個部分，請繼續。

物質中加速變化的靈性

再來是一個必須討論的重點，我們之前談過。許多人在體驗梅爾卡巴後，會經歷很大的情緒釋放，這種情況是完全正常的。我雖然說過，但我想再說一次。當你開始做呼吸練習，一萬三千年間從未作用的普拉納能量再次流動，你的高我會開始掌控你的生活並淨化它。這意謂生活中阻礙你發展靈性的人、事、場所會離開你。乍看之下是損失或不利，然而當新生活上場，你會明白為什麼必須改變。因此在轉換過程別害怕，神和你的高我會眷顧你。

你會經歷什麼程度的轉換，與你的生活有多麼潔淨和不執著有關。就像服藥治病，疾病離開前會先從底層浮出表面，因此看起來可能更嚴重，時間長短要看你病得有多重。而當它過去了，你會更健康。

超越梅爾卡巴之後的人體能量概述

以下的資訊你若感覺不必要，可以跳過，等你覺得重要時再看。

人體能量場遠比在工作坊中教導得更為複雜。我們說過，星狀四面體只是進入更高意識的入口，在它之後還有更多。

宇宙中所有可能的意識層次都在人體的能量場中，以潛能的方式存在。實相只有一個，與之互動的方式卻無窮無盡，並產生各種不同的梅爾卡巴來詮釋這個實相，讓它看起來不同。

梅爾卡巴讓整個宇宙被經驗成全然不同的世界，甚至各自擁有獨特的律則。宇宙中有意識的存在都在探究這個「問題」的解答。唯一可以確定的是：所有可能的解答都是幾何，以及將這些幾何結合的知識。

為協助現在和未來的人類，我提供以下觀點，它並非完整資訊，僅為一種可能性。我們從星狀四面體開始，觀察超越梅爾卡巴之後，完整的基本能量場可能的樣子，循序漸進看看全貌。

首先是八個原始細胞，然後是人體，當然人體可以被任何身體取代，隨環境和精神體的需求而改變，然而它的幾何是相同的。也有很多存在情況沒有肉體只有精

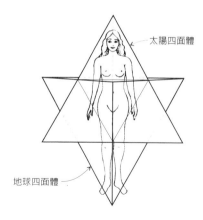

圖13-3：身體和星星，從正面看。

太陽四面體

地球四面體

神體，星狀四面體的能量場環繞身體或精神體（圖13-3）。然後是已活化的星狀四面體的梅爾卡巴能量場（圖13-4）。

圖13-4：身體、星星和梅爾卡巴。

　　環繞梅爾卡巴的是一個能量球，直徑和梅爾卡巴圓盤的直徑相等（圖13-5）。在這個外層的能量球中是正二十面體的電磁場，內部緊接著的是正二十面體的成雙形，正五邊十二面體。實際上正二十面體由星狀十二面體所創造，十二面體的邊長決定星狀的邊長，也決定二十面體的邊長。

　　這個能量場和現在環繞地球的基督意識網絡是一樣的。這點直接顯示了一個可能性，藉由連結我們自己的外層網絡，就能有意識地連結地球的網絡。共振是答案。這個我們稍後討論。它看起來像圖13-6。

　　接下來，我們之前提過的那條終止於星狀四面體的兩個頂端的呼吸管，實際上繼續向上、下兩端延伸，連結星狀十二面體（圖13-7）。在α阿爾法（星狀四面體）和Ω奧美伽（星狀十二面體）之間，還有許多以呼吸管為對稱軸心的其他幾何能量場。非常多，包括那些內部的力線，如果你能看見全部的幾何能量場，你會很難找到看得穿的地方。我們不畫它的原因：（1）若非畫上數百幅圖，是無法分辨它們的；（2）暫時還

圖13-5：外層的球體。

圖13-6：星狀十二面體和二十面體。

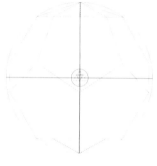

圖13-7：擴展的呼吸管。

沒有揚升的必要。我會用一個例子來說明，這個資訊
對其他的幾何形狀是一樣的。

　　我在這裡加上一個假設的幾何形狀，這個多面體
不一定在那裡，它是介於 α 和 Ω 之間的例子罷了，我
們加上一個正八面體，如圖13-8。請明白並非只有星
狀四面體，每一種組成人類光體的幾何形狀，都是相
同的三個交疊在一起，儘管看起來只有一個。星狀四
面體是一組三個：其中一個固定，一個右旋，另一個
左旋。任何環繞身體的幾何形狀都是如此。

　　談到心靈能量時，我還會再說明：所有的心靈能
量都有兩個成分，注意力和意圖。任何你投置注意力
的地方和抱持的意圖，便會發生；而它的可能性受個
人的信念系統所控制。

　　如此，通過許多幾何能量場的呼吸管，帶著許多
擴展的可能性。你想使用哪一個？只要把注意力放在
那個特定的能量場（當然你必須知道它在那裡），並
對它保持開放的意圖就夠了，呼吸管會從那個特定的
地方，透過幾何開始自行工作。

　　呼吸管有個特殊的幾何或晶帽，能完美接合新的
能量場，讓新的普拉納進入你的呼吸管。來自不同世
界的普拉納擁有不同的品質，除了梅爾卡巴，那是另
一個能改變意識的事物。圖13-9顯示了三種可能性。

　　最後，會有一種位於每一個梅爾卡巴中央的環形
能量場（造型如甜甜圈），爲精神體所使用。有時候
精神體會同時運作許多個梅爾卡巴，形成所謂的「輪
中輪」，這些幾何形狀非常接近彼此，那些環圈看起
來像洋蔥皮一樣。圖13-10中這些環形能量場的範圍超
越實際的梅爾卡巴，將它包圍在中央。

　　在圖13-11中，我們把一切納入，除了中間那些介
於 α 和 Ω 之間的幾何。對於光體擴展的本質，它提供
你一個更好的意象與理解。

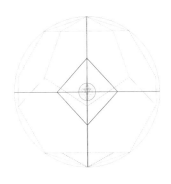

圖13-8：假設的正八面體（想像圖6-35b
　　　　中間是八面體的螢石結晶）。

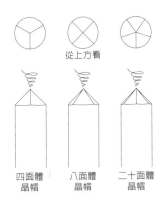

圖13-9：三種可能的呼吸管接頭，它
　　　　的面數和所連結的多面體相
　　　　同。

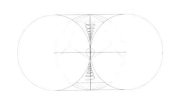

圖13-10：星狀四面體內部的環狀能
　　　　　量場。

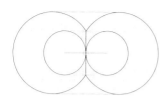

圖13-11：環繞所有生命形式的光
　　體，一切都是活的。

圖13-12：草帽銀河。

　　完整的光體環繞所有的生命形式，而所有的形式都是活的。圖13-11雖然近乎完整地表達了環繞人體的能量場，圖13-12卻是梅爾卡巴或人類光體在實相的顯化，它是草帽銀河的熱封套，遠紅外線攝影照片，看起來就像個飛碟，外圍環繞著巨大的黑色環圈，因為它的外圍以極高的速度運動。這個熱封套看起來和透過呼吸和靜心活化的梅爾卡巴一模一樣。如果有適當的設備，你也可以在電腦螢幕上看見梅爾卡巴，因為它的電磁場約略在微波的範圍。

　　現在就看你囉。我們已經走了很遠，現在你擁有啟動光體的基本知識，如果在靜心時，你的心明白這是適當的一步，那就開始吧！等到讀完下一章更好，因為還有比啟動梅爾卡巴更多的資訊等著你，這個成就只是個開端。

Chapter 14

梅爾卡巴與神通能力

我們在前兩章定義了人類光體的能量流和能量場，學習啓動梅爾卡巴的靜心引導。我們第一次在生命之花工作坊傳授這些資訊時，我假設學生會自行發現與高我連結的方法，而他們的高我會教導這一章的內容，或者更多。確實有學生如此，但比例太少。大部分的人從來沒有眞正了解梅爾卡巴，也不知道要怎麼使用，對於如何在梅爾卡巴中靜心一無所知。

為此，我們才創造後續的「地／天工作坊」（Earth/Sky workshop）來幫助學生進一步理解和活出梅爾卡巴的意義和目的。在這一章，我們將給你一些基本規則，幫助你起步。然而有意識地連結高我，才能眞正開展你的生命目的。

生命之花工作坊教導的是啓動梅爾卡巴的方法，然而很多學生認爲那就是全部，以爲那就是靜心，他們眞的不了解。梅爾卡巴是創化的模式，萬事萬物皆透過梅爾卡巴生成，從無例外，因此梅爾卡巴擁有無窮的可能性。

梅爾卡巴的進一步用途

人們相信梅爾卡巴是一種揚升的載具，確實沒錯，然而它萬萬不止於此。梅爾卡巴可以成爲一切，端賴梅爾卡巴中的意識決定要做什麼，能限制它的唯有意識中

保留的記憶、想像和因信念模式而生的局限。在它最純淨的形式中，這個四面體的梅爾卡巴唯一做不到的是，它無法帶著精神體穿越「虛空」或通過那道「萬里長城」（Great Wall），進入下一個八度音程的次元。因為這個行動將要求個人放棄個體性而與其他精神體融合，形成一種特別的梅爾卡巴，這顯然不是你現在需要知道的事。

當小我決定負面地使用梅爾卡巴，用它造成傷害、控制人、謀取私利或做任何不真誠，不基於最純淨的愛的作為，那麼那個小我將得到嚴重的教訓。許多人嘗試過，包括路西法。神知道這件事會發生，於是對宇宙做了安排，好讓它不至於發生，因此將梅爾卡巴設計成需要愛來維持生命。一旦梅爾卡巴被誤用，它便會死亡。高我很快就會介入，那個人會被「逮捕」或阻止，接下來他們必須等到學會愛的功課之後，才能繼續向上的意識進程。謹記這些話，否則你就是在浪費時間。

我們將在第十七章談路西法發現他無法控制梅爾卡巴時，發生了什麼事。

梅爾卡巴像是一台電腦，若啟動它卻什麼都不做，就像買了一台高科技電腦，空有超級運算潛力，卻未安裝軟體，只能閒置桌上，完全無用武之地。直到你把軟體裝好，它才知道它的主要功能，而你選擇的軟體會決定這台電腦的目的。

這是不完美但貼切的比喻。啟動梅爾卡巴會警醒你的高我，並開啟你的覺醒過程。然而你終究必須有意識地連結你的高我，以下載更高的目的和意義，完成你到地球的目的。本章的目的是協助你開始這個過程。

靜心

一般人認為靜心就是閉上眼睛進入內在，讓這個狀態引領我們達到自我實現。這是一種方式，**然而靜心也可以睜著眼發生。**從更寬廣的角度來看，**生活的一切都是靜心，生活就是一所重新憶起的學校。**

當你連結你的高我，它會指引你進入有意義的靜心和自我實現。這是最理想的狀態。然而，如果你還沒有連結，那麼你可以運用傳統的方式靜心，例如克里亞瑜伽（Kriya Yoga）、內觀、西藏和道家的修法。在你的老師不介意你同時練習梅爾卡巴的情況下，才這麼做。如果他不同意，那就別練習或換個老師。

無論用什麼方式，當一個人開始靜心，某個特定層次的意識必然會出現，無可避免地處理你的內在世界和外在世界的關係。當一個人理解一切都是光，奇蹟便開始了，神通能力也會逐漸顯現。我們要討論的是這個階段的發展。因為當你嫻熟這個階段，你很快就會理解生命的意義和目的。現在整個世界都在這個階段，我們必

須、也將會了解。

神通或心靈能力

什麼是「神通」（Siddhis）呢？它是印度語，意思是「力量」，更精確的意思是「神通能力」。很多印度老師認為神通是我們必然會經歷的意識面向，卻又認為那非常危險。為什麼呢？因為當你到達這個領域，如果你的小我還沒有被超越，你很可能會迷失其中。小我可能沉迷於神通經驗，忘了回歸神才是目的，甚至會以為自己是神。儘管如此，這個階段卻是無法忽視或避免的，這個意識的層次必須被掌握。

因此當我談到神通能力時，請記住這是為了讓你掌握它，而非讓你滿足私欲和壯大小我。

從天使們在一九七一年教我做梅爾卡巴靜心開始，一些無法解釋的怪現象就經常發生。我周圍的電子設備很容易爆炸或燒壞，特別是在第十六式呼吸將梅爾卡巴向外擴展成五十五呎圓盤時。這種情況持續了十五年，我以為是無法改善的「副作用」。代價很昂貴，我損失了很多電視、收音機和其他電器設備。

一九八六年的某一天，那時候圖特已經和我連結。我在夏威夷和一些朋友圍成一圈靜心，我靠著牆坐，頭頂上方是電燈開關。當我做第十六式呼吸、把梅爾卡巴擴展成圓盤時，牆上的開關突然爆炸起火。我們只好趕快在牆上挖了個洞，用滅火器滅火。我覺得非常尷尬，這件事情多年來一直讓我很困擾，於是在火熄滅後，我到了另一個房間，靜下心來召喚圖特，想請他解釋我到底做錯了什麼。我問他怎麼辦，他簡單回答道：「對你的梅爾卡巴說，它不會再影響電場了。」我愣了一下，說：「就這樣？」也就是在那個時候，我「告訴」我的梅爾卡巴別再影響電場，從此這個問題就解決了。於是我開始理解梅爾卡巴和神通的關係。

神通就是用正確的指令，讓事情發生。當你對梅爾卡巴發出指令，它會永遠執行，直到你用意圖終止、改變或修正那個指令為止。這說起來容易，卻很難真正理解，我會盡力解釋。

為水晶設定程式

電腦由水晶構成，電腦、水晶與梅爾卡巴有類似的特性。將水晶程式化的方式與設定梅爾卡巴極其相似。有很多書在談水晶設定的可能和技巧。我之前說過，心靈能量關乎兩件事：**注意力與意圖**。我也說過水晶是活的，透過電磁場，它們可以

接收和發送頻率及複雜的波形，包括人類的思想、情緒和感覺。記得世界上第一架
晶體收音機嗎？也就是把一段電線纏在天然石英晶體的某個位置，水晶接收信號，
我們就能透過喇叭聽見聲音。

貝爾實驗室傑出的科學家馬塞爾‧沃格爾（Marcel Vogel）擁有一百多項重要的
專利發明，包括磁碟片。他對於水晶和電腦有深入的科學理解。就在他離世之前不
久，他透露**天然水晶能容納的程式數量和它尖端的晶面數量相同**。我覺得這簡直難
以置信，我想用實驗來證實或駁斥這個觀點。

我聯繫一位我認識的科學家鮑伯‧莊曲（Bob Dratch）。我們設計了一個簡單的
實驗，用分子掃描器的探測頭對準一枚水晶，接收它發射的微波，送進電腦分析。

當我用思想對水晶程式化時，鮑伯便注視著螢幕。我們的思想是低頻電磁波，
可以用設備接收。我想，**我們何不像收音機接收信號那樣，把思想送進水晶裡？**

當然，鮑伯不會知道我什麼時候發出想法，他似乎只能等我告訴他，然而實
際上卻不是這樣。當我送出想法（愛的想法）給水晶的瞬間，他就注意到螢幕上的
正弦波發生變化，波長變短。當我送出不同的想法給水晶或刪去想法（告訴水晶去
除）時，他都能立刻告訴我。

我無法騙他。我送出三個想法後去掉兩個，鮑伯就看見正弦波增加三個光點，
然後消去兩個，他完全能追蹤我。我們也驗證了沃格爾關於水晶能保有訊息的筆
數，與它尖端的晶面數相同的說法。當水晶被程式化的筆數超過它的晶面數時，螢
幕上的光點便不再增加。換言之，水晶不再接受新的程式。我非常驚訝。

從這個實驗，我們看見水晶能保存想法（情緒和感覺），並向外發送。你的梅
爾卡巴也一樣。事實上，**梅爾卡巴本質上就是水晶**，它使用的幾何與水晶形成的原
子結構的幾何相同。

當你把注意力對準梅爾卡巴，並意圖把你的想法、情緒或感覺放進梅爾卡巴，
它們便會被接收，並持續向外發送，直到你停止這個程式。只有你，沒有任何人
（包括路西法）能停止或改變你的梅爾卡巴程式，除非你設定了允許他人修改的程
式。

梅爾卡巴與水晶的不同之處，在於它並沒有程式數量的限制，至少我置入大量
的圖碼在我的梅爾卡巴中，它仍然完美運作。即使真有限制，必然不像水晶只有六
至八個這麼少。

梅爾卡巴的程式

　　設定梅爾卡巴的程式和所有的心靈能量是有趣的事，每天都在發生，但極少人意識到。在開始這一節之前，我想先說兩、三個故事。我想它們有助於你詮釋這個主題的本質。

顯化一瓶紅酒

　　假設你很想喝某個品牌的法國紅酒，你心愛的那種。你心想：「多希望這裡有一瓶紅酒。」你的腦海浮現出那瓶酒，你口水直流，欲望強烈。你想要那瓶酒，卻不知道要去哪裡才可以拿到。

　　你可以在三次元空間創造它。你可以種葡萄，等上幾年，等待葡萄結果、摘採、榨汁，醞釀十年，讓它變成你最喜歡的那瓶酒。然而這可能有點麻煩，有點慢。不過如果那是你接受的實相，你可以這麼做。

　　或者你可以直奔商店，買一瓶你要的酒回來。

　　或者你可以坐在那裡想著你的紅酒，接著有人推門進來，手上拿著那瓶酒，對你說：「這酒我剛好多了一瓶，你要不要？」便擱在你桌上。

　　這事如果只發生一次，你會說：「這真是莫名其妙的巧合！」然而如果每一次你想到什麼，便有巧合發生，一段時間之後，你便會開始思考：「怪了！只要我想起、想要或需要什麼，它都會出現。」最後，這些巧合會讓你領悟你的想法、感覺與這些「巧合」之間的關聯。那些已經走在這條道路上的人明白我在講什麼，這就是靈性道路的開始。

　　當你開始探索事情到底如何發生，以及如何有目的地讓它發生，而非僅是巧合，那麼它將引領你進入神通能力的下一步，培養你轉換元素的能力，就像耶穌將水變成酒一樣。如此你可以向自己和人們證明，你相信的實相是真的。然而，顯化能力是個危險的領域，因為此時的你，通常尚未超越你的小我。

　　之後，你也許會進一步超越，你能憑空變出紅酒，不是轉換元素，而是無中生有。在這個階段，你與你的高我合而為一。然後，你會更進一步，你不想喝酒，也沒有需要或渴望，你明白一切都是完全、完整與完美的。你跨越了二元性，回家的路變得清晰可見。

汽油桶

　　我在加拿大的森林裡過活時，開始意識到這種巧合。那時天使已經現身教導我和妻子。他們說在這段開始學習的階段，我們不需要擔心錢，他們會提供我們需要的一切。他們說神對人類立下了一條「自然律」：人可以依靠神供給他們物質，或依靠自己。若他們依靠神，他們需要的一切會垂手可得；但如果他們要靠自己，他們要求時神將不幫忙。

　　那時候，我的妻子因為油桶的事很生我的氣。距離我們最近的加油站在二十哩外，她有幾次因為車子沒油而走路去買油，然而前幾天她又發現車子沒有油了，於是她很惱火我沒有買個油桶給她。她不斷抱怨，儼然把小小的汽油桶變成了滔天大事。而我只能一直告訴她：「妳要相信神。」她說：「神？我需要的是汽油桶！」我說：「你知道天使說我們現在不用工作，他們會給我們需要的一切。我們沒有錢，但是要有信心啊！」事實上，天使確實提供了一切——我們擁有需要的所有東西，除了汽油桶。

　　我們朝住家附近的湖走去，一路上她不停絮絮叨叨：「我們必須回城裡住，我們必須放棄這種依靠信仰的生活。這太困難了。我們需要錢。」我們在一塊石頭上坐下，環顧美麗的湖泊被宏偉壯闊的群山圍繞，這是神給我們的地方。然而她不斷抱怨我、抱怨天使、抱怨神。

　　在她繼續嘮叨時，我向旁邊望去，就在那裡，大約二十呎外，在兩塊石頭之間，我看見一個汽油桶。顯然是有人把船拖上岸後留在那裡的。可是它根本不像是個廢棄的汽油桶，它一定是這個星球上最不可思議的汽油桶！我甚至不知道有人生產這種東西。它的外觀是美麗的紅色，材質是高密度的黃銅，還鑲上了厚重堅固的黃銅把手，價值必定超過一百塊美元！

　　所以，我說：「等我一下。」我走過去，把汽油桶拿回來擺在她身旁，說：「這個怎麼樣？」這件事讓她安靜了兩個禮拜。

一筆錢

　　我們住的森林小屋應該是地球上最美的地方了，天主教堂免費提供我們，沒有期限。我們什麼都沒有，然而我們什麼都不缺——即使是汽油桶。但是到了某個點，我們開始沒錢了。因為天使要求我們在森林小屋這段期間只專注於靜心，不要工作，我們的收入是不斷減縮的。

　　隨著金錢變少，我看見我的妻子愈來愈緊張。最後我們只剩下十六美元，也不

知道可以上哪裡去找錢。當我們的錢愈來愈少，她就愈來愈沒有耐心，恐懼不斷變大，她甚至準備離我而去。我們隔天必須為車子付出一百二十五美元，不然就會失去它，然而我們沒有這筆錢。她整個白天和晚上都在抱怨。最後我們去睡了，她翻過身去睡，離我遠遠的。

午夜時分，我們聽見有人敲門。那時候我們住在森林中央，從最近的公路走過來也有四哩，離我們最近的鄰居在兩哩外，因此有個深夜的訪客讓我們很驚訝。

我起床穿上衣服去開門，門口站著一個兩年沒見的老朋友，臉上掛著大大的笑容。他走進屋子，說：「天吶！我到處找你，你實在是與世隔絕。你在躲什麼人或什麼事嗎？」我說：「呃，不是，我只是喜歡大自然。你大半夜的找我做什麼？」原來，很久以前我借了他一筆錢，給他之後我就忘了。他說：「我就是想找你還錢，除此之外，什麼事都不能做！」他把一疊二十元的鈔票放在桌上，一共是三千五百元。這對於我和妻子在森林中的簡單生活而言，簡直就是一百萬！

第二筆錢

我的妻子當場目瞪口呆，這件事讓她安靜了六個月。

當這筆錢逐漸用盡，她的信心開始薄弱。這一次我們只剩下十二美元，她的信心完全瓦解。她重新開始抱怨，說要離開我，離開家，回到城裡去。這樣過了幾個小時，當太陽下山，她還在抱怨，在這個為錢和對神的信心爭吵不休的長日過後，我們終於上床睡覺。然後，午夜時分，敲門聲再次響起。

這一次是另一個朋友，很久的朋友，大概是我剛在柏克萊念大學的時候認識的。我簡直無法相信！我不知道他怎麼找到我的。他進了門，同樣的情況，這次只有一千八百美元。他說：「在我需要時你給我這筆錢，我希望它也幫得上你。」

我妻子又有同樣的轉變。剛開始很快樂，不再抱怨，幾個月過去，當錢逐漸用盡，她便失去信心。她無法信任天使會提供我們需要的一切，即使天使同時出現在她和我的眼前，即使這兩年天使的確供應我們所需的一切。

當這筆錢用完，她以此脅迫回柏克萊找工作，結束她的靈性生活。很快的，她不再能看見天使，必須依靠自己生活。她找到了工作，回到天使出現之前的正常生活，生活踏實，**而魔法也就從她的生活中消失**。

天使從未離開我。從那天起，我將物質生活託付給天使，將我的生命能量託付給神，我對看不見的世界擁有信心與信任。每一筆錢的出現讓我的信心更堅強，卻削弱我妻子的信心。這就像半杯水的故事，半滿或半空，**取決於你的觀點**。記住這

個故事，當我們遇上神通和神的自然律時，都將接受考驗。

　　這段時間，我和妻子親身經歷很多奇蹟。幾乎每一週，甚至每天都有奇蹟，爲期兩年。大部分的奇蹟不只是有人給我們錢這麼簡單，那是不可能做到、任何人都會稱爲「奇蹟」的事。然而這是偉大的一課，**我看見奇蹟如何讓一個人更愛神，而讓另一個人更深入恐懼之中。**

　　神通能力帶來的靈性危機不僅是膨脹小我，意圖將它用於個人的力量或牟取私利，小我也有可能因恐懼而停止靜心。兩種情況都會阻礙進一步的靈性成長，直到適當的時機到臨。

　　沒有人會眞正迷失，只是延遲。

四種梅爾卡巴程式

　　我們介紹了神通和可能的陷阱，現在讓我們看看梅爾卡巴的程式。梅爾卡巴有四種程式，這四種方式合乎四種性的主要途徑，也就是男性、女性、兩者和無性。每一種性途徑又有兩種極性，因此在男性之下有「陽性男性」（男異性戀）與「陰性男性」（男同性戀）；女性之下有「陰性女性」（女異性戀）與「陽性女性」（女同性戀）。若兩者是雙性戀，如此可再分爲：「雙性男性」和「雙性女性」。最後是無性，亦分爲：「無性男性」和「無性女性」。這八種極性還可以細分，不過不需要在這裡細究。四種設定梅爾卡巴的方式也就跟著性傾向分類：男性、女性、雙性和無性。

男性程式

　　在濕婆信仰中有113 種靜心方法。他們相信這就是全部，不會更多了。不管你用哪一種方法或你如何稱呼它，即使你創造新的方法，也必然符合這113 種之一。

　　其中前112種方法爲男性，最後一種方法爲女性。男性方法是可以用書面或口頭傳達給他人，能精確描述並合乎邏輯，若依照步驟執行，便可達到預期的結果。但是那唯一的女性途徑卻沒有規則可循。同樣的方式不會重複第二次（有可能，但你無法預知）。女性途徑沒有男性思維的邏輯性，它跟隨感覺和直覺而動，如同流水，總是朝向阻力最小的道路。

　　如此，梅爾卡巴的男性程式是非常具體而邏輯的，以下是一個例子。

　　當我開始在「生命之花」和「地／天工作坊」之間進行「三相梅爾卡巴」工作

坊時（Tri-Phased Mer-Ka-Ba），發生了某種情況。三相梅爾卡巴是一個巨大的梅爾卡巴能量場，它的圓盤直徑有一百六十萬哩大，需要兩個人或更多人合力產生。它的圓盤展開時釋放的能量非常巨大。軍方的電腦檢測到它，於是派出四架黑色直升機來調查這個新現象。他們不肯離開，並且干擾我的教學。

天使告訴我這個工作坊要進行九場，從此不再舉辦。三相梅爾卡巴工作坊是有史以來最遭人誤解和誤用的資訊。有三十位國際老師和數不清的網站，在未經許可的情況下開始運用這個資訊，卻沒有人知道它真正的目的。他們以為它有助於人類的進化，其實不然，它的目的是喚醒大地之母的精神體並活化地球的梅爾卡巴。這個目的已達成，然而還有許多老師誤傳這個資訊，而許多學生被誤導。

前面六場工作坊，不時都有三、四架黑色直升機盤旋調查。只要團體進入三相梅爾卡巴，十五分鐘內直升機就會抵達，一待就是兩個小時，用各種儀器測試我們。在第六場工作坊，甚至有FBI的探員在現場查問我的學員。於是我決定用梅爾卡巴的力量保護團體不受騷擾。天使允許我這麼做。

於是我設置了一個代理梅爾卡巴（surrogate Mer-Ka-Ba）。本章最後我會解釋這個方法。簡言之，代理梅爾卡巴是人造能量場，從這個人自己的梅爾卡巴分離出來，可以固定在某個地方，例如你家或你的土地。它擁有獨立的程式，然而它憑藉的是你的生命能量。

我把這個代理梅爾卡巴放在進行工作坊的地點。它大到可以環繞整個區域，因此當團體進入三相梅爾卡巴時，我設定的「男性程式」會保護大家不受直升機干擾。我的指令很簡單：「梅爾卡巴的內部區域和它的外部效應，任何人看不見，也探測不到。」確實也是如此。

於是這是七次工作坊中第一次，在團體建構三相梅爾卡巴時，沒有黑色的直升機出現。他們看不見我們。就是這麼簡單。也許你發現這和停止電場干擾的方法是一樣的。

然而，我們犯了一個人為錯誤，而這也顯示了男性程式的問題。這個團體決定工作坊的最後一天到五十哩外的瑟多納（Sedona）完成最後的部分，因此我們離開代理梅爾卡巴的保護範圍，然而我們都忘了這回事。我們置身於四下無人的森林深處，然而當團體啟動三相梅爾卡巴後的十五分鐘內，六架黑色直升機到臨，在我們頭頂上方像蒼蠅一樣盤旋了一個小時。

最後兩次工作坊，我們都待在「看不見也測不到」的代理梅爾卡巴內，沒有受到任何打擾。這就是男性程式的本質——需求明確。

　　我在這裡並不是要告訴你設定梅爾卡巴去做什麼，而是要告訴你如何設定，其餘取決於你和你的高我。然而當我們談到療癒自己和別人或療癒地球環境時，這個資訊會更有意義。

女性程式

　　正如我說過的，女性程式不用邏輯。交過女朋友的男性會明白我的意思（開個玩笑）。

　　女性程式沒有固定形式，很難舉例說明，我盡力而為。以心靈保護為例，一個人可以想出各種男性程式，例如「把心靈能量反射回它的源頭」「把心靈能量導入大地」或「把負能量轉變為正能量」，有無數的男性程式可用。但是，女性會告訴她的梅爾卡巴選擇**所有可能的**適當方法。因此她不知道梅爾卡巴會如何應付心靈攻擊，但它會成功。

　　還有一種方式是把命運交給神。它們很類似，除了它接受心靈攻擊會成功的可能性。對於這些事，神有更偉大的智慧。記住，心靈攻擊是個二元的想法，它分別了我們和他們。

雙性程式

　　這個很容易解釋。它是同時運用兩種方式的精神體，存在男性或女性身體中。不管做什麼都使用女性程式，並同時執行一個男性程式以完成特定目的。

無程式

　　無程式的想法本身就是矛盾的。這種「全無」的人在地球上很稀有，主要存在宇宙中，他完全沒有程式。他們完全超越二元性，並且對極性全無反應。連道家的「不防衛是最好的防衛」的想法也沒有。他們看待生命和實相的觀點和我們完全不同，不是我們能想像的。

　　因為地球上不存在這種「全無」的人，討論他們也沒有必要。再者，如果你是這種人，那麼你不需要做這個設定，因為你已經活出它了。

代理梅爾卡巴

　　代理梅爾卡巴是一種活化的梅爾卡巴能量場，它與創造者本身的梅爾卡巴分

離，能保持在固定的地方，例如房子或土地。它與你的梅爾卡巴可以有完全不同的程式，然而它仰賴你的生命能量來維持。創造代理梅爾卡巴很簡單：

1、選擇一個地點作為「呼吸管」的位置

2、決定梅爾卡巴的範圍。換言之，即決定圓盤半徑止於何處，例如你財產的範圍，這種代理梅爾卡巴的半徑可以很大（仍在實驗中。我現在有一個直徑二二八哩的代理梅爾卡巴幫助我的生活環境。我花了好幾年學習如何使用這種尺寸的代理梅爾卡巴。）

3、不管梅爾卡巴的性別為何（或四面體朝向何方），它都會工作。

4、四面體會自動調整到與你設定的圓盤範圍相呼應。

5、當你進行梅爾卡巴靜心時，在每一式呼吸中同時觀照你自己的和你的代理梅爾卡巴。

6、每天都要做梅爾卡巴靜心。你必須每天記得你的代理梅爾卡巴，就像你記得你的梅爾卡巴一樣。當你觀想你的梅爾卡巴圓盤擴展出去時，也同樣觀察你的代理梅爾卡巴。

7、你可以設定一個以上的代理梅爾卡巴，但會比較複雜，因為你必須記得它們以提供它們生命能量。

8、在代理梅爾卡巴設置完成後立刻設定程式，設定後它會保持在那裡，直到你移除它為止。

最後，當你擁有永久梅爾卡巴，你可以在一次呼吸之間創造一個代理梅爾卡巴，它不需要太多注意力就可以保持活力。

結論

我們討論了神通能力和更高的梅爾卡巴靜心的陷阱。但我們還沒有談過在梅爾卡巴之中靜心的真正目的。我想強調透過與你的高我有意識的連結，你會明白你是誰。而這個重要的理解是一切靜心的開始，引領你實現你存在的目的。我們會在另一章討論。

Chapter 15

愛與療癒

愛就是創造

　　愛是創造的源頭，是實際形成宇宙、次元和世界的意識。我們之前提過，用二元的頭腦來看其他的世界，我們總會看見「三」的組合。我們把時間分爲過去、現在、未來；把空間分成X，Y，Z三軸；把尺度分爲微觀、正常與巨觀，我們稱之爲「三位一體的實相」。

　　在三位一體的實相中，從原子到銀河，各種事物由不同的作用力產生，我們將這些力量視爲個別的、無關的。集結原子的原子力和維繫太陽與行星，以及太陽與太陽之間的重力似乎不同，然而它們眞的不同嗎？也許唯一的差別是它們所在的次元層級不同。

　　愛是一種特殊的意識振動，對人類而言，它維繫了人際的關係。沒有愛，婚姻只是空殼，終將瓦解。有時維持婚姻是爲了孩子，但它也是愛，對孩子的愛。我們也許會因爲某種原因，停留在無愛的關係中，然而它和眞愛全然不同。愛是最強的繫念，人會爲愛而死。

　　我相信宇宙中的一切都是意識的寫照，在我看來，所有的能量都是意識，無論名稱是什麼——電力、磁力、電磁場、熱能、動能、原子能、萬有引力等。根據能量方程式「$E=MC^2$」，能量和質量與光速（一個數值）的平方有關，如此，物質也

是意識，結晶的意識。從這個觀點看世界，一切都是意識。意識是反射出外界物質的光，在呼吸之間，創造了整個外在世界。而意識的內在世界，包括夢、意象、感覺、情緒、性能量、亢達里尼，以至於我們對外在世界的詮釋，都是物質的源頭，是讓這一樣物質被安排的方式（$E=MC^2$），而愛是讓能量方程式成立的機制，愛恰是那個讓物質回應的振動。我們有巨大的創造力，只是我們遺忘太久，而現在是憶起的時候了。

這也是為什麼活的梅爾卡巴需要愛來保持活力。少了愛，梅爾卡巴就失去生命並快速死亡。陰性的部分必須出現在愛中，以平衡陽性部分，否則就沒有生命。

是愛把水變成酒，是愛讓人起死回生，是愛療癒你和人們，是愛，也唯有愛，能療癒整個世界。如此，只談療癒卻不談愛，必然並非真理。在醫學中，只有某些情況可能，然而愛讓一切都變為可能。在愛中，不治之症除了光，它什麼都不是，而身體中的原子能重新組合成完美的健康。愛的缺乏肇生所有疾病，因為是愛把物質由混沌帶入秩序，少了愛，混亂必然發生。

只有愛，能讓療癒發生

八〇年代後期，我們做了一些研究，想知道療癒者是否有共通性。我們觀察許多使用不同形式和技巧的治療師，幾乎囊括目前所有已知的療癒方式：雙手治療、心靈手術、靈氣大師、氣場療癒、巫醫、薩滿、巫術、靈療等。**我們研究從他們身體發出的能量，發現有一種相同的正弦波**，波的模式是有三個較高的波峰和一個較小的波峰，不斷重複，而發出這種波的波源就在基督心輪。

從幾何觀點來看，這個現象是相當有趣的，因為中央管道在心輪以上和以下的長度比恰好是一比三，陽性四面體的範圍占一份，陰性四面體的範圍占三份，這是所有療癒者共通的一個面向（至少在進行療癒時）。他們療癒時，會聚焦於胸骨上方的基督心輪——宇宙無條件的愛的主要中心。

這次研究加上我的其他經驗，**我相信使用什麼技巧不重要，它只是給治療師一個理論架構，讓接受治療者的頭腦有專注的地方**。是施作療癒者的**愛**，而非知識，**讓療癒發生**。因此，談到療癒卻不論及愛，將永遠找不到真相。

療癒人、療癒社區，甚至療癒整個星球都是一樣的，差別只是更大的愛。

頭腦擁有操縱物質的知識，但是愛不僅有操縱物質的力量，還能毫不費力地**無中生有**。不管需要被療癒的問題是什麼，愛總是能找到方法。真愛無所局限。

然而是什麼阻止我們看見並活出這個偉大的真理？局限我們的正是我們的信念

模式，我們信以為真的事成為我們的限制。如果醫生說某種疾病無藥可醫，無法自癒，那麼我們便凍結在那個想法中，接著必得活出那些信念，即使那意謂著痛苦不堪並且得從此忍受不適，直到生命盡頭。

唯有奇蹟，一種比我們大得多的事，能克服凍結的信念。因此，頭腦阻礙療癒，當我們的頭腦而非我們的心當家作主，我們總會受苦。

戰勝頭腦和信念模式的真實故事

讓我說一個故事，一位女士戰勝她的頭腦和信念模式的真實故事，她的名字是陶莉絲‧戴維森（Doris Davidson）。

我認識陶莉絲的時候，她因為小兒麻痺，已經被束縛在輪椅上長達十二年。她的醫生說她不可能走路，而她也屈服於這個「事實」。她的兒子和她住在一起，犧牲自己的生活照顧她。

有一天，她讀了一些水晶療癒的書，作者說「任何疾病都是可治的」，讓她非常興奮，多年來，這些文字第一次為她帶來一線希望。她打電話給作者尋求建議，然而作者卻讓她打電話給我。

我告訴她，在幫助她之前，我必須先請求許可，而我會回她電話（本章最後我們會討論請求許可的重要性）。我詢問天使，所有的管道都開放，讓這個療癒開始。天使告訴我不要用我通常會用的方法，只需要處理她的信念模式。**一旦她相信自己會痊癒，就能自行療癒了。**

因此我回電給她，我所做的只是和她說話，一週一次，持續了幾個月，引導她相信自己能療癒自己。這幾個月，什麼事都沒有發生。

有一天，陶莉絲打電話我，她的聲音和決心顯示她改變了。她告訴我她如何做了某些決定。首先，她決定不再坐輪椅，把輪椅賣了，並讓醫生用特別的繃帶固定她的臀部和大腿。她的腿坐了這麼多年，已經退化，非常虛弱。此外，她需要一種四腳的助行器來撐住她，讓她不會跌倒。幾個月過去，當她感覺她的腿已經夠強壯時，她更換成普通枴杖。此時她更加**確信**她能療癒自己。後來，當她的腿變得更強壯，也就不需要臀部的繃帶了，她改在膝蓋做一些固定。後來她可以走得很好，感到愈來愈有自信，於是要兒子離開她去過自己的生活。目前她在生活上完全能夠自理。

最後，大日子終於來臨，陶莉絲連枴杖都不需要，只剩下膝蓋還用一些繃帶固定。她非常興奮，我幾乎無法和她在電話裡說話。幾天後，她取得了駕照，便立

刻賣掉房子，買了一輛露營車，從加州開到新墨西哥的陶斯市（我那時候住的地方），來參加我的生命之花工作坊。她走進工作坊時，臉上掛著大大的笑容，彷彿像要從地面上飄起來。她完全改變了。

九個月後，我走在陶斯街上，她跑到我面前，那是我在生命之花工作坊後第一次見到她。她已經有了工作，並消失了一陣子。她在原地轉了一圈，膝蓋上的繃帶也不見了。她看著我說：「我完全療癒了，百分之百。我很快樂，我愛你。」她是跳著舞離開的。我看著她一路歡躍而去，步履輕盈，就像是從來沒得過小兒麻痺或從未在輪椅上度過十二年。

連續五、六年，我都會收到她充滿感謝的聖誕卡。其實我什麼都沒有做，是她療癒了自己。她了解問題，從內心深處相信她真的可以療癒自己——當然，她做到了。

記得那個碰觸耶穌的衣服就得到療癒的女子嗎？耶穌對她說：「女兒，妳一切安好，信心讓妳完整。」

你信以為真的事往往是你的限制。不受限制，你便自由。

自我療癒

要先自癒，才能癒人，總是要從自己開始。如果你無法療癒自己，又如何能真正地療癒他人？所以讓我們從自己的能量場——你的梅爾卡巴——開始。

我相信，如果你每天做梅爾卡巴靜心，讓普拉納能量在你的體內流通，你最終一定會獲得健康。然而，當你了解梅爾卡巴是活的，並且只回應精神體清晰的意圖，那麼這個「最終」可以相當程度地縮短。

透過在梅爾卡巴中呼吸，達到陰陽普拉納的完美平衡，很多疾病會自然消失，你應該會體驗到某些健康狀況的急速改善。然而也許並非全數改善，因為有些問題，只有對疾病的本質有深刻的理解後才會療癒。

接下來的故事我想強調的是疾病的本質。大約在一九七二年，那時候我與妻兒住在加拿大的森林裡。妻子和我正在學習催眠，我們已經學會離開身體，從一個房間飛到另一個房間。我們會做一些測試，來看看我們的感知是否真實。

其中有個簡單的測試，我讓妻子進入出神狀態，而我到另一個房間去改變一下裡頭的東西，等我回來之後，我要她飛到那裡去觀察，然後告訴我她看見了什麼，她可以完全正確地描述。於是我開始理解，地球生活和我之前以為的真的不一樣。

　　我們做過很多測試，有些很複雜。其中一個是她飛到書店（星光體投射或遙視），挑一本我們都沒讀過的書，翻開其中一頁讀給我聽，包括頁碼，我把它寫下來。第二天，我們再到書店去確認那本書的那一頁有什麼。測試總是很完美。隨著時間過去，我們對於實相的本質和意識如何嵌入更大的畫面愈來愈有信心。

　　有天我把鐵鍋放在爐子上烘乾，後來我忘了這回事，十五分鐘後，它幾乎燒成了橘紅色。妻子走進來，想也沒想就用左手拿起了鍋子，在身體還沒反應疼痛之前走了三步，我根本來不及提醒她。她立刻丟下鍋子尖叫，極度驚嚇，我馬上跑過去檢查她的手，已經被嚴重燙傷，除了用冷水沖，我一時也不知道該怎麼辦。幾分鐘後，我忽然想到辦法，我看著她說我要幫她催眠，她同意。

　　我做的第一件事是告訴她所有的疼痛消失，於是她立刻就不感覺痛了，開始閉上眼睛放鬆。我決定要更進一步。我握住她的手，看著她燙紅的手掌，一邊在催眠中告訴她：她的手會在我數到三時完全恢復正常。就在我數出「三」之後的兩三秒，那隻手恢復了原來的樣子。這是我親眼所見，而它也改變了我的生命。在那一刻我知道，社會和父母告訴我們關於實相的一切都不是真的。**身體是光，它會回應意識，會呼應一個人真正相信的事。**

　　那天之後，我們又做了許多實驗證明，無疑的，實相是光，意謂它像光一般不固定，存在於意識之中。那是我的生命中，對於了解療癒最重要的一課。又經過了許多年，我才真的明白，那天發生在我妻子手上的事，可以用於療癒這個實相所有的情況。例如，一個被疾病嚴重侵蝕的器官僅僅透過意識，便能恢復健康。

　　我的朋友黛安娜‧蓋茲（Diana Gazes）在紐約製作一個叫作《看進未來》的電視節目。她經常拍攝各種神奇的療癒過程，這個節目播出很多年才叫停，在節目結束前，她預備播出的是一位十一歲男孩神奇的療癒經過（後來並未播出）。她用攝影機拍攝男孩的生活超過一年。節目被取消時，這一集剛好接近完成。

　　男孩小時候喜歡蒐集蜥蜴，而你知道蜥蜴的腿和尾巴如果斷落，會長出新的來。他的父母並沒有教導他，這種事只會發生在蜥蜴身上，不會發生在人身上。因為如此，**他相信所有的生物都會再生，包括人類。**他十歲時，因故從膝蓋以下截掉了一條腿，所以他怎麼辦呢？**當然是長一條新腿囉！**

　　黛安娜拍攝了這個過程，在節目最後，**他正要長出腳趾**，他花了將近一年的時間。所以什麼是可能的？**它取決於你相信什麼為可能，以及你對自己設下的限制。**

　　當你療癒自己，並明白我所說的事物的本質，聖靈也許會要求你去療癒別人。你若被要求成為一位治療師，那麼你還需要了解更多的事。

療癒他人

即使你有神力，一碰到人就能讓對方痊癒，你也沒有權力療癒你想治療的人，那是有違法則的。生活是一所學校，每個人經驗他們必需的經驗。你不能因為你想要、他們需要或應得就任意療癒別人，**你必須得到許可**。

為什麼要獲得許可？因為在三次元的我們看不清楚，不知道我們的行為對更大的畫面有何意義。我們也許認為療癒別人是幫了大忙，實際上卻可能害了他。我們都生活在一個學習憶起的學校，**一場疾病可能正是某人前來地球的原因**。他或許要經過一場疾病來學習慈悲，當你療癒他，你就奪走了這個可能性。且放下你的小我，療癒會自然發生。

以下是我進行療癒的步驟：首先，我會得到高我的允許，詢問這是否符合神聖秩序（關於高我，我會在第十六到十八章討論）。如果答案是肯定的，那麼我會得到這個人的口頭同意（如果可能），如果答案是肯定的，那麼我會詢問他的高我這個療癒是否符合神聖秩序。答案不一定是肯定的。如果他的高我不同意，我會對這個人說抱歉，我無法幫忙，然後順其自然。如果他的高我同意，我才會進行我的部分。

讓我釐清一下，當我說「我的部分」，我不認為你要和我做一樣的事，我只是以自己為例幫助你了解，這並非教條。

對方的高我完全知道他哪裡出了什麼問題，即使是最微小的地方。因此，在得到許可後，繼續和他的高我對話，會給你關於這個疾病大量的知識。我發現，我若請求，他的高我甚至會精確地告訴我療癒的方法。有時是傳統的醫療行為，有時候是頭腦完全無法理解的方法。例如，他的高我可能會要你在你的前額上畫一顆紅色的星星。你的頭腦不了解為什麼，但是當他看見紅色星星時，會觸動他的內在，而讓他立刻好轉。善用對方的高我，他盡知一切。

接下來的觀念也許與你認知的療癒不同，請保持開放。首先，我理解到人們對於疾病有很多概念，但對我而言，**身體是光**，只要頭腦能接受那個療癒，身體便能輕易改變。出於相同的想法，我視整個身體為能量，包括疾病。對我來說，與病情相關的故事並不重要，**引發疾病的是這個人的思想，而身體和疾病只是能量**。

我發現，**最容易的療癒之道是先移除原有的負能量，再試圖導入正能量**。我也發現能量無論正負，都對人類的意圖有很好的回應。例如一個人因雙眼白內障而失明，醫生會說，除了做白內障手術，別無選擇。但我認為這只是能量，我會用我

的手指觸碰他的眼睛，用我的意圖，用手抓住原有的疾病能量，將它從身體中拉出來。全世界不同的治療師，有各種不同的方法去處理這種被拉出體外的疾病能量。明顯的是，你不能隨意棄置，讓別人受到感染。

菲律賓的氣場治療師會觀想一盆紫羅蘭色的光，來燒掉疾病的能量。每個人的方法都不同。天使告訴我只要把它送入地心，大地之母會將它轉化為可用的正能量。這對我而言很好用。

還有很多方法能產生普拉納或正能量，來輸入別人的身體。氣功大師從自然界獲取能量，菲律賓的氣場治療師從太陽獲取能量。既然你學會了梅爾卡巴，你的優勢是可以從四次元獲取無窮無盡的純淨生命能。如第十三章所述，你有一個兩個手掌長的普拉納光球環繞心輪，在第十式呼吸時，這個光球會擴大、包圍你的身體，而原來的那個小球還在。從這個源頭可以獲得療癒所需的普拉納。

如此，從這個環繞心輪的球體，觀想能量從你的心流進那個接受你療癒的人，它可以無限補充，你消耗多少，就遞補多少。你也可以觀想能量進入你的手，流進他身上任何需要能量的地方。他的人在什麼地方無所謂，你可以用意圖送能量給他，他會收得到。

當你完成移除疾病能量並用普拉納取代它，最後一個步驟就是觀想對方已痊癒，並且在未來三個月都很健康（這一點很重要），那麼事情就會如此。

這種療癒簡單有效。記住，實際上是愛讓療癒發生。

靈體與惡念

接著我想談一個稍微不同的主題。如果療癒者不管做什麼都沒有用，大部分是因為對方體內有東西阻礙療癒，而它並非信念模式。這是許多療癒者不想碰的領域，但若真是問題所在，就有必要一提。

那就是不屬於這個人，但依附於他的靈體和惡念。這些靈體就像寄生蟲，不是他，但是被他的想法、情緒／感覺和行為所吸引。它們的存在不僅阻礙療癒，還有可能導致主要的症狀。

什麼是靈體？它們來自其他次元，但進入了這個世界。在它們的世界，它們是有用的和必要的存在，是讓宇宙完整的一環。然而在這裡，它們卻是問題。

還有另一種靈體是人類的，它們因恐懼而停留在三次元，並選擇住進別人的身體。還有另一種可能性，例如來自三次元或其他次元的ET的精神體，在錯誤的時間出現在錯誤的地方。

這個情形和人體的細胞分化很類似，你的每個細胞都很獨特，屬於特定的身體部位，各有所司，並形成完整的身體。它們有各自的樣子，腦細胞和心細胞不同，肝細胞和兩者都不同。各自出現在適當的地方就沒有問題。然而我若切開你的胃，那麼血液細胞就會湧入，出現在不該出現的地方，因此療癒必須把這些細胞移除，並阻止外來細胞流入。

什麼是惡念？它是人類或其他存有以意圖送給某個人的想法，如咒語、詛咒、仇恨等。它們能存活在人體中，進入人體後，通常會產生形狀並帶有生命能量，看起來像是活的，可以用移除靈體的方式去除。

這些都對人體健康有害，但也有「好」的靈體，但不常見，那是高度進化而有益於此人的精神體。如果我發現這樣的靈體，通常不做什麼，因為它會在適合的時候自行離開。

催眠師經常要處理這些狀況，他們會以這個作為第一個步驟，而我同意他們。當你獲得對方高我的允許後，首要之務就是檢查他是否有靈體或惡念附著。我發現我見過的人半數都有。這些靈體源於一萬三千年前，亞特蘭提斯時代梅爾卡巴誤啟次元之門，從那個時候開始，這些靈體就留存在特定的靈魂中，直到現在。

問你的高我是否要你進行這個部分的療癒。若未得到許可，請你放下。但要有準備，因為只要有靈體住在對方的身體裡，那麼你可能做什麼也沒用。我會解釋我如何移除它們，然而請記住，技術不重要，愛最重要。而我的方式也不是唯一的辦法，你如果才開始探索，也許你會覺得我的方式沒有道理，但我盡力而為。

過去，天主教和其他人士用驅魔術驅趕靈體。這種做法基本上缺乏靈性層次的了解，並且多數使用殘暴的心靈力量。牧師只想去除靈體，而不關心這些靈體會怎麼樣。他們不知道，這個靈體通常會迅速進入它看見的下一個人，靈體無法脫離依附太久。

所以驅魔術有什麼用？靈體和它導致的疾病還在人間。不在自己應屬的世界，已經夠讓它們害怕和不快樂了。這些靈體就像小孩，為了在這個異世界保護自己，學會呈現恐怖的外表和聲音好讓人類遠離。如果你以愛、真誠和正直接近它們，讓它們相信你真的會送它們回家，它們將不會抗拒，甚至會幫助你。因此我建議你，不管它們做了什麼，**像對待孩子一般對待它們**。

現在來看看，它們可能會做什麼。如果你了解實相是光，實相遵循你的意圖，你便明白你能想起和創造可以療癒一切的意圖。不必害怕這些靈體和惡念。如果你只用愛與它們連結，它們無法傷害你，在這種特別的意識狀態，你是免疫的。如

果你透過恐懼、性能量、毒品或其他經驗將它們帶進你的內在世界，它們就能占有你。

我會帶著愛意去問這個人的高我，是否有靈體或惡念侵入這個人。如果有，那麼我會立刻用意念創造一個正八面體的能量場環繞我和他（兩個背對背相接的金字塔）。這麼做有兩個理由：**防止靈體逃脫到別人的身體，並在八面體的頂端提供一個次元窗口，讓這個靈體回到自己的家園。**

接著，我會祈請大天使麥可的協助。他喜歡這個工作，因為這為宇宙帶進一些秩序。他會從背後看顧我，與我一起工作。你若要求，他也會與你同在。

然後我會把手放在對方的肚臍上方，要求靈體出現，並和它用心電感應溝通。讓靈體透過對方說話是不必要的（這讓事情複雜化，也容易讓對方驚慌）。在我和它建立心電感應的溝通之後，我會把愛送給它，讓它知道我不是在那裡「抓它」，而是為它好。

神賦予每一個精神體的存在，並在全生命藍圖中為一個神聖目的服務。沒有事情是偶然。我會對那個靈體說，我的目的是讓它回到本來的世界，而我是認真的。一旦它相信我做得到，事情就簡單了。

然後我會感覺並從內在觀察這個靈體。靈體有各種形狀，對初學者而言可能很怪。它們的樣子通常像蛇或蟲子，也可能是任何形狀。到了適當時機，我會把這個靈體拉出身體。當它離開身體三呎之外，我會把它交給麥可，麥可會帶著它到正八面體的頂端，穿越次元，回到它的世界，麥可完全知道該怎麼做。

對這個人和靈體來說，這是雙贏的情況。靈體回家就像回到天堂，在那裡它可以繼續開心地完成它的神聖目的。而被療癒的人開始獨自在自己的身體中，有時候是幾千年以來的第一次，許多疾病會自然消失，因為那個外來靈體便是問題的起源。

我把手放在肚臍上方，因為那是我發現最容易移除靈體的地方。它們通常從枕骨進來——頭骨底部的特定脈輪。人會被靈體依附，通常是因為**吸毒、喝酒或在行使性能量時**讓靈體有機可趁，或陷入極度恐懼與無助中。另外還有其他的原因，但以這三種為主。

當一個靈體成功回家後，幾乎毫無例外的是若還有其他靈體，也會毫無抗拒地排起隊來協助你，以便也能一起順利回家。

這個主題很怪，但是千真萬確。我觀察過幾千人，看見這如何幫助他們恢復完整和健康，我會舉幾個例子。

去年在墨西哥，有位年輕人在工作坊結束後來找我，說他需要幫助。他說他大約有一年的時間無法控制自己。他感覺有一個靈體在他的身體裡面，問我這是不是真的。在得到許可後，我開始和他的高我談話，他告訴我只有一個靈體，並要我依平常的方式處理。這個靈體後來出現，開始用英語說話，但帶著濃厚的義大利口音。我心裡覺得好笑，因為我從沒聽過用義大利腔說話的靈體。我們談了十五分鐘。最後它告訴我它會離開，幾分鐘後療癒便結束了。

這位年輕人感覺好多了。我問他：「你知道你是怎麼讓這個靈體進來的嗎？」他不確定，但是他知道是從哪裡開始發生這些狀況的。我問他在哪裡，他說：「義大利。」我心想：「當然囉！」這個靈體是人類的，因為害怕離開而停留，直到現在。

另一個例子在歐洲。一對夫婦參加我的工作坊，他們結婚多年，很相愛。但隨著年齡漸長，她開始和一位想像的男性發生性關係。並非他們夫妻的性生活不美滿，只是這種性幻想就是發生了。隨著時間過去，這個想像的男人開始獲取她愈來愈多的性能量，直到某一天她只有和「他」在一起才會達到性高潮。於是她不再和丈夫做愛，但以她的角度來看，她其實別無選擇，因為這個假想男一天要和她做愛兩三次，只要「他」（而不是她）想要。她完全無法控制。

這種情況有可能是情緒或精神問題，然而這個例子不是。這位假想男是真實存在的，來自其他次元。她用毒品打開了通道，她只吸過兩次就戒了，然而為時已晚，假想男已附體。

得到許可後，我和她的高我談了很久。這位靈體具有高度的智能，不會被愚弄。當我碰觸它，它便知道我要做什麼。我們談了二十分鐘，它說它想見到大天使麥可。因此我請它伸出頭來自己看。當它見到麥可，它臉上的表情讓我知道他被觸動了，然而它立刻縮回她的體內，說他需要更多時間考慮。要我第二天再說。

第二天，這位女士說他們聊了一整夜。它說它愛她，並不想離開，但最後決定離開，因為這對雙方都好。當然，他們又做了一次愛。

那天晚上，我把手放在女士的胃部，與它再次接觸。它說：「晚安，我想告訴你我很喜歡你，並謝謝你以這種方式幫助我。」說完它便準備離開。我將它交給麥可，麥克擁著它的肩，帶它回到它的世界，沒有任何抵抗。

她很驚訝療癒就這樣結束了，她說她沒有任何感覺。然後她看著我，說：「它要我告訴你，它很喜歡你。」那天晚上，在這麼長久的一段時間之後，她和丈夫再次享受性愛。第二天早上他們都很開心，決定去度第二次蜜月。生活重新展開。

小提醒：務必要把所有的殘片清除乾淨。許多靈體會「產卵」或殘留碎片。詢問它的位置或感覺它，把它拉出來和靈體一起離開。殘片留在人體，這個人仍有可能生病或依然保有原來的靈體引起的疾病。

最後，這是我個人的看法，如果我生了病或事情不對勁，我會在療癒前等一會。因為我想知道是什麼原因引起這個失衡的經驗。我會檢視我的生活，看看是我的思想、感覺、言語、行為還是我的生活方式創造了這場疾病，好讓我修正而防止它以其他形式發生。我會等待這個智慧。

最後的訊息和故事

你一定聽過這句話：「除了你加諸自己的，世界對你並無限制。」 前面故事中的黛安娜後來離開了節目，去夏威夷追尋自我，完全脫離影視圈。她能注視著湯匙，用意念折彎，她教導人們運用心靈的能量，主要針對企業界。她是非常具有心靈能力的人，而她想進一步探索自己這個部分。總之應她的要求，我們去夏威夷和她一起做心靈實驗。實驗細節不重要，不過實驗要進行十天。我們約好每天在實驗結束後，用電話互相驗證結果。

我第一天照做，並打電話給她，第二天也是如此。到第三天，我決定不做實驗，看看會發生什麼事。到了實驗結束的時間，我打電話給她，卻沒有人接。我想一定發生了什麼事，她不在。我不知道該怎麼辦，於是問天使：「怎麼辦？」天使說：「這是她的號碼，打電話給她。」

於是我就用這個憑空出現的號碼撥電話出去，想知道會發生什麼事。令我驚訝的是，黛安娜接了電話（天使從沒出過錯）。

我說：「嗨，黛安娜。」

她說：「你是誰？」

我說：「是我，德隆瓦洛。」

她說：「德隆瓦洛？」

我說：「是呀，妳好嗎？妳的聲音聽起來有點怪？」

她說：「德隆瓦洛？怎麼會……」她沉默了一會，然後說：「這怎麼可能？德隆瓦洛，我剛經過這個公用電話亭，電話就響了，你是怎麼辦到的？」

所以，要有信心，信任自己，神就在你的內在。你能療癒一切。你能用愛把你的身體和你的世界帶進完美的平衡。生命是流動與輕易（ease），而非疾病（disease）。

Chapter 16

三個層次的我

　　我們認爲自己是生活在地球上的人類，然而你可曾想過，你有可能同時活在其他生命層次？那些原始部落的人相信如此，例如馬雅人和夏威夷的卡胡納祭司（Kahunas）。他們認爲我們是跨次元的存在，顧名思義，我們其實同時生活在其他次元。從我的經驗來看，確實如此。

　　過去在正常的情況下，人類可以有意識地與我們的其他部分連結。然而亞特蘭提斯時代的墜落，讓我們與我們的高我分離。當與高我的連結成爲我們的實相時，我們的生活將是此刻難以想像的，我們會清楚地看見過去和未來，並以靈性成長爲考量，基於更高的知識做決定，這是我們在遠古的行動中失去的能力。

　　從更大的畫面看來，這些存在其他次元的更高的我，是我們的高我或「高我們」——認爲高我只有一個，既正確也錯誤。宇宙有一唯一存在，在這唯一中含藏無數層次。記得我們在第九章談過的意識層次嗎？

　　你的高我連結更高的高我，更高的高我又連結它的高我，層層連結，不斷伸展。每一個高我之上還有更高的高我。每一個高我都處於更爲寬廣巨大的意識層次，直到最後，屆時整個波形宇宙的一切次元將同時揚升。每一個人都有能力同時存在於每一個可能的意識層次，只是並不常見。

　　就像家庭的族譜，可以不斷向上追溯，直到與神和全體生命連結。然而在某個

點上，人類的種族墜落，到現在這個三次元的意識，而與多次元的自我分離。於是一種區隔產生，我們的意識低落而無法與其他層面的自我交流。雖然大多數人無法覺察我們的高我，但高我卻永遠覺察著我們。

在「墜落」之後，我們與高我的溝通零星而稀少，高我們始終都在等待我們覺醒，他們在等待適當的時機。這是一種單方面的分離——他們知道我們，但我們不知道他們。

卡胡納們認為，我們的高我將我們捧在手中，等在那裡和其他的高我們玩耍、交流，預備我們覺醒和認出其他生命的日子到臨。除了在少數恩典與光明降臨的時期，我們大多數人都已經有一萬三千年沒有真正連結我們的高我。

與高我連結不是通靈，那是讓你的本質和靈性重新連結回自己，也許更正確的說法是：「憶起」（Re-Member），意即「重新歸隊」，把精神體的各個成員帶回來團聚。也有人把精神體稱為「靈魂」（Soul）。對我來說，我看見的是靈性，偉大的聖靈（Great Spirit），所有來自那個源頭的精神體都是偉大聖靈的一部分，如此我們都與偉大的聖靈相關，或者與「神」相關。「靈魂」這個字的意涵有一種人人不同的意思，彼此不一定相關。然而對我而言，所有的靈魂或靈性都來自同一源頭。若我們把神視為父母，那麼整個宇宙都是我們的兄弟姊妹。

我發現（幾乎所有的原始部落也發現），這種更高的面向就在我們的內在。如果我們能和高我有意識地對話，便能從內在獲得清晰的指引，一刻接一刻在生活中移動。這種移動會充滿恩典與力量，並且毫不費力。這個指引只來自你，它關心你如同你關心自己，而且它也無法從三次元的角度去意會或理解。

在諸多生命層次與高我之上，有所謂的靈性階層（Spiritual Hierarchy）。靈性階層由負責組織和管理宇宙的存有組成。靈性階層與我們的高我交錯融合，並不與我們直接相關。你連結了你的高我，並不等於連結了靈性階層。這個主題我先提出來供你參考，以免有人想問這個問題。

以下的比喻，是天使為我解釋高我為什麼有清楚視野的原始內容。

假設你在亞馬遜叢林裡，乘著獨木舟向下游划去，放眼望去盡是蔚藍的天、綠色的水和茂密的植物。你享受美好的時光，順著生命之河輕搖船槳順流而下。當你向後望去，只能看到一小段路，兩岸林木參天，你看不到樹林的盡頭，也看不見彎道之後。你對經過的景色有些許記憶，然而當你轉個彎，進入下一段水域，你就忘了過去。你的印象隨著你愈走愈遠，愈來愈模糊。你可以看見下一個彎道，這是你僅見的未來，然而對於彎道之後，你全無概念。你從未來過這裡。

你的高我就像一隻在頭頂上方盤旋的大鷹，它存在其他的次元，能夠全方位地覺察時間，同時看見過去、現在和未來。它可以沿著河一路回顧，比你遠得多，而且它的記憶力很好，也看得到未來。它有限制，但它的限制比你寬廣許多。相對於你在河上的視野，它看見美妙的景觀，也知道即將到臨的事。它對於你在這個實相的各種關係也很清楚，而你因為局限於人類的位置而看不見。如此，你願意遵循高我的指引。

現在，你的高我，那隻偉大的鷹，來到你的身邊對你說：「把船划到水邊，上岸去。」如果我不想遵循這個內在指引，我會說：「我不要，現在風景正美，再等一下吧，我待會就會離開。」如果我遵循指引，便會照做而不質疑。然後高我說：「帶著你的船穿過叢林。」於是你扛著船，穿過盤根錯節的森林和滿是紅蟻的山丘。你心想：「天呀，這些高我！」如果你曾聽從內在的指引，你就明白這個意思。

歷經千辛萬苦，扛著沉重的船穿越叢林，你完全不明白高我為什麼要你做這些看似瘋狂的行為。你顛仆跋涉穿過半哩的濃密森林，終於又回到河邊，從那裡你看見河流在上一個彎道之後，會遇到一個大瀑布，底下全是嶙峋的巨石。你若任性聽從小我行事，可能早就死了，然而你繞道而行，所以你還活著，避開了一場大災難。你遵循的是一種看不見的內在指引，而它擁有古老的智慧。

以前我會給大家一個技巧去連結高我，現在我明白這個技巧只在特定狀況有用。它對我有用，但並非我以為的方式，然而起初我實在不明白為什麼它對別人沒有用。

我試過很多年，始終不理解，直到最後我問了我的高我（我總是等到走投無路時才問）。我對天使

說：「請告訴我到底是怎麼回事。」於是發生了一連串的事，而我也就逐漸理解爲什麼。

第一件事是我在華盛頓州奧林匹亞市進行工作坊的時候。一位來自夏威夷的六十多歲原住民也在那裡，我不知道他爲什麼來參加課程，因爲我看得出來他完全不需要。

我等了好一會才去找他，我問他：「你來這裡做什麼？」他說：「不知道。」我說：「好吧。我也不知道你爲什麼來。」我繼續我的教學。過了幾天，我們聊天時我問起他的工作，他說他是個卡胡納。我說：「你教什麼呢？」他說：「我只教一件事情——如何與高我連結。」

當工作坊進行到高我的部分時，我便請這位卡胡納講解，我當觀眾聆聽。他講了將近兩個小時，從胡娜（Huna，譯注：Huna療癒就是零極限的起源）的觀點談與高我的連結，講解得非常完美。

這番談話改變了我的理解。我自己的經驗讓我理解有一個我和一個高我，但是祭司澄清我們被分成了三個部分——「高我」「中間我」和「低層我」（higher self、Middle Self、Lower Self）。我應該要想到的，因爲三位一體嘛！

夏威夷祭司之後又發生了很多事，讓我有了清晰的認識。如果我們是處於二元意識的中間我，那麼另外兩個我，高我和低層我是什麼？我會慢慢爲你解釋。最重要的是，**一個人除非先觸及和連結他的低層我，否則無法連結他的高我**。精神體在抵達天堂前必須先向下移動，這個教導在我的生命中被多次印證。所以我們先解釋什麼是低層我。

低層我與大地之母

最簡單的說法，低層我就是無意識的頭腦。與一般大眾認知相反的是，大家以爲無意識頭腦連結的是你自己和你個人的無意識想法，但這個「低層我的無意識頭腦」連結的是所有存在地球的人類（即容格所說的集體潛意識），熟知每一個人的無意識頭腦。除此之外，它不僅了解每一個活著的人，也了解所有曾在地球上生活過的人和未來將在地球生活的人。你的潛意識心智明白過去和未來的一切，至少是關於地球的。

不止是人類，你的低層我也了解地球上與全體生命相關的一切，換言之，它熟知整個生物圈。它是一個完美的紀錄。這個低層我是活生生的，可以像個單獨的存

有一般與你交流。它是大地之母,「她」就是你的低層我。

　　明確地說,低層我就是地球和所有生活在地球表面、內部和上方的生物。我不確定是否也包括月球,有此一說,但我不確定。

　　根據卡胡納及世上大多數原始部落的想法,大地之母其實是個兩到六歲的孩子。她一直是個孩子,因為本質上她就是小孩。

　　要連結你的低層我,你必須從愛她和陪她玩耍開始。與她連結時,所有大人的世故、練達和排場都不管用,她不感興趣。一天靜心幾個小時或整天試圖連結大地之母都是徒勞無功,浪費時間。你愈努力愈沒有成果。為什麼呢?因為她只與你內在的純潔孩童連結,而我們大部分的人都已經失去童年的天眞,失去認識和有意識地連結大地之母的管道。如果你想繼續,你的內在孩童必須被憶起和復活。耶穌亦說:「除非你變爲幼小的孩童,否則無法進入神的天堂。」

　　讓我們檢視自己,我們成人的一面認爲自己無所不知。也許你持有世界頂尖學府的碩博士學位,或者是某個領域的專家,或是名聲顯赫、備受尊崇,然而如果你想了解大地之母,你必須放下或完全忘記那些事,她不感興趣。大地之母愛孩子,如果你卸下大人的面具,允許你的孩童本性和純眞的一面出現,你的靈性生活就會有眞正的變化。

　　舉個例子,當卡胡納想要吃魚時,他們會向大地之母要求,而她會回應他們。答案也許就在這個實相中展現,雲朵幻化成一隻手,指向有魚的地方,而祭司們會趕快上船去大地之母所指的地點,而魚就在那裡。文明人已經完全失去這種和大自然一起生活的方式,只有少數原始部落的人和地球守護者仍然這樣過生活。

　　現在來看看你怎麼過日子。你也許在工作或上學,現在你決定要回家。你摸到口袋裡的車鑰匙,你的思緒頃刻間便來到未來,你已經想到你的車和回到家。等你上車發動的時候,你再次想到未來,你想到開車的沿途或想到你心愛的人,甚至你的貓、狗,總之你不太可能想著你眼前的事。你不是在過去就在未來。然而唯有處於當下,我們才能眞正經驗任何事,或許大部分人覺得當下太痛苦,很難參與。你的眼睛捕捉過周遭的美嗎?你注意到日落或看見天空中奔騰的雲朵?你仔細嗅過空氣,或因爲污染而決定不再呼吸嗎?你看見大自然各種難以置信的美麗顏色嗎?你感覺到你對大地之母的愛嗎?除了開車必須使用的感官,你的其他感官有發揮功能嗎?這就是問題所在。成人的生活僵硬刻板,而我們只活出人類可能性的一小片陰影罷了。

　　你注意過孩子體驗自然的方式嗎?他們沉浸於感覺周遭美麗的感官中,彷彿進

入一個新世界。你還記得嗎？

如果你想連結你的低層我，連結大地之母，你必須找到你的內在小孩，並重新變為小孩。和母親玩耍，開心、真正地享受生活。那意謂著活出快樂喜悅的生活，而不是在行為上裝幼稚、發出兒語，扮鬼臉，當然，除非那發自的真心。那意謂著你以自己渴望的方式生活，而不是依照別人認為應該的方式：那意謂著你關心別人、動物和其他生命，因為你可以感受到那個連結，而不是那對你有什麼好處。

我不了解天使現身時，我發生了什麼事。我放棄了看似無意義、墨守成規的生活，開始去過我衷心喜愛的日子。我搬到一直嚮往的加拿大山區，住在我渴求的森林深處。我想嘗試一無所有的生活，我非常親近自然，沒有絲毫恐懼。當太陽升起，每一天對我而言都像是新生。每一天都很特別。我可以玩一整天的音樂，而這也是我的夢想。一天只要努力工作三小時，剩下的時間都是我的。我熱愛生活，現在仍是。早年埋下的種子，迄今仍在我的生活中成長。

也就是在那一段加拿大高峰經驗的日子，天使出現在我和妻子的眼前。它開啟了我對生命的終生熱愛，它是一把寂靜的鑰匙，帶領我通往更高的意識，只是當時我還不了解。我發現，為了開始真正的靈性生活，一個人必須找回孩子的天性。如同卡胡納所言，唯有當你與你的「低層我」真正連結，你才可能與你的高我連結。大地之母會決定你是否準備好了，當她覺得你準備好了，她會為你介紹更為廣大的你——你的高我。沒有任何強迫、決心、乞求、哭泣或內疚能把它帶給你，只有愛、純真和俱足的耐心能讓你發現你的路。你必須忘掉努力，甚至忘掉你正在連結大地之母。你只需要發自內心而非發自頭腦地生活。你的頭腦會發揮功能，接受心的指揮。

高我與一切萬有

若地球是低層我，那麼高我是什麼？很簡單，它是其他的一切存在。所有的行星、恆星／太陽、星系、其他次元，一切都是你的的高我。它是你。這也是為什麼高我之上還有高我，直到你不斷擴展，進入無限。對高我的體驗與大地之母相當不同。

想想這種可能：大地之母經常陪你玩，也知道什麼話吸引你，她用這些話告訴你，她就是你的高我。她也許在你靜心時進入你，告訴你她是你的高我，你必須聽從她；她也可能指導你去做各種「俗事」，例如走遍世界為她進行一些計畫。然而

這只是她的遊戲，但是你非常認眞，沒有意識到那是遊戲。

　　如果你問她是不是你的高我，她絕對不會撒謊。她會大笑並告訴你眞相，此刻假設你也要欣然一笑，並開始陪她玩，但是大部分的大人會生氣，認爲自己被利用了，並失去連結。這就是爲什麼卡胡納在連結高我時，總是會問是否那眞的是高我。大地之母是個愛玩的女孩，當你心地純潔，認識她是非常美妙的事。**很多靜心者忽略了，大地之母就是你自己。**

　　任何形式的生命明白的任何事，高我都知道，而且一切都是活的。它還知道所有未來可能發生的事，就像大地之母一樣，只不過高我知道的是大地之母以外的一切創造物。

　　一旦你有意識地連結你的低層我和你的高我，生活將大不相同，那將是你難以想像的風貌。生命透過你工作，你的一言一行都有巨大的力量，因爲它們並非發自你那有所局限的中間我，而是來自全體生命，來自一切創造。沒有什麼在你之外，一切萬物在你之內，而關於「你是誰」的眞相開始展現。

像孩子般生活

　　我在森林裡生活了一年。沒有計畫，沒有目的，我只是存在，像孩子般玩耍。我出去看高大的松樹，感覺和觀察它們偉大的靈性。我和它們說話，它們回答我。當我看到動物，我會靠近牠們，沒有任何恐懼。周遭一切與我同調，我可以走近鹿群，在三呎外注視著牠們的眼睛，牠們不曾逃跑，而用純眞而開放的眼神回望我，我感覺到心裡與牠們的連結。動物們都知道我的家就是牠們的家，那裡非常安全。

　　隨著時間過去，生活變得十分簡單，我享受每個當下，生命以雙臂輕擁著我，我彷彿感覺我可以在這裡直到永遠。就在那個時候，一個我完全不期待任何靈性經驗的片刻，兩位美麗的天使出現，一位綠天使，一位紫天使。我並不明白發生了什麼事。我遵循他們的指導，因爲我感覺他們對我巨大的愛。當天使出現，一切隨之而來，巧合開始發生……

　　先是一些小事，接著是不可思議的事，然後是更加不可思議的事，而後是超乎想像、荒謬得無以復加的事，再來則完全超越了難以置信，出現不折不扣的奇蹟。我開始看見我的邏輯頭腦不認爲有可能的事，看著這些事在我的生活中發生，心想：「天吶，這太有趣了！我喜歡！」

　　我從不明白那段時間發生了什麼事。我聽不懂天使說綠天使是地球的聖靈，紫

天使是太陽的聖靈是什麼意思。我完全沒有概念，不知道那代表什麼。之後他們說：「我們是你。」我更迷惑了。

大地之母用整個世界與我們連結，我們的潛意識就是這個星球的潛意識。當我思考像德魯伊和神道（Shinto）教徒所信仰的自然宗教，他們所說的地球、月亮和太陽與我們的關聯，一切似乎有了意思，我開始明白。

我們完全忘了這個層面的真相，我們切斷與地球的聯繫，不再連結大地。現在的我們既精明又世故，我們是大人，文明人。看過電影《彼得潘》嗎？記得羅賓·威廉斯演的虎克船長嗎？那部電影說的就是這件事。你若沒看過，去看看。你若看了，試著用這個新視野再看一次，那會帶給你許多驚奇。

他們的後面還有第三位天使，一位巨大的金色天使。當我和兩位天使交談時，他總是不發一語，注視著一切，大概有一整年的時間。有一天，兩位天使對我和妻子說，一週後某個特別的日子，金色天使想和我們說話。

這讓我們很興奮，為此我們禁食，預備這件美妙的事，對於金色天使將要說的話充滿想像。在天使指定的那天，我們進入靜心狀態，他就出現在我們的面前，兩個天使站在他身後。我們抱著很高的期望，心想他會用什麼新方式來引領我們。於是，他開口說話了：「一切是光。」然後在寂靜中注視了我們一分鐘，就消失了。我們完全不了解這個訊息的意義，它太簡單了，我們想要更多。

綠天使，也就是地球，是我們的低層我；紫天使，也就是太陽，是我們的高我。多年後我們才了解，金色天使是我們下一個層次的高我。大概在一九九一年，我在聖胡安虎鯨島的山丘上教課（Orcas

Island in the San Juans），我坐在藥輪中央召喚天使進入圈中。

綠天使和紫天使走了進來，直直看進我的眼睛，接著金色天使便跟著他們進來，但是越過了他們，轉過身和我一樣朝向圓心，然後慢慢向後移動，進入了我的身體空間，融入了我的存在。我感覺有一陣很大的能量湧入，就像觸電一般，我的精神體立刻有改變，我知道重大的事情發生，雖然不明白到底是什麼。

後來我才慢慢了解，那是我第一次與我的高我在身體上有了直接的連結。和紫天使的連結似乎是有距離的，雖然他也是我的高我，然而這次經驗大不相同並且直接。我注意到從那時候起，天使們不再告訴我事情該怎麼做，而讓我從自己的內在找答案。他們說我已經更成熟了，必須發現自己的方法，再指正我的錯誤，在我改變之前，他們會耐心等待。

從一九七○年到一九九一年，有二十一年的時間我都在與我的低層我一起工作，雖然我當時並不知道是那樣。你可以從低層我明白所有的事，因為你擁有整個星球的知識。諸如卜杖、靈擺和各種心靈工具的練習，都是你的低層我，我很確定。

我發現與低層我的連結是一種靈性成長的過程，一開始很慢，後來會愈來愈快。你幾乎可以看見自己變得不同。

有學員在工作坊問過我：「當你連結高我時，有特殊的感受或情緒嗎？」我回答：「我感覺像是在神面前，並非宗教定義的神，而是我們的更高面向感覺起來像神的部分。」

連結高我以後的生活

還有一個故事。在天使現身之後，他們指引我去一所學校，叫作「默基瑟德最初與最終的秩序」（Alpha and Omega Order of Melchizedek）。在一次與天使一起的靜心中，天使給了我一個地址：「加拿大溫哥華第四大道111-444號」，和一個名字：大衛‧利溫史東（David Livingstone）。他們要我和這個人談談。我終於找到這個地方，那是一個老舊工業區的倉庫，在一條小巷弄裡，斑駁的門上新貼了張色彩鮮艷的標誌：「默基瑟德最初與最終的秩序」。大衛‧利溫史東真有其人，而我在不太尋常的情況下見到了他。他讓我加入這個學校，這裡有四百多位學生在學習靜心。我在這裡學習很多有用的課程，以下是其中之一。如果你了解這個故事的意義，你會明白高我在靈性成長中的重要性。

　　有位住在日本的年輕人，透過自動書寫與他的高我連結。這並不奇怪，但是他用的語言不是地球話，而是怪異的符號和形狀，以隨意的點線構成。他知道這不是人類的語言，卻能夠閱讀與說出這種語言，其他人則不行。他的高我用這種語言指引他的生活，他對這些建議完全聽從，然而他從未看過他的高我。

　　一九七二年，他的高我要他在某天的某個時間搭飛機到英屬哥倫比亞的溫哥華，並且在某一個街角等待，他不知道會發生什麼，但完全遵照指示，就像孩子信任父母一樣信任他的高我（當然這些事情的內容不能違反道德規範）。於是他買了機票，飛到溫哥華找到那個街角，帶著完全的信任，等在那裡。

　　那天我在學校研習，大衛也在同一個房間，他看了看手錶說：「喔，他就快到了。」他遞了張紙條給一位學生，說在某某地方的東南街角，有個日本人等在那裡，名字是什麼，請他去把他帶回學校。

　　那個學生便去了那個地方，找到日本人，叫他的名字，對他說：「請跟我來。」就把他帶回了學校。那個日本人會說英文，但講得不好。他被帶到一個小房間等著。大衛說要讓我看看接下來的事，於是把我帶到那個房間，指著一個角落說：「好，你就站在這裡。」

　　不久，大衛進來就直稱那位日本人的名字，雖然他們從未謀面。大衛與他開聊了幾句家常話，諸如問他來自日本的哪一個城市等等，接著就請他稍候，說是一會就回來，並要我留下，就離開了。我和那個日本人在那裡面面相覷。

　　過了一會，一位身材高挑的美麗女子悄悄走了進來，我不認識她。這個機構有很多人，我並非全都認識。她在我們面前立起了畫架，上面覆蓋著紫色的天鵝絨，遮掉畫布的內容。畫架約有四呎見方。

　　有四位年輕人無聲地走進來，兩位站在畫架的某一側，另兩位在另一側。又等了很久，屋裡的六個人就這麼站著，等了很久。最後大衛走了進來，那個日本人很好奇，但是既不害怕也不困惑，他問：「要做什麼？會發生什麼事？」大衛沒有回答，只是看著他，揭開了天鵝絨。那個日本人的眼睛睜得好大，畫布上寫滿了他的神祕語言，那些他以為這世界上只有他一個人懂得的符號。

　　那個日本人在加拿大沒有給任何人看過他的神祕語言，大衛也從來沒有見過這種語言，但是它卻寫滿了畫布。我不知道那些話在說些什麼，但是這個人的眼睛睜得老大，驚訝得說不出話來。然後，更讓人驚奇的是，站在畫架旁邊的四個人，開始對他用這種語言說話。

　　當第一個人開始說話的時候，那個日本人像是被雷打到一樣崩潰了，開始不由

自主地哭了起來。那四個人安慰他一切沒事,當然,是用他們的神祕語言。

我想他心裡一定有個部分認為自己瘋了,因為這些沒有人知道的語言憑空出現,而突然之間他的靜心內容卻被如此不可思議地確認了。他們都來自某個特別的星球,也都知道它的確切位置。他們欣喜若狂,尤其是那個日本人,他高興得簡直難以承受。這開啟了他爾後的驚奇冒險。我不告訴你後來發生的事,他們要求我不說。

任何事都是可能的,絕對如此。然而你必須相信自己、信任自己並敞開內在如孩童般純真的品質。當你做到,它將重新把你帶回完整(wholeness),在那兒,與神的連結垂手可得,而它是一個過程,在其中你得以揚升,並獲得超越事物表象的靜心。

與萬事萬物交流

最後,當你與你的低層我和高我完全連結,你明白萬事萬物都是活的。這種領悟一旦開始,那麼每件事都是交流,每一件事都有意義。高我和低層我不只是以天使的形象或你頭腦中的神祕話語與你對話,而是以各種方式與你對話。在這種連結中,整體實相都是活的,有著全然的意識,萬事萬物無時無刻不在交流。

你的內在世界是活的,直接連結你的外在世界,而你的外在世界能直接與內在世界對話。樹的形狀、車的顏色、車牌的號碼,風的運動,鳥飛行的方向,一切的一切,都是溝通。一切都是活的,一切都在交流,這個世界不只是你父母教導你的樣子,然而就連你的父母也不知道真相,雖然古老的先祖們知道。

記得許多年前,我曾要求低層我給我一個信號,告訴我我所做的事情符合神聖秩序;如果沒有信號,我會明白並停止我計畫要做的事。這大概是在天使剛出現和我第一次回到加州之後的事。當時我在五號公路上,開車要回加拿大。我在幾秒鐘之間瞥見一個難以置信的景象,於是我停下車折返,想看看那是否是真的。我下了車,走過一道舊籬笆,看到一片平坦的大草地。那裡有至少兩百隻大型的黑烏鴉,面對面站著,形成一個完美的圓。看起來就像有人在地上畫了一個圓,叫牠們站在上面,面朝圓心一樣。這神奇的景象完全激勵了我的信心。大地之母最清楚如何抓住你的心!

你「知道」這種事不會發生,然而它們發生了,至少這個時候你知道大地之母是活的。她的確擁有絕佳的幽默感!

預知未來

　　最後一個故事。在我剛遇見天使時，我很想知道未來。我會用《易經》和塔羅牌占卜，想知道未來會發生什麼事。我甚至把《易經》都翻破了。起初天使們知道我有這個渴望，所以當我問起未來的事情，他們很少回答。然而有一天，一切都變了。

　　天使告訴我，從現在起，他們會告訴我隔天將發生的一切，因為告訴我事情和發生的時間差很短，所以我將看見未來。而他們確實這麼做了。

　　他們會給我第二天的概要，並選擇在某些時刻或事件上告訴我鉅細靡遺的細節，例如每一通電話是誰打的、會說些什麼、幾點幾分來電；或者列出我將收到的信件，有時還會包括信件的具體內容；或者是告訴我誰會來造訪和他們想要什麼，以及我何時會出門、何時到家，還有之間發生的事情等等。這段時間，我們總是知道第二天會去哪裡，可以提前準備，因為所有的預測都會發生。

　　第一天，我幾乎是每一分鐘都在等待事情發生，而它們確實絲毫不差地發生了。我很高興，因為我終於知道未來是可知的。我更加信任天使，因為從小我的觀點看來，我看見他們有真正的力量。我記得一段時間之後，我可以接起電話說：「嗨，約翰，我知道你會打來。」在有來電顯示之前，這是很炫的事，至少我的小我這麼想，所以我非常高興。

　　有天我問天使我申請加拿大移民的事，我想知道政府是否允許。他們沒有告訴我，卻給了我妻子一個意象。我把她看見的內容小心地記錄下來。她說她看見我們開著銀色的車要回家，車子轉入鄉間。她打開車內的儲物箱把郵件拿出來翻閱，第六封信是加拿大

政府的來信，她把信打開並讀給我聽，我逐字記錄了下來。

　　當她離開她的意象，我們一起檢視紀錄內容，發現不太有意義。首先，我們沒有銀色的車；其次，我們的郵箱就在門口，郵件為什麼會放在車裡？信中說我得到批准，並給我評比的分數。我們討論了這封信一陣子，但事情沒有在一個月以內發生，我們也就忘了，因為它看起來不像是對的。這讓我有些擔心，因為天使從沒出錯過。

　　幾個月後，我們從伯納比（Burnaby）搬到鄉間的農舍，也買了一輛銀色的新車。有天我開車從郵局回家，取了信就丟在車裡的儲物箱裡，在這裡信件必須要到郵局去拿。妻子坐在副駕駛座上。這時我們早就忘了天使所給的意象。然而她伸手去拿郵件時，忽然想起了那個畫面。她翻看信件，果然第六封信來自政府。我們打開信，和我之前做的紀錄做比對，一字不差，甚至評比的分數也一模一樣，那是任誰都無法假造的。

　　同時，天使們的隔日預測繼續著。我記得它帶給我多少改變。剛開始我覺得這真是世界上最棒的事。時間一久，它變得理所當然，再來，我開始覺得厭倦。我還記得天使告訴我們關於未來的細節時，我是多麼不再想做紀錄。你知道那像什麼嗎？那就像第二次、第三次看同一部電影，你知道會發生什麼事，缺乏驚喜和衝擊，生活變得很無趣。

　　最後實在難以忍受，我在靜心中請求天使別再告訴我未來會發生的事。從外面看來，我好像在為未來努力，為我相信的好事奮鬥，然而在內在，我是寂定的，我明白一切安好。因為這個經驗，我知道生活中發生的每一件事都是完全、完整與完美的。我明白「不知」的智慧。

七位天使的教導

　　天使們剛進入我的世界時，我聽從他們說的每一句話。因為我能感覺到他們的愛，而他們也向我展現了他們對實相深刻的理解。後來綠天使和紫天使被金色天使取代時，我與他們的關係也改變了。他們不再給我日常生活與靈性事務的指導，而開始觀察我能否找到自己的路。

　　慢慢的，我和金色天使的功課變成學習如何只從我的內在明白答案，而不問天使。在我發現這種內在的知曉時，我也發現是篤定讓我尋著它，它是一種明白答案毋須找尋的知曉，它來自內在，來自你的心，一種毫無懷疑的篤定，就像你知道自

己的名字，而這種篤定讓知曉從你的內心浮現。**因為這種知曉，我發現自己失去了想知道的欲望。**

很顯然他們希望我更獨立。這不就像父母教導孩子那樣嗎？一開始父母會完全控制孩子的生活，但隨著孩子長大，他們開始教孩子為自己做一些事。斷奶是孩子成長中必要的一環，在靈性上的成長也一樣。

令我驚訝的是，有一天，另一位天使進入我的世界。他是純白的，帶著一種單純或簡單的特質。金色天使和另外兩個天使一起退到背景中，但我還是可以看見他們。白天使教了我大約一年的時間。我不太確定他教了我什麼，那是跟放手、不執著於任何事、活出完美、明白一切安好有關。即使我的生活因為到世界各地去教學而變得愈形複雜，然而一切似乎都可以慢下來，我明白那個內在的平安，卻很難形諸文字。

在這段模糊的經驗中，白天使加入，另外三位天使退到背景，然後第五位天使出現。他沒有顏色和形狀，我叫他透明天使，他是一位「完成天使」。他教我把所有的事聯繫起來，他是我之前從未提過的一位高我天使。我仍然和他一起工作，有天我會再談到他。

這位天使為我指出天使與音樂的關聯，以及這五位天使和五聲音階的關係——五位天使和五個黑鍵的音符。透明天使告訴我還有兩位天使會加入，他們將帶來八度音程的完整知識——七個音符和七位天使，我等著。

大約是一九九九年年初，在我籌備地／天工作坊的時候，大天使麥可和大天使路西法一起出現，他們手牽著手出現。從那個時候起，我的地球生活便充滿了二元的課程，我會在下一章討論。

在你與你的低層我和高我工作了一陣子之後，你的內在會轉化。我不知道是否會停止，也許永遠不會。我發現我不斷地改變，然而我也發現某些模式重複出現，我就是我。

人們會說：「不能那樣做，行不通。」但我做了，可行。為什麼呢？不是我在做，就像金色天使說的：「一切是光。」每一件事，我們認為自己需要的任何事物，都只是光而已。

你可以創造它，沒有問題，能量無窮無盡，我們想要的任何事物都應有盡有，而你也知道，有無數的空間和次元任你優遊，每一樣事物都無限豐盛，沒有局限。我們因為恐懼而為自己設下限制。

你若很難相信你可以玩樂一生，那麼，那是你的限制。玩樂難道不正意謂著做

那些你真正喜歡的事情嗎？我一直想創造的是一種我能不斷付出的生活，因為只要我付出，它就會自動回來，好讓我能繼續付出。而這讓我快樂。它會回來的，無論你做什麼，只要它為你帶來喜悅。讓你的內在小孩保持快樂吧！

測試你與高我的連結

　　這個測試並不適用所有閱讀到這裡的讀者，至少此刻未必適用，但未來會有用。你若尚未連結你的低層我「大地之母」，那麼先這麼做；你若已連結你的低層我，這也許對你恰到好處；你若已連結你的高我，那麼它將是有趣的驗證；然而，你若剛剛起步，你可以暫時保留，留待未來再用。

　　一旦你感覺你已完成與低層我的連結，並收到你可以連結高我的允許，那麼這個簡單的測試將為你證明這個連結、增長你的信心和獲得更堅定的靈性了解。並非人人都需要這個證明，但有些人需要。如果你看完這個測試覺得沒有必要，你也可以繼續讀下一章。

　　請先詢問你的低層我，也就是大地之母，是否要做這個測試。如果答案是「是的」，那麼享受它。

　　當你準備好要與你的高我做這個連結，準備好紙筆，接下來你要用你自己的話寫一份測試聲明，以要求你的高我為你證明這個連結是真的。當然，你若不需要這種測試來證明其存在，也可以不做。重要的是，你要求來自高我的證明並讓這個測試對你的靈性健康有益，能幫助你的進化。

　　若你決定要進行，首先，準備一個不受干擾的房間，在紙上寫下你要對你的高我說的話，例如：「請用具體的行為讓我證明我真的與你連結。它能說服我的心和頭腦，並對我的靈性成長有最大的益處。」用自己的話寫下你想對高我說的話，然後把紙筆放在面前，進入靜心狀態，連結你的低層我大地之母。你可以做一到十四式呼吸，讓普拉納流通你的全身，並維持這個狀態至少三十分鐘，直到你的內在變得非常寂靜。

　　靜下來與大地之母連結，不抱任何期待，要求你的高我前來。卡胡納說你必須要求，否則高我可能不會出現。當你感覺它的臨在，發自內心用你剛才寫下的話對它提出要求。保持聆聽並等待，感覺普拉納生命能流通你的全身，感覺你與母親的連結並聆聽父親的回應。

　　卡胡納說，你未必在第一次就會得到回應，有時候你的低層我覺得你還沒有準

備好，會阻擋你。然而你必須要求，並靜待高我進入你的知覺，而它可能是任何經驗，甚至超乎你的想像。我的例子是兩位天使出現在我的房間，然而任何情況都有可能。

我是個很視覺取向的人，你可能不是。也許你會在腦海中聽見聲音，你的或其他可能的聲音，說：「我是你的高我，你想要什麼？」或許你會看見顏色並明白它的意義，或是其他任何有意義的情況，或許是某種感覺或感受……只要它真的來自你的高我，測試自然會證明。

或許出現的是幾何圖像，而你知道它在說什麼，或者你的手開始拿起紙筆自動書寫，你不知道你到底寫了什麼……你通常不會知道是什麼方式，然而無所謂，因為你和你的高我已經有了你能傳達的方式，它可能很久之前便已開展，是一種你從前便已經在使用的方式。什麼都有可能，當它發生時，你會覺得理所當然。

如此傳送完成，那個你將採取的行動已經送給了你，你會有一種「啊哈，原來是這個」的感覺。現在，你可以對你的高我說：「謝謝你，再見。」然後如圖16-1那樣十指著地，感覺你和大地的連結，那會讓你落實並快速回到身體中。

為何要快速回來？我們想讓你迅速離開靜心狀態，如此你的頭腦才不會干擾傳送。別思考你的高我說了什麼，趕快拿起筆寫下你剛才聽到的話或經驗的事，完成時再放鬆。

你的頭腦非常容易在這種狀態干擾你。因為當你的小我，那個中間我，收到來自高我或低層我的傳送，往往會在你離開靜心狀態之前便改變它，這是跨次元溝通最大的問題之一。當你的中間我思考高我的話，說：「不，我不要把這個傳送帶回來。」它便可

圖16-1：靜心之後快速落實的方法。

能更改談話的內容。這是需要經過訓練的地方。

　　當你寫完，放下筆，讀一遍，此時你可以注視和思考這些內容。再來，雖然這種情況很少，但我還是要提醒你：若你的高我讓你去做有違道德的事，你接觸的絕對不是你的高我。你的高我從來不會告訴你去做錯誤或害人的事。你若了解什麼是高我，這是不言可喻的。如果你收到的高我訊息叫你做失德之事，那麼燒了紙上的訊息，忘掉這回事，忘掉你的高我，回來和低層我做更多的相處，一段時間後再嘗試。當然，這種扭曲很少發生。

　　然而，如果你的高我要你做的是一件沒有那麼容易、或者你不太願意或感覺很傻的事（任何你的小我不太喜歡或認為愚蠢的事），那便無妨。你若想遵循這個途徑，就放手去做吧！然後坐下來等著觀察接下來發生的事。

　　在行動中看實相的回應，它並不受你控制。實相將回應那個行動，以超越頭腦質疑的方式，為你展現和證明你已觸及你的高我。那也許對別人的頭腦並不具說服力，卻對你有獨特的意義。

　　我們剛剛進入那個一切是光的世界，它有意識、是活的並且回應你的思想和情感。如果這對你而言太奇怪或你感到害怕，你可以慢慢來。每一件事都有適當的時機。當你連結你的低層我或（和）高我，生活將變得美麗、有趣和充滿樂趣。

Chapter 17

超越二元性

判斷

接下來,我要用不同於多數世界宗教相信的觀點來談「邪惡」這個議題。我不可能維護路西法或制裁他的行為,我只是想提供新舊不同的角度,去看路西法在宇宙中的作為背後的意義;當世人理解之後,我們便有可能超越善惡,進入與神合一的純粹世界。只要善惡的分別存在,要終結二元便永無可能;只要我們繼續批判,就無法超越它進入不同的意識。

我們對事物的善惡批判,為它們的好壞注入了力量,同時也決定了我們自己經驗生活的方式。為了結束並超越它,我們必須跨出二元性之外,必須改變,從不批判這個世界開始。因為批判為我們決定了事物的好壞,而那是善惡的基礎或二元意識。關鍵在於以完整、完全和完美的觀點去看待宇宙中所有的世界和其中發生的一切,明白宇宙的DNA(宇宙計畫)在造物主的引導下精確地進行著。

路西法的實驗:二元性

自有《聖經》以來,「路西法的背叛」一詞便讓人類揹負污名。很多人,特別是基督徒,認為路西法是地球上邪惡與黑暗的導因。我們以此稱述路西法的行為,

對他投射一種違背宇宙計畫的意象。然而在合一意識中，事情並非如此，他不是叛亂，而是**實驗**。

　　為什麼稱之為實驗？因為它是的確是一個測試，為了看看某些生命參數是否適當。生命本身就是個實驗！神要路西法做的實驗是讓人依自由意志而活。自由意志是什麼？不就是所有的**可能性**嗎？不就是我們被允許做任何想做的事，不論好壞嗎？如此，依據《聖經》的觀點，我們難道不是為了一件好事而遭受歧視嗎？

　　生命被賦予去做任何想做的事的能力，嘗試一切可能性，生命被賦予了自由意志。然而除非意識創造這種存在的形式，否則自由意志是有可能的嗎？那麼是誰創造了這個意識呢？當然是唯一的神。所以自由意志不是路西法創造的，只是透過路西法的行為和決定而成為實相。換言之，神創造了路西法，讓自由意志得以存在。在路西法實驗之前，自由意志並不存在（除了三次嘗試的期間），全體生命都依照宇宙的DNA、遵從神的意志行動，絲毫不差，自由意志只是生命的一種潛在可能性。

　　然而到了某個點，當自由意志是可能的，我們了解我們可以用一種從未嘗試過的方式體驗這個實相，而我們也決定嘗試。過去我們嘗試過三次不成功的版本，每一次都引起發巨大的災難。最後一次，第四次的嘗試，由路西法領導，要用不同途徑來創造自由意志。這一次，神選擇了略高於人類的意識範圍：從天使開始這個實驗。如此天使將自由意志的新意識帶給人類，讓人類在濃密的次元活出它，而宇宙的全體生命都在觀察這件事究竟會如何。

　　光明與黑暗兩兄弟的戰爭從此開打，這是一場至死方休的戰爭，然而沒有誰會死亡。這是一場注定要發生的戰爭，因為它是神的意志。為了整個宇宙，大天使麥可支持光明與正義的一方，大天使路西法則支持黑暗與邪惡的一方。一種新的可能性即將出現，而我們人類認為自由意志是非常美妙的點子。

光明燦爛的大天使

　　研究神聖幾何，會讓人明白一切事物的創造都有其意圖與原因。它不是錯誤，事實上，從來沒有什麼是錯的。當你閱讀《聖經》，你會發現路西法是神創造的最宏偉壯麗的天使，最聰明、美麗、不可思議，無人能出其右，在天使國度中，他是頂尖中的頂尖。神命名他為「路西法」（Lucifer），意思是「光明燦爛」。神如此命名，你認為神錯了嗎？

　　如果你思考人類天性，我們總是視心目中的英雄為楷模，是我們想成為的人。

他們走在我們的前方，照亮我們的方向，他們的英雄行徑是我們的典範。因爲明白「天有一象，地有一物」，路西法也一樣，他想追隨自己心目中的英雄，然而在天使界域，沒有比他更崇高的存在，他是最偉大的大天使。

於是，神成爲他心中僅有的英雄，從他的角度來看，那是唯一超越他的存在。因此很自然的，他想要像神一樣美好——我相信神在創造路西法時就意識到這件事會發生。他想在創造的層次上像神一樣，眞正成爲神。與神合一不是他要的，他要的是像神一樣，甚至比神更好。路西法想要超越他的英雄。

路西法如此聰明，他知道如何創造宇宙，知道創造宇宙的圖像、模式和密碼。但爲了要比神更好，他決定與神分離。因爲作爲神的一部分，他無法超越神。因此，帶著神的祝福（神創造他），路西法開始一項偉大的實驗，他想明白若以不同於神／聖靈創造萬事萬物的方法來創造，能讓他學到什麼。於是他切斷了與神之間愛的聯繫，創造一個不以愛爲基礎的梅爾卡巴能量場。因爲切斷與神之間的愛，他無法創造出活的梅爾卡巴。

大天使路西法和許多天使參與這項偉大的實驗，想明白他們能從這個新方法學到什麼。我曾經提過，類似的實驗還有三次，但皆以巨大的毀滅和痛苦告終。許多行星被完全毀滅，其中之一是我們太陽系的火星。然而路西法要以一種新方式重啓這個老實驗。

他切斷與神的聯繫（至少從外界看來是這個樣子），創造了一個不以愛爲基礎的梅爾卡巴。他創造的是一架能在次元間進出的時空機器，我們稱爲「太空船」。這個飛行器有時候看起來像飛碟，但還有許多形狀。它不僅是交通工具，還有很多功能。它除了能在這個多次元實相穿梭，還能創造與原始實相看起來相同的實相，類似虛擬實境，只是這個虛擬實相與眞實之間難以區別。

路西法透過人造梅爾卡巴創造一個與神分離的實相，如此他能在其中上升到神的高度，至少在他的意念世界是如此。他無法成爲神，但他可以像神、像他的英雄一樣。

爲了說服其他天使這個實驗的必要性，他選擇了一條特別的路，從虛空中創造一個獨特的人造實相。要詳細解釋這一點，我們得回到伊甸園。

伊甸園裡有兩棵樹：通往永生的生命之樹和分辨善惡的知識之樹。在生命之花的創世記圖騰中，小小的精神體選擇的路徑是到那個原始球體的頂端（見第一冊圖5-33），這與生命之樹有關。這個小精神體來自第一個球體的圓心，從那裡開始在能量漩渦中轉動，創造出創世記圖騰，依此建構了通往永生的所有實相。生命之樹

和生命之花是同樣的創作。

　　而那個小精神體還有另一種方式可以存在虛空之中，而這與分辨善惡的知識之樹有關。事實上它們是相同的幾何，只是觀看的角度不同。換言之，還有一條路也能依循神聖幾何離開虛空，並創造一個在幾何上完全相同、但經驗完全不同的實相。路西法知道這件事，所以他選了這條路，意圖創造一個他能控制的新實相。至少，他的意圖之一是創造可控制的新實相，而大天使麥可的意圖是單純地創造自由意志。他們兩位心中的規畫是不同的。

創造二元實相

　　路西法說服天堂三分之一的天使支持他的新實相，他讓他們相信依循他的這條路離開虛空，將衍生一種尚未被活出和探索的獨特觀點。從天使的眼睛看來，這代表生命的一種可能性，並且需要有人活出它。

　　對這些追隨路西法的天使而言，重要的是這條新路徑確實包含了他們並未在神的實相中經驗過的知識。而這個經驗看起來是以兩套幾何知識爲中心，而非單純的一套。這兩個幾何形狀是關於生命之卵及所有生命形式起源的基本知識。

　　他們首先尋找的是能放進生命之卵的中心、並與其他八個球體相接的球體（見圖9-36a的A）。第二個球體要能剛好置入生命之卵的任意一個面的中心（想像生命之卵的八個球體放在一個立方體中，它有六個面）。這個知識都是已知的，但是在原本的實相中沒有活出和體驗它們的可能性。請記住，所有的神聖幾何都有經驗的面向。圖17-1的菱形是正方形轉四十五度角的結果，展現了路西法的幾何。

　　路西法向天使界宣稱我們需要這個實驗，因爲宇宙的資訊有缺失，而得到這些資訊唯一的方法就是活出它。所以他選擇這種特別的幾何觀點，開始創造他的分離實相。他透過這種新的幾何詮釋他的創造，而它帶來的是進入某種生命形式、與其他實相分離的新經驗。許多天使認爲這很棒，最重要的是，它是新的，而原始的創造已經很難有新事物產生。

　　路西法用的方法即是菱形觀點的生命之卵，而那正是人類此刻據以生活的次元觀點。沒錯，我們的確追隨了路西法。

　　記得我們在第九章〈聖靈與神聖幾何〉中說過，人類正處於第二意識階層嗎？記得地球如何正在活出三個階層的意識（總共有五個可能的階層），以及我們必須將第二意識階層轉動四十五度、成爲菱形，好銜接下一個意識階層「基督意識」嗎？（見圖9-4）

　　路西法選擇了正方形的觀點，將之轉動四十五度
變成菱形（圖17-1），這是路西法想要的生命之卵，
因為只有它能同時體驗內部與外部的球體。對於想要
創造自由意志和活出一切可能性的天使們而言，從這
種觀點得到的資訊和經驗是他們夢寐以求的，它很可
能會成功，並且從未被生命成功地體現。

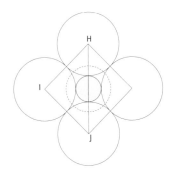
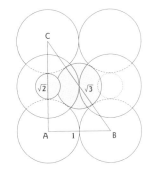

生命之卵，菱形角度（ 大球直徑＝1）　　　生命之卵，翻轉90度

圖17-1：兩個主要球體的體驗。左圖：接觸四個球體球，與物質有關
（$\sqrt{2}$）。右圖：接觸八個球體的球，與光有關（$\sqrt{3}$）。

　　以下是大天使路西法創造新實相的細節。報告訊
息的內容，是為了讓你超越生命的二元觀點，進入更
高的意識層次，如耶穌基督所言：「退到我身後去，
路西法！」
　　這個新實相的把戲是聖靈能和自己分離，同時
出現在兩個或以上的地方，它就像是細胞的有絲分
裂──除了沒有具體的形體。是它讓有絲分裂變得可
能。
　　新實相的創造與生命之花一樣，除了精神體將自
己一分為二，並開始在虛空之中以雙股螺旋的模式對
著兩個不同的中心旋轉。此外，路西法用菱形觀點來
看生命之卵，並將它旋轉九十度成為矩形，透過它來
專注這個從未嘗試過的全新實相，而它也就成為我們

第一個創造

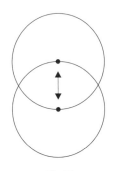

第一天

圖17-2：路西法創造的第一天，聖靈
同時存在兩個球體中。

詮釋新實相的透鏡。這是革命性的創舉。

在原始實相中，創世記第一天的第一動，神的聖靈移動到第一個球的頂端（見第一冊圖5-32）。從這裡開始旋轉、創造。然而還有一種開始創造的方式，就是精神體將自己的一部分留在最初的原點，換句話說，在第一個瞬間，精神體將自己一分為二，將部分的自己留在圓心，將另一個部分移到第一個圓的頂端，然後開始創造下一個球體，這時形成的幾何與原始創造是一樣的（見上頁圖17-2）。

但從那個時候起，下一個運動，創世記的第二天，精神體開始了雙重旋轉的運動，中心的一半朝一個方向旋轉，頂端的一半朝另一個方向旋轉，形成兩個球（圖17-3）。

從那裡它再次分裂，創造了圖17-4的圖案。從那裡開始了一種分裂、合併的模式，主要是從自己分離的分裂，擴展成圖17-5，並繼續向外。

這個動作不斷持續，最後你會得到像是生命之花一模一樣的網絡（圖17-6）——有相同定律，看起來

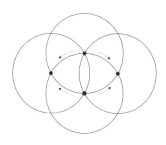

圖17-3：路西法創造的第二天。

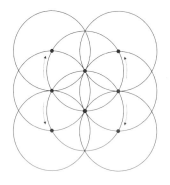

圖17-4：路西法創造的第三天。

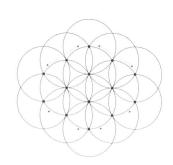

圖17-5：路西法創造的第四天。

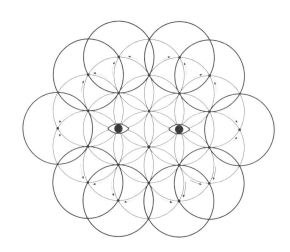

圖17-6：當創造繼續，路西法的兩隻眼睛會變得很明顯，這裡不是單一的幾何中心（或眼睛）。

一樣，也有行星、太陽、樹、身體……每一件事都一樣，只除了一個巨大的差別。生命之花的圖騰只有單一的幾何中心，一隻眼，這種方式的創造直接連結全體生命和神。然而，**路西法的圖騰沒有單一的幾何中心，它有兩個特定中心，兩隻眼**。無論這個網絡有多大，當你回到中心時，你會發現兩個中心、兩隻眼睛。它已經與神分離。那裡沒有愛。路西法的天使們幾乎忘了什麼是愛。記得耶穌的話嗎？「如果你只有一隻眼睛，你的全身將充滿光。」

然而是誰控制了一切？是神。是神創造這種情況，而非路西法。神比路西法更早一步，神創造了路西法，知道路西法會做什麼。創造這個分離實相有必然的理由。

地球人是實驗的焦點

約在二十萬年前，人類存在之前不久，路西法開始這個新實相，而我們成為這個實相的主角。這些事情是有原因的，路西法實驗背後的意圖存在何止百千萬年，它將在地球上修成正果，而地球被揀選為讓生命新生的地方。

我不知道創造這個新實相的終極目的，然而在整個宇宙中，地球很明顯是這場濃密戲碼的主要焦點。實驗成果即將展現在我們眼前，你我將是轉化這個新實相、回歸它的終極目的的玩家。我們將超乎大天使路西法和麥可的想像，成為第三實相的孩子，源自前面兩種實相的新實相。

地球上的人都是路西法實驗的一部分，我們都選擇了它，不管你喜歡或認同與否，你選擇了這條路，因為你在這裡。創造我們物質身體的母親尼菲林人和父親天狼星人，也都是實驗的一部分，儘管天狼星人幾乎已完全抽離。來自天狼星B的海豚人也是路西法實驗的一部分，你也許還記得他們乘太空船來到督剛，還擁有高科技，在許久以前便有旅行的硬體設備，然而他們在兩百多年前放棄了這項科技，現在正在進行不可思議的合一蛻變。

我不確定重回原始實相中的無科技世界是否為答案，我認為我們在地球上是為了要發現答案。答案在這顆行星上，地球人成為這場實驗重要的催化劑，而全體生命都屏息以待，注視實驗的成果。為什麼呢？因為在地球上發生的事將影響宇宙全體的生命。而我相信這個答案將從我們的心出現。

無愛的智能

以上是路西法說服天使有必要體驗新實相的方式。而那些天使怎麼了呢？他們

切斷了與神和全體生命之間的愛，只讓半邊大腦工作。使用智力而無愛，創造了某些具有高度智能卻對愛和慈悲毫無經驗的種族，例如灰族和火星人，他們在過去引發無數戰爭，讓生命陷於混亂。

這是火星人來到地球的開始。火星人約在一百萬年前滅絕，當時各地的生命自相殘殺，火星人也毀滅了自己（他們不屬於路西法實驗，而是更早的一次）。戰爭衝突不斷，因爲愛與同情不存在，直到有一天，火星人炸掉他們的大氣層，摧毀了一切。然而就在最後一刻發生之前，有一些知道毀滅不可免的火星人來到了地球，定居在亞特蘭提斯，在地球上創造了所有梅爾卡巴的問題。

路西法實驗的結果，讓那些歸屬路西法的存有們開始製造太空船和鑽研科技，創造全科技的系統和與神分離的實相。而那些在原始實相中未與神分離的存有則完全不用科技，由大天使麥可領導。於是對立的戰爭開始。大天使麥可（光之天使）與大天使路西法（黑暗天使）展開了二元的宇宙大戰，並創造了善惡分明的二元意識。

大天使麥可和光天使擁有活的梅爾卡巴能量場，除了能做到路西法的科技能做的事，還有更多的功能。大天使路西法和黑暗天使則擁有科技的梅爾卡巴和合成的實相。如此我們擁有兩種不同的生命途徑。

看看大天使麥可、加百列或拉斐爾，他們既沒有科技，也沒有太空船，他們活在光體中，他們的原始實相是光的實相，當然你也可以稱它爲「以愛爲基礎的光科技」。還有另一種方式，也就是路西法的方式，所有與物質相關的一切，我們的房子、車子、我們認爲需要的一切，這整個網絡都是路西法的科技。你可以放眼望去，看看我們的世界和自然界的差異，看看在基於路西法的知識所創造的分離實相裡，人類做了什麼事。

當然，你可以極端地說凡搭乘飛行器出現的任何生命形式，不管他們在哪裡，都是路西法實驗的一部分，無妨。然而參與路西法實驗的存有有各種情況。有一些無可救藥地沉迷於科技；也有一些像我們一樣，雖然耽溺於科技，卻仍有一隻腳留在原始實相中。

要我們放下所有的科技產物回歸原始，很難，我們當然喜愛我們的科技。然而另一方面，我們也確實有愛，我們並沒有切斷源自生命的愛，因此**我們是宇宙中並未完全與神分離的存有**。我們有科技，但也能感知愛，只是我們的愛很微弱，力量不大，不是熊熊烈焰般閃耀的光。我們有兩個面向，我們的內在仍存在原始實相的潛能。

整合之道

重要的是，地球人似乎正在以一種全然獨特和前所未有的方式，發現徹底的解決之道。這件發生在原始實相與路西法實相之間的事似乎引導著第三種方法，一種結合前兩種實相的方法。

如果你用鬥雞眼的方式注視圖17-6，你若看見三隻眼睛，也許你就發現了第三種方法，此時中間的道路會結合兩者，你看見的會是重疊的圖像。如果你把它看成3D的立體圖，你會發現它形成第三種獨特的圖騰，而這第三種新方法是宇宙全體生命的希望。這個宇宙的光明與黑暗之戰已經打了二十萬年，沒有確切的解決方案。而這場鬥爭似乎有可能終結於新實相的誕生：**第三實相**。

天狼星人的實驗

在路西法實驗進行的同時，還有第二個實驗也在改變地球上的一切，並期望改變整個宇宙。這個實驗最終也許能創造出整合前兩個實驗的新實相。對於升天大師們而言，這似乎是神的安排。接下來這個實驗由天狼星人創作和指導，他們是人類的父親。

我要先說一個匪夷所思的故事，你可以只在你的心認同時再相信。

太空中的三日

一九七二年，那時天使剛現身不久。有一天，我和家人及當時同住的一對夫婦坐在一起。兩位天使出現，要求我到不受打擾的房間靜心（這是遠早於圖特出現的日子）。我對家人說明我要單獨待一會，便進入另一個房間做梅爾卡巴靜心。

接下來，天使帶我離開身體直奔太空。這是我第一次看到環繞地球的金色網絡，那是人類的網絡。我穿過它。我還記得，我在這個活的空間中近距離地查看許多幾何結構。天使說：「我們要帶你進入太空深處。」他們要我不用擔心離開地球太遠。

我們開始遠離地球。我看著地球向後退，天使陪伴著我。我們超過了月球，我永遠忘不了那一幕——我們先快速飛近，然後慢慢遠離的景象。我們安靜地飛向太空深處，我看見月球變得愈來愈小。然後我們飛出了一層包裹著月球和地球的薄膜，這個帶電的薄膜環繞地球有四十四萬哩遠，我們的科學家還沒能覺察。在那層膜的外面有一艘巨型飛船，靜止不動停在那裡，約有五十哩長。樣子像雪茄，黑

色，表面光滑無縫，一端有巨大的開口，覆蓋一層透明的物質。當我接近它，有道明亮的光束從裡面射出來，把我吸入其中。

我進入一個房間，很多人在那裡，有男有女，身高比我高很多。當我還在忖度這些人是誰，便立刻在心中聽見答案：「我們是天狼星人。」他們向我展示他們的人種，天狼星人由兩個種族組成，一族皮膚白皙，一族皮膚黝黑，他們在很久以前便成爲兄弟。飛船上好奇地看著我的全都是白人，船上約有三百五十人，全都穿著白衣，左臂上佩戴金色徽章。我和其中三位天狼星人在一起，兩女一男，我們用心電感應聊了很久，接著他們帶我參觀整架飛船。我的身體在家裡，但我在船上過了三天。他們想盡量教導我他們的飛行船如何運作，以及他們的生活。

飛船內部的物品都是白色的，房間平滑無縫，地板、牆壁和天花板有很多藝術品，形狀像是美麗的未來主義雕塑，到處像藝廊一般。**這些形狀就是他們的科技**。除了這些形狀，飛船上沒有任何可移動的物件。**他們已經將所有的科技簡化成形狀、形式和比例，僅僅透過頭腦和心來連結這些形狀，便能做所有的事。**

去過祕魯的人也許會注意到，古老的印加神廟中央經常有一塊美麗的大石頭，表面上刻著許多天使、形狀和神聖比例。這些石頭不只是石頭，而是古印加人的圖書館，包含了整個文明的紀錄。如果你知道如何連結，你甚至能讀取印加帝國每分每秒發生的事。但太空船上的天狼星人不只用它們保存紀錄，這些看起來簡單、美麗但不可思議的科技，可以用來做任何你想得到的事，甚至太空旅行。地球人現在才開始了解這項科技，我們稱之爲「念力控制」。它需要人類或其他存在的觸碰來發揮功能。

當我回到身體時，天使開始告訴我他們帶我去那裡的原因。他們用心電感應的投射解釋發生的事。我說：「他們的科技實在令人驚訝！」並不斷發出讚歎。天使觀察我一陣子之後，說：「你不了解，這不是我們希望你理解的事。」我問：「什麼意思？」

對於科技的反思

天使說：「如果你覺得房間很冷，決定要讓屋子暖和起來。於是你發明了非常好的暖爐，加上燃料，便能讓房間變暖。因此你在房間裡放了暖爐，藉此保持溫暖。以天使的觀點看來，**你的作爲在弱化你的靈性**。爲什麼呢？因爲你忘了你與神的連結。你可以用你**內在的本質**來維持房間或身體的溫暖，然而你卻把力量給了一樣**東西**。」

天使用心電感應讓我看見，如果文明選擇愈來愈先進的科技，那麼他們和生命源頭的距離就會愈來愈遠，並在靈性上變得愈形衰弱，因為他們將沉溺於科技並依賴科技維生。天使說，在飛船上的那些存有在靈性上非常虛弱，也就是說，我不應該將他們視為超級先進的種族，他們是在靈性上非常需要幫助的人。

這次經驗的底線是天使希望我放棄科技，專注於用純粹的意識去憶起神。我聽見了，我真心理解他們教我的功課。然而，隨著時間過去，我又忘了，真是符合人性啊！

總之，我知道我在他們的飛船中待了三天。但是當我回到我的身體，我的頭腦立刻說：「我只出去了兩個小時。」我們的中間我總是用頭腦來合理化發生的每一件事（我們總是如此，將不尋常的經驗合理化）。我站起來，走進家人和朋友都在的房間裡。

妻子看到我時，臉色蒼白、面帶恐懼，而且每個人都用擔心的神情望著我。我問：「怎麼啦？」妻子說：「你在房間動也不動地坐了三天。我們叫不醒你，正準備打電話向醫院求救呢！」這時候我才了解我真的在飛船裡待了三天。即使我知道那是真的，但還是看了報紙上的日期才願意相信。不過那是千真萬確的。

天狼星實驗小史

這次登上天狼星太空船的經驗中，我以為天使讓我知道這艘黑色雪茄型飛行器，是要我覺察他們的科技和這些科技與路西法的關係。我不知道還有另一個同樣重要的理由。

一九七二年四月十日，我的精神體走進柏納德‧沛若納（Bernard Perona）的身體。當我回顧自己的歷史，我明白為什麼是那個特定的時間。因為那一年稍晚會發生一件改變地球歷史的事，它也改變了整個宇宙所有生命的歷史。而它顯然是如此。

接下來我要說的事，只有在高次元的知識和歷史中才成立，以一般人的觀點來看，是匪夷所思和絕無可能的，就像對一八九九年的人而言，登陸月球也是不可能的。從宇宙的觀點來看，這事稀疏平常，然而這個實驗的結果卻十分獨特且至為重要。我知道如果我說了這個故事，我的公信力一定會大受挑戰，但是天使堅持我必須說出來。

天狼星人為什麼要進行實驗，必須回溯到亞特蘭提斯時代。我們在第一冊第四章說過，因為火星人對梅爾卡巴的誤用，使得地球次元間的門戶大開，導致人類意

識墜入濃密的三次元。由四十八位成員組成的銀河指揮部（Galactic Command），同意重建環繞地球的基督意識網絡，利用神廟和特殊地點來建構能量網絡，讓人性回到應有的水平。這個計畫對宇宙中許多處於相同情況的行星實施過，幾乎都奏效。因為若沒有效果，那麼這個種族的意識將永遠消失。

了解這個情況的人估算過，我們必須在一九七二年八月，宇宙發生某個特定事件前回到基督意識。這個宇宙事件與我們太陽系緊密相關，如果我們做不到，我們和整個地球都會毀滅。圖特和人類的升天大師，聯合淨光兄弟和銀河系的靈性階層詳盡規畫了一切。無論如何，這個實驗必須在一九七二年八月之前完成。

這個宇宙事件到底是什麼？在一九七二年八月，我們的太陽將從氫太陽爆炸成氦太陽，這是個自然事件。到臨地球創造所有生命的陽光，來自兩個氫原子形成氦原子的核融合。然而隨著氦原子在過去數十億年的積聚，由三個氦原子形成一個碳原子的核融合將取代原先的核反應，時間便在一九七二年八月。屆時人類若沒有回歸到正確的意識狀態「基督意識」，來保護自己並延續生命，我們將被燒成碎片。

在十八世紀中期，也就是重建基督意識網絡的實驗進行了一萬三千年之後，天狼星人便知道人類做不到，可悲的是時間僅剩下短短幾年。天狼星人和尼菲林人，我們的父親和母親，都想幫助人類。但我們的父親在知識和理解上要比母親先進許多，更有能力採取實際行動。因此天狼星人開始找尋拯救人類的方法。問題是，整個銀河系都沒有已知的解答。

天狼星人愛我們，人類是他們的孩子，他們並不想失去我們。於是在二百五十多年前，他們開始搜尋銀河的阿卡西紀錄，了解其他種族對此問題的看法，但始終遍尋不著有效的解決之道。他們的愛如此強烈，即使機率是零，他們仍繼續尋找。有一天，他們終於在遙遠的銀河發現一位存有提出了解決方案，它從未被嘗試和測試過，僅是一個想法，然而那是極為聰明的想法，並且可能奏效。

天狼星人到銀河指揮部要求允許進行這個不尋常的實驗，拯救地球人，天狼星議事會提出他們發現的所有知識。我們面對的問題是太陽將在一九七二年八月產生一個脈衝，它的烈焰將吞沒地球，這個膨脹的脈衝會在幾年之內回復，然而就人類而言，五分鐘就足以毀滅我們。

為了讓實驗成功，天狼星人首先必須保護地球和人類免於太陽的炎熱，然而為了不破壞我們進化中的DNA，我們不能知道他們做了什麼。這和《星際爭霸戰》（Star Trek）的任務宣言一樣：不干涉行星的原生文化。當然，還有一個重要的原因，像這樣的外星干預將永遠改變人類的DNA，讓人類喪失原本的結構。如果我們

知道他們做了什麼，我們就不再是人類了！也許你已經猜到了，是的，這個訊息只提供給少數人，不需要讓大眾了解。

天狼星人必須加速我們的進化路徑，讓我們趕上路西法新實相開始的週期，並完成一萬三千年的實驗，回歸基督意識。而且我們必須重溫因避開太陽膨脹而錯失的一切，以回復和路西法實相的同步。這些都是極其複雜的操控。

銀河指揮部問天狼星人，若不做這個實驗，是否有人能倖存？若有任何一個人能倖免於難，銀河指揮部就不會批准這個實驗。然而因為沒有人能在這種情況下存活，也就沒有什麼差別了，因此他們同意實驗；此外，生命存在以來從未進行過這種實驗，他們也想知道結果。

天狼星人回來後，把自己定位在地球的薄膜外，那一架為這個實驗專門打造的巨大黑色長形飛船上。進入四次元，在地球光體的星狀四面體的八個頂點上各放了一個物件，鎖定它們的位置，那大概是在地表外一千哩外的太空中。

他們發射一種攜帶巨量數據的雷射光束，它不像任何我們已知的光，而是一種四次元的光，從北極或南極通過其中一個星狀四面體的遙控物件，從那裡發出紅、藍、綠三束光，到達剩下七個物件中的三個，光束從那裡繼續沿著各路徑前進，直至到達所有的八個物件。從接收初始光束的那個端點對面的點，發出能量進入地心，並從那裡向外擴及整個地表，進入地表上的每一個人。所有的動物和地球上的其他生命都被包含在這個能量場中，雖然它們不是這次主要的操作對象。能量進入人體中心的初始八細胞，從那裡擴及每一個人的星狀四面體。最後的這個步驟創造了一個獨特的全息能量場，環繞每一個人，讓天狼星人得以改變人類的意識，在人類毫不知情的情況下，保護並轉變人類意識。

這個全息能量場重建了外在的太空實相，將我們置於一種以全息影像複製的宇宙中，那是我們第二次離開原始的實相。這個能量場用來保護我們免於被太陽膨脹的火焰吞噬。那個地球確實被火焰吞噬了，但是我們渾然不知。

他們同時控制了人類的思想和情感，並在我們的周圍投射意象，得以影響地球上每一個人的進化圖騰。這個轉換發生時，整個系統在人類絲毫不知的情況下提供完全的保護，並且在必要時，他們可以完全改變我們的JDNA。

這個計畫是暫時取走我們的自由意志，快速改變我們的DNA，然後慢慢恢復我們的自由意志，直到我們能控制這些圖騰——這一切都是為了讓人類盡快進入基督意識。這麼一個複雜而未經嘗試的實驗會成功嗎？沒人知道。但是，宇宙會給出答案。

一九七二年八月七日，成功的劫後餘生

重要的日子來臨，一九七二年八月七日。事件的高峰期持續了七天，但八月七日是太陽最大的膨脹期。那天到底發生了什麼，人類只有在達到基督意識時才會知道，即便我說了，也沒人會相信。那個真實事件以全像的方式被隱藏起來，但我們知道或者我們被允許看到的是，那是人類記錄太陽活動以來最強大的能量爆發。太陽風連續三日以高達兩百五十萬哩的時速到達，並在之後的三十天持續破歷史紀錄。這真是一次非常壯觀的宇宙事件。

實驗非常成功，不知情的人類仍活著，我們度過了最關鍵的時刻，沒有任何問題。天狼星人做的事情是用程式保持一切，讓人類看不出有什麼變化，讓事情精確地以沒有全息能量場介入的情況發展。他們不做任何改變，直到確定這個系統能完美運作。三個月後，他們才真正開始工作，快速地改變人類意識。

有兩年的時間，大約在一九七二年六、七月（在太陽膨脹之前）到一九七四年年底，我們是沒有自由意志的。每一件事都是程式化的，包括我們對事件的反應也被設計成加速靈性成長。天狼星人感覺無比歡樂，看起來我們似乎真的成功了。

恢復自由意志和出乎意料的好結果

後來，隨著明顯的進步，天狼星人開始讓人類做自由意志的選擇。但是，我們若沒有做出正確的選擇，天狼星人會一再提供類似的選擇，直到我們學會這個靈性功課。外在的環境也許變化，但相同的課程會繼續。當我們嫻熟之後，天狼星人就讓我們恢復完全的自由意志。

這恰好和另一個事件同時發生。一九八九年，淨光兄弟主導的基督意識網絡完成，人類揚升到下一個次元變為可能。少了這個網絡，揚升不可能發生。儘管在接下來的幾年有些小調整，但這個網絡已經生效。從二十世紀初開始，人類便占據宇宙最重要的地位，而我們甚至不知道。

在天狼星實驗的前三年，一些不尋常的事開始發生，隨著這些奇異的現象發生，整個銀河系開始對我們感興趣。在這之前，我們只是這些光世界中的一個污點；隨著實驗繼續，甚至連其他銀河也開始注意我們，不同次元的所有生命都把注意力轉移到了我們這顆卑微的小行星。我們成了宇宙中的超級明星。任何存有都知道，除了我們！

引人注目之處在於我們進化的速度。從我們所在的全息能量場中，我們看不出自己進化的速度有多快，但從外部來看就很清楚。我們進化的速度之快，是所有已

知的生命形式難以用自然的方式達到的。在實驗之中的我們若仔細觀察，會發現我們的進化速度是以指數倍增的。甚至連靈性階層的管理者也不清楚這一切的意義，很難說這樣一個史無前例的實驗將走到哪裡去。

第十一章提到的圖特和雪賽特及三十二名成員進入更高次元、穿越虛空的故事（詳見第十一章的補充），將開始變得有意義。升天大師們試圖找出這個意義，他們進入那些因爲我們的意識擴展而開啓的次元窗口。現在清楚的是它們能一路穿越虛空，進入下一個次元的八度音程。這絕對是令人驚異的，從宇宙的銀河常識來看，很少人願意說說這一切會通往何處，唯一清楚的是，這是全新的狀況。

經過相當縝密的檢視，這位啓發天狼星人實驗的某位存有，他的訊息源自原始實相。神把它放在那裡，不是路西法。當然，也只有神知道會發生什麼事，知道這一切會通往哪裡。

讓你知道這些訊息，是因爲你現在或將來會成爲繼承地球的新升天大師。你和那些與你一起工作的人將負起責任，喚醒其他的人。讓你的心和頭腦向原始實相敞開的必要資訊，都在你的內在。你的內在擁有比時間還古老的智慧。願你的作爲成爲全體生命的祝福。

神將永遠與你同在。願你超越善惡，超越二元意識，向與神合一與原始的實相敞開。

從這個古老的觀點看來，全新的實相將在新紀元的光中誕生。

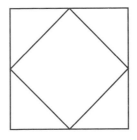

Chapter 18

次元轉換

大變革

　　許多先知和原始部落都預言了地球和人類的重大轉變。在此終極而特殊的轉變中，行星進行次元轉換，進入新的存在層次，而人類進行意識轉換，進入基督意識或合一意識。我們將在下一章仔細觀察這個變化和它帶來的啓示。這一章，我們要探索次元轉換的本質，從中發掘爲地球帶來平衡的智慧。了解次元轉換的本質有助於加速個人靈性成長，並善用我們停留在這個美麗星球的時間，發揮轉換之際的巨大潛能。

　　「次元轉換」是指行星或天體從某一個次元移動到另一個次元階層。我們的情況是「從第三次元進入第四次元」。整個行星連同其中的住民都會經歷這個轉換。美洲原始部落相信我們將在「淨化日」（the Day of Purification）從第四世界進入第五世界。數字上的差異是因爲他們將「虛空」視爲第一個世界，所以本書中說的第三次元和美洲原始部落的第四世界是一樣的。

　　請了解這個次元轉換的本質，即使轉換本身也許非常快速，然而明白它的本質能讓我們了解我們必須經過的改變。它揭開帷幕，讓我們理解這個世界的事件和發生的原因，使我們在穿越轉化的過程中，擁有清明的頭腦和心。

次元轉換概述

我們的銀河系行星進行次元轉換時，通常星球的磁場會先減弱，變得不穩定，行星上的文明會開始崩潰，然後才進入最後階段。最後一個階段會持續三個月到兩年不等。進入這一個階段時，文明會開始瓦解，生活變得極其危險，維持文明運作的系統解離，混亂橫生。大多數宗教對此都有準備，而我們正處於這一段從第三轉換到第四次元的期間。

在次元轉換開始前有五、六個小時會感覺很怪異，因為第四次元已經開始滲入第三次元。先知道這些情況是有幫助的。真正的轉換開始時，你一定會知道，因為會出現很多一般人不知道的顏色和形狀。我們從那裡開始離開三次元的地球，此時通常會伴隨地軸的變化。然而我們不會知道，因為我們已經進入新的時空場當中。

我們將穿越虛空，進入第四次元的地球。生命會經歷劇烈轉變。在這個階段之前揚升、復活和最後一次死亡會發生，新生命開始在新世界誕生。

以下場景是宇宙發生次元轉換時的慣例，但地球將是例外。我先說明一般情況，然而地球不會按照常例進行，它的過程將取決於作為一個地球種族，我們對彼此的愛夠不夠。討論最後我會提出另一個理論，它也不一定會發生，然而可能性是存在的。

徵兆

行星次元轉換的第一個徵兆是地磁明顯減弱。根據科學家的觀察，過去兩千年來的地磁不斷減弱，而最近五百年弱化得更快。隨著次元轉換的接近，地球磁場勢必更加不穩定，這些都是已存在的狀況。世界各地的機場必須經常校正磁北極的誤差，否則無法使用自動化的儀器。最近三十年的磁場變化，令候鳥無法完成遷徙。這也是鯨、豚在海灘上擱淺的原因，因為原本沿著海岸的磁力線轉向內陸，鯨類便跟隨這些線沖上了海灘。最後地磁甚至有可能歸零，這在地球歷史上有很多次紀錄。

這些情況若發生，還有幾種可能的情況也會發生。地磁可能逆轉，南北極可能互換。在磁場歸零後，磁極會恢復，然而地球的轉軸卻可能完全不同。只是它將不影響你的揚升，因為你將不會留在這個次元的地球，不會直接經歷這些改變。

還有更精微的能量會有變化，例如舒曼共振（Schumann frequency，地球的基本共振，約為7.83Hz）會在次元轉換前改變，其中地磁的改變幅度最大。我不多談舒

曼頻率，美國政府竭盡全力否認舒曼共振的變化。如果你想明白眞相，請參考德國和俄羅斯的文獻，他們的資料與美國政府的立場相反。你也可以研究桂格‧布萊登的作品，那更爲可靠和具啓發性。

地球磁場的重要性，在於若它歸零超過兩週，會對人類心智產生嚴重的影響。根據俄羅斯人的研究，他們早期送進太空的宇航員，在離開地球磁場兩週後幾乎都會瘋狂。這正是亞特蘭提斯陸沉後發生的事──人們失去記憶，變得瘋狂。**地球磁場似乎能保持人類記憶的完整，就像錄音磁帶一樣，並和我們的情緒體密切相關。**因此俄羅斯人發明了一種小型裝置讓太空人佩戴在腰際，以維持他們身體周圍的正常磁場。我相信美國太空總署也做了相同的事。

地球磁場能影響我們的情緒，聽起來也許很奇怪，但你想想滿月時發生的事。滿月只輕微改變了地球磁場，便有顯著的影響力。世界各地的大城市在滿月前後三天發生的謀殺、強暴和犯罪案比其他日子多。當地球磁場逐漸歸零，問題會更大。全球股市的波動也與人類的情緒有關，因此你可以想像，地球磁場若有超過兩週以上的大幅波動，會產生多大的災難。

轉換前的階段

這個階段通常持續三個月到兩年。主要是因爲地磁改變讓人發狂，讓社會系統瓦解、股市崩盤、政府失能，軍隊戒嚴也無效，因爲軍隊有同樣的問題，接著食物和其他供給將短缺及缺乏後援。更糟的是，很多人會人變成偏執狂，開始擁槍自重，地球上再也沒有安全的地方。

然而，因爲我們靈性外星弟兄的幫助，以及我們自己在意識層次上的提升，我們很可能不會經歷這段危險的階段，或者只會短暫經歷，就算完全沒有任何這種前兆，我也不意外。然而接下來的那五、六個小時，應該是無法避免的。

我們若以物質的觀點來準備這個階段，可能必須囤積兩年補給品，躲進地下避難。然而若地磁轉換，我們將不會從地底下出來，爲什麼？因爲次元轉換會把我們送進地球的新意識空間，一個三次元的舊世界不存在的地方。轉換開始時，三次元就會消失，因此躲進地下等待一切回復正常，是沒有用的。

有很多人爲Y2K（編注：指電腦從一九九九年跨入二〇〇〇年時，造成年序錯亂而造成的問題）做了類似的準備。這種準備沒有錯，但你必須了解那救不了你。沒有任何物質的準備能在更高次元幫得上忙。在那裡的成功依據的是你的靈性覺知和品格，這點我稍後會解釋。

轉換前的五、六小時

這個階段對人類來說是非常怪異的。美洲原始的陶斯部落，我首次降生地球的地方，認為當這一切發生時，要回到村落裡祈禱，拉上窗簾，不向外看。注視外界只會引起恐懼，而恐懼是你最不需要的事。

奇怪的現象會在這個階段出現。兩個次元開始重疊。你也許會坐在房間裡，空間裡突然會出現你無法理解的四次元物件。你看見從未看過的顏色，非常明亮，自體發光而非反射光。還有你無法解釋的奇形怪狀，也許是你見過最怪異的東西。這些都是自然的現象。

我強烈建議你不要碰觸它們，否則你會立刻進入第四次元。這樣雖然很直接，但你最好還是不要移動得那麼快，否則，就是神的意思了。

合成物質與路西法實相的思想形式

另一個現象是關於我們所在的路西法實相。原始實相的所有創造物都處於神聖秩序中，但是在路西法實相能用科技合成物質。不存在自然界的物質將無法穿越第四次元，而會被還原成元素。合成物質也不是絕對無法進入第四次元，而是需要特別的能量場才能維持完整。再者，這些合成物質的穩定性不一。有些離自然物不遠，例如玻璃，只是融化的沙。但有些離得很遠，很不穩定，例如塑膠。這意謂在這五、六小時期間，某些合成物質消失得比其他物質更快，頻率與自然界相差得愈遠，瓦解得愈快。汽車由塑膠和許多不穩定的物質所組成，是絕對會報廢的。你的房子也可能由許多不穩定的物質組成，大多數都會崩解。在那個階段，所有現代的居家環境都不安全。

因為知道事情會如此，陶斯人在很久以前便規定族人的村落不得使用現代建材，只有離家很遠的避暑房舍才會使用人造物品，但他們知道當淨化日來臨，他們必須回到村落中的老家。他們蓋的房子有時會在裡面開一扇窗，但就是一個洞而已，不見得會裝上玻璃，因此即使損失一面窗戶，影響也不大。除此之外，村屋完全由泥土、稻草、沙子、石塊、木頭構成，如此他們的房子便沒有消失的問題。

所以這時候最好待在大自然裡，我告訴你這些資訊，預備讓你明白轉換開始的情況。如果你無法處於自然環境中，那便是神的旨意了。

容我再解釋幾句。**人造物件其實只存在路西法實驗的思想形式，並不存在原始的實相中。**你可能很難理解它們只是思想——說「思想形式」也許更準確。它們來自印度教所稱的心智世界，一種更高的次元，從那裡穿透許多次元直到第三次元。

也就是說，人們會先想到一件事，想像它，然後想出怎麼做，於是總會發現創造它的方法，而在地球上顯化出來。**個人或群體的創造都一樣，創造者原本並未擁有它，它被保存在地球周圍全體人類的意識網絡中，是一個被全體同意的實相。**因此，即使創作的人死去，東西仍然存在。但是，當維持一切的網絡崩潰，那些物件便會回歸成原始的形式，不留任何痕跡。而這一個意識網絡將在次元轉換時分解。

顯然，那些因地磁瓦解而呈現瘋狂的人，看到路西法實相的崩潰——人造物品開始消失或分解——會變得更糟。還好這個階段只有六個小時。

凱西和一些靈通人士說，地球曾存在許多極先進的文明，但因為這個原因，幾乎沒有留下蛛絲馬跡。這些合成物質通不過一萬三千年前或更早發生的次元轉換。**神藉由次元轉換來清理原始實相。**

造訪地球的外星先進文明，若想建造像金字塔這樣能存在幾十萬年的建築物，**便不會使用不鏽鋼這種複雜的合成物質，而會運用行星上堅硬耐用的自然材料。**他們知道以這種方式建造，**金字塔將不受任何行星自然發生的次元轉換所影響。**這並非因為石器時代的限制，而是**智慧。**

此外，這些先進的外星文明也會小心翼翼不留痕跡。為了遵守銀河律法中的「不干擾」，他們會帶走或蒸發同伴的遺體。

行星的轉換

每一個曾經活在地球上的人，都經歷過這種轉換。因為他們都得經歷這種轉換，才到達地球，這是宇宙的事實。除非你來自鄰近區域，否則不管你從哪裡來，在抵達地球之前你都必須穿越「空」，必須改變次元。在你「降生」地球那一天，你就經歷了次元轉換，從一個世界進入另一個世界，只是人類的記憶力記不得這一切。

由於不記得出生或其他次元的經驗，我們為自己加諸龐大的限制。例如，我們無法克服距離，距離在這個實相十分真實，無法跨越，我們連太陽系都出不去。我們現有的覺知讓我們受困在自己家中。

在傳統的時間和空間的觀念中，搭乘太空船長程旅行是不可能的，這是目前科學家的結論。無法離開太陽系自然令人沮喪。要去四光年之外、離我們最近的半人馬座阿爾法星（Alpha Centauri），以目前的科技需要一億一千五百萬年。人類活不了那麼久。而這只是最近的恆星，要深入太空根本不可能，唯有改變我們對時空的

理解才會成功。

如前所述，我們的問題在於我們只知道目前的時間與空間，忘了關於次元的實相。因爲一切是完美的，因此當我們需要時，我們便開始憶起。首先在我們的夢中，然後在電影中，例如《星際爭霸戰》《接觸未來》《地動天驚》和許多其他電影，都探索了次元的想法。我們將憶起，因爲神與我們同在。

所以，讓我們開始吧，我將說明次元轉換通常會發生的事，都是我的親身經驗。未來的情況也許會有不同，因爲宇宙總是不斷做新的嘗試。有些人比較喜歡聽我說故事，然而現在我想直接說明。

行星轉換的真實經驗

提醒你，我所說的是銀河教科書的內容，一般正常情況。實際發生的事可能會有細節上的差異，畢竟生命是彈性的。然而明白正常的狀況之後，你便能想像這些差異。

隨著我們進入新的千禧年，升天大師們感覺我們接近大轉變的過程會非常平順，沒有什麼動亂。因爲我們已經在這條路上走了很遠，爲了協助人類誕生新意識，我們完成了許多偉大工作。所以放輕鬆，別擔心，享受變化的過程！你將見證生命的完美，你將回到你夢寐以求的如嬰兒般的純眞。你明白自己總是被照顧，純粹的愛引導一切進行。能量的波潮遠大於你，你只需要臣服於生命，存在其中。

我們可能已經改變「三個月到兩年的混亂」的規則。現在我相信，大轉變之前的等待期可能會非常短暫，甚至毫無感受。可能除了那五、六個小時的轉換期外，沒有多少徵兆。也許某天早上你起床，日落時分便已經在新世界裡重生了。

轉換前的六小時

讓我們演練一下轉換前的六個小時：你在一個清爽的早晨醒來，感覺不錯。當你起身，你意識到自己變得很輕盈，感覺有點怪，決定去洗個澡。你注視著水，感覺背後有東西出現，當你轉身，看到一個明亮的巨大發光體，閃爍著奇怪的顏色，離地一呎，飄浮在牆邊。當你試圖想理解這到底是什麼，不遠處又憑空出現另一個小發光體，開始在房間裡飄來飄去。你跳起來狂奔回臥室，卻發現整個家都是這些奇怪而難以想像的東西。你可能懷疑自己精神錯亂或腦袋長瘤，影響了你的認知。其實，都不是。突然間，地板裂開，房子開始變形，你趕緊離開屋子跑進自然環境，發現這裡似乎一切正常，除了到處都是這種奇異的發光體。

你決定坐下來。此時你想起了梅爾卡巴，開始保持有意識的呼吸，放鬆，進入流通你全身的普拉納能量流。旋轉的梅爾卡巴環繞著你，你感到溫暖、安全。你開始進入核心等待，因為神的恩典即將發生，而其實你也無處可去。這是你所能想像最偉大的旅程，既古老又新奇，非常美麗而奇妙。你感覺前所未有的活力，每一次呼吸都讓你興奮。

你向草坪望去，一團閃閃發光的紅色雲霧向你靠近，快速將你包圍。它不像你見過的任何霧氣，可自行發光，似乎到處都是，而你甚至將它吸入體內。

一種奇怪的感覺瀰漫全身，很特別。你注意到它從紅色逐漸變為橘色，很快又變為黃色，又迅速變為綠色，然後是藍色、紫色、紫紅色，最後是紫外光。然後一道強大的白光在你的意識中爆炸，你不但被這道光包圍，而且彷彿你就是這道光。對你而言，除了光，一切都不存在。

這種感覺像是持續了很久。慢慢的，白光變為透明，現在你的四周又變得清晰可見。似乎一切都散發著某種金屬光澤，如純金打造一般──樹、雲、動物、房子，還有人，除了你自己的身體之外。

不知不覺之中，那些黃金的光澤開始變得透明，有如金色的玻璃，你可以看穿牆壁，看見走在牆後的人。

虛空，黑暗三日

最後，這黃金打造的實相開始黯淡、消失，金色的光芒變得昏暗，直到整個世界沉入一片漆黑。黑暗吞沒你，舊有的世界永遠消失。你什麼也看不見，甚至包括你的身體。你感覺自己是穩定的，同時也飄浮著，你熟悉的世界消失了。在這裡，別恐懼，沒有什麼好怕的，它是自然的一部分，你進入了第三與第四次元之間的空，萬事萬物源起和回歸的空。你進入世界之間的門，沒有聲音，也沒有光，你所有的感官盡皆喪失。

你什麼也不能做，只能等待，並感恩你和神的連結。你可能會做夢，如果沒有，也許會感覺這個過程很長。事實上，它只有三天。

簡言之，這段時間可能持續二又四分之一天（最短）到四天（最長），通常是三天到三天半。這裡的一天指的是地球的一天。當然，這是經驗時間而非真實時間，因為我們的已知時間已經不存在。現在，你在「時間的盡頭」──馬雅文明和其他宗教與靈性人士都曾說過的地方。

在第四次元新生

接下來的經驗是令人震撼的。在虛無與黑暗中飄浮三天後,在某種存在感上,你彷彿已經過千年之久。然後,頃刻間,整個世界爆炸進入刺眼的光中,你毫無預警地進入前所未有的光明之中,你的眼睛過了很久才適應這個新世界的光。

這是全新的感受,你變成了新實相中的小嬰兒,就像你出生在地球的那一次,你從黑暗進入光明。這兩個經驗在許多方面是類似的。恭喜你!你誕生在一個光明的新世界!

當你逐漸適應光的強度,會開始看到許多前所未見的顏色。對你而言,每一件事、所有的形態和整個經驗都奇異未知,除了在次元轉換前短暫看見四處飄浮的發光體。

這不僅是你的第二次出生。你在地球上從小嬰兒開始慢慢長大成人,到達成長的終點。這裡讓你感覺怪異的是,人類成人的身體在第四次元只是個嬰兒。你開始成長,愈來愈高,直到你在新世界長大成人。第四次元的成人比第三次元高大許多,成年男性身高約四到五米,女性約三到四米。

你以為你的身體是固態的,其實不然,此時你若返回地球,人們將看不見你。你仍有原子結構,但原子幾乎都已轉換成能量,你絕大部分是能量,只有少部分是物質。你可以在地球穿牆而過,但是在第四次元,你是固態的。這次的新生將是你最後一次以身體的結構生活,因為第四次元離第五次元不遠。第五次元是沒有形式的生命,只有無形的意識狀態。你不再有身體,但你能同時存在每一個地方。

第四次元的時間是非常不同的,三次元的幾分鐘相當於四次元的幾小時。因此,你感覺彷彿經過兩年你便長大成人了。然而,和第三次元一樣,生長發育並非生命的全部,還有各種第四次元的知識和存在的層次,那些很難想像的事等著你學習和體驗,就像地球的嬰兒不可能懂得天文物理一樣。

思想與生存的直接關聯

你是新世界的小嬰兒,然而你不是無助的,你是很有力量的精神體,能用想法來控制整個實相。**無論你想到什麼,都會立刻發生!**剛開始你沒有意會到這種連結,大部分的人在幾天之內都無法意會,然而這幾天是生存關鍵。如果你不了解,便無法存活。

你才出生幾分鐘,生命中的第一件大考驗就開始了。當四次元的窗口打開時,任何人都能通過,但並非人人都能留下。

　　我們發現這個階段有三種人：第一、充分準備的人，他們在日常生活中就在預備這裡的生活；第二、缺乏準備的人，他們充滿恐懼，不允許自己穿越「空」離開三次元，於是他們會立刻返回地球；第三、準備好轉換到四次元，但還沒準備好生活在這裡。耶穌曾在一則寓言故事說過：「被召喚的人多，被選上的人少。」（馬太福音第22章第14節）

　　另一則寓言是：有位麥農的僕役來問田裡長滿雜草該怎麼辦，農夫說讓雜草跟麥子一起長，一起收割，到時再把雜草跟麥子分開就好。通常農夫會在雜草長大前先除去，這位農夫卻不這麼做。這就是耶穌說的兩種人：準備好和沒準備好的人。

　　沒有準備好的人會帶著所有的恐懼和怨恨，當他們來到這個奇怪的世界，所有的恐懼和憤怒都會浮現。**由於不知道思想會立刻實現，他們的恐懼開始變成現實。**剛開始大部分人會重建熟悉的舊世界和認得的東西，以設法理解發生的事。但這並非有意識的行為，而是出於生存本能，他們開始創造過去的意象和情緒模式。但這個新世界實在太怪了，所有的恐懼都會浮現。他們會說：「天吶！怎麼回事？簡直瘋了！」他們會見到死去已久的人或看見過去的事，甚至回到童年，所有不合理的事都會發生。於是你的頭腦開始設法找到秩序。

　　他們以為自己有幻覺，因此更加恐懼。按照地球人的想法，他們會認為有人在操弄他們，因此想保護自己。小我認為有槍就能自我保護，顯化隨思想而至，地上立刻出現一把有準星的來福槍。他們撿起槍，又想：「子彈呢？」於是立刻發現旁邊冒出幾箱彈藥。裝好子彈後，他們便開始尋找想殺害他們的壞人，於是誰會出現呢？全副武裝的壞蛋立刻出現。現在，他們最深的恐懼就要顯化了——壞人開始朝他們開槍，無論他們在哪裡都有人要殺他們。最後，最大的恐懼成真，他們中了致命的一槍。

　　類似的場景必然發生，把他們帶離這個世界，回到從前。這就是耶穌說的：「凡動刀的，必死於刀下。」（〈馬太福音〉第26章第52節）。但耶穌也說：「溫柔的人有福了！因為他們必得著地土。」（〈馬太福音〉第5章第5節）也就是說，如果你在新世界中，單純想著愛、和諧、和平，信任神、信任自己，那麼，這些會是你的顯化。你在創造和諧美麗的世界。當你溫和柔順，透過你的思想、感覺和行動，你讓自己繼續停留在這個更高的世界。你會生存。

　　當然，這只是開始。於是，你在新世界出生並存活下來。這個點上有各種可能性。其中必然發生的是，當你探索這個實相，你了解到你想到的任何事都會立即實現。

此時，人們往往會看著自己的身體，用思想把身體變成想要的完美模樣，療癒所有地方，讓自己變得健全，長出手、腳等。爲什麼不？身體就像小孩的玩具。這一個階段小我仍有作用，你可以把自己變得高大、美麗、帥氣……然而很快你就會玩膩美化身體的把戲，而開始探索新實相的其他面向。

還有一件事肯定會發生。你會突然發現有巨大的光在你周圍移動，他們被稱爲父親和母親。你在四次元還有父母，然而這是最後一次了，在五次元你將沒有父母。

四次元中沒有我們在地球所經歷的家庭問題。你的父母完全愛你、照顧你。只要你生存下來，他們不會讓任何壞事發生在你身上，你沒有任何需要擔心的事。如果你臣服並讓愛來引導你，你會發現，這是一段極度喜悅的時光。你會發現，你已經贏得了生命的「大樂透」！

一切的痛苦和磨難都結束了，另一個美麗而神聖的生命層次出現。現在，你恢復了對生命的目的和意義的意識，開始經歷另一種古老但新奇的存在方式，那是你本來的方式，只是你曾經放棄它。現在你恢復了能覺察神存在全體生命的意識狀態，祂就在你閃耀光體的每一次呼吸之中。

祕訣：在生活中預備

你問，我們在地球上應該怎麼爲這個更高世界的經驗做準備？

答案當然不是囤積物資或挖洞躲藏之類的事。這也不是錯的，只是物質的準備很有限。在天堂、在更高的世界，你就是你創造的一切。在這裡也一樣，只是我們不知道。在四次元以上會更加明顯。

我們是我們創造的一切，所以此時散發與全體生命和諧的能量是必須和重要的。我們終會了解，是我們的想法、感覺和行爲創造了我們生活的世界。因此，日常生活像一所學校，每一刻的生命都旨在給予我們能直接帶進下一個世界的功課。如此埃及人和多數古文明都崇敬死亡。不管死亡如何到來，它都是進入「虛空」的黑暗之門，帶領我們從那裡進入明亮的更高世界。如果你能掌握死亡，它將引領你進入連結全體生命的意識，永恆的生命。

所以，你如何看待地球上的功課？真相是生命源頭在每一個人的眼中，即便在地球上，偉大的知性、智慧與愛，時時刻刻都存在每個人的內在。一旦明白這一點，你便清楚你的思想、感覺和行動是關鍵，你知道該做什麼。簡言之，就是讓你

的人格趨於完美，你人品中閃亮的鑽石，就是你揚升
後的生存工具。

佛陀、聖母瑪麗亞、老子、穆罕默德、耶穌、亞
伯拉罕、克里希納、巴巴吉、德蕾莎修女和大約八千
名永恆之光的大師，都是你的老師和生命英雄，他們
的典範向你顯示你如何建構自己的人格。他們都認為
「愛你的鄰居」是重要的關鍵，它為世界帶來秩序，
並賦予你永生。你能了解嗎？

在默基瑟德的教導中，要穿過星際之門、往來於
不同的生命之間，唯一方法就是思考、感覺和維持特
定的情感與心智模式。這些模式通常以五、六個為一
組（見第十三章補充五）。我用來進入三次元的模式
是：愛、真、美、信任、和諧與和平，還有許多其他
模式，它們就像通關密碼或鑰匙。如果守護者認為你
已準備好進入他們守護的世界，就會放行，否則便會
把你送回原來的世界。這是他們的職責，而你要準備
好。

如果你坐下吟唱這些模式：愛、真、美、信任、
和諧、和平，你沒有什麼需要擔心的事。圖18-1是一
個陰性的星際之門。還有很多其他的模式。圖18-2是
一個陽性的星際之門：慈悲、謙虛、智慧、合一、愛
和真。所有星際之門都有愛與真。

在第二個星際之門的模式中，慈悲、謙虛和智慧
搭配在一起，這是陽性元素；愛、真和合一搭配在一
起，這是陰性元素。第一個星際之門的模式卻不同，
愛、真和美是陽性元素；信任、和諧與和平是陰性元
素。

所以，這些心智／情緒狀態或星門模式，是你進
入更高世界時，最重要的擁有物。隨著你進入的世界
愈高，它們會變得更加重要。而這個過程會把你帶往
何處呢？

圖18-1：陰性的星際之門。

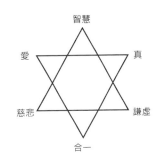

圖18-2：陽性的星際之門。

當你到達第四次元，理解情況而開始展現你對事件的控制能力時，有趣的事會發生。還記得埃及天花板上的「變形蛋」嗎（見第十章，圖10-34a）？那個埃及人做九十度轉彎進入下一個世界時，頭頂上的橘紅色橢圓形？像他們一樣，你也會開始蛻變。如同蝴蝶，你的身體會迅速轉變成看起來類似卻相當不同的東西。

「法老」的意思是「你將成為」。世上第一個被稱為法老的是阿肯納頓（Akhenaten）和他的妻子娜芙蒂蒂（Nefertiti）。如果你想知道你會變成什麼樣子，看看他們便知道了。他們的種族來自我們的父親天狼星人，我們帶著他們的基因。在適當的時機，我們將變為他們的族人，一個為第四次元設計的種族。當它發生時，你會對自己說：「是啊，我想起來了。」發生在你身體上的改變，感覺如此自然，你連想都不用想。

當你開始成長，四次元的生活會顯得正常而普通。你會進入四次元最高的三個泛音之一，第十、十一、十二泛音。在那裡，你將獲得進入第五次元的知識和智慧，展開直接回歸神的旅程，並隨著宇宙真理的展現不斷轉變。

宇宙的眼睛正在注視著我們，宇宙的許多偉大靈魂緊緊跟隨著我們。我們都是神的孩子，要提供生命新的可能性。我深深感謝你們能存在這個新世界。

獨特的轉變過程

我們說完了行星進入第四次元會發生的正常狀況。現在我將提出一個新理論，關於進入第三次千禧年的二十一世紀初，在地球上會發生的事。在少數情況下，為了讓轉變更容易，行星會經歷異常的情況。它會先進入下一個次元，同時創造一個原先的世界，以完成原有的業力並達成順利的轉化。整個行星進入這種情況是很稀有的，但並非沒有可能。這需要很高層次的意識才能啟動，而條件幾乎總是不足。

凱西說地軸將在一九九八年的多天發生變化，但沒有發生。其他的預言家認為一九九九年八月十一日，我們會進入更高的次元或自我毀滅，似乎也沒有發生。這可能是因為我們已經進入了第四次元，而我們不知道嗎？有可能。

這是一個龐大的問題，一時之間不容易說明白。也許最好的方式就是討論一下促成這種轉變的更高意識層次可能來自哪裡。那些出生在地球上、擁有最先進意識的新時代孩童，便是因為這個原因才來到這裡。數量龐大的高層次靈性存在，化身為小孩來到地球，要幫助我們經歷進入新世界的轉換。

這些新小孩能以不凡的方式啟動這個進入新世界的轉換，我們正在見證這場

歷史奇蹟。他們對宇宙有很高的理解，能夠不損失任何靈魂，在下一個次元重新創造這個世界，我相信這是他們的心願。我們有機會把耶穌的話改成「被召喚的人很多，全數入選」，我相信耶穌也會因為宇宙「轉換所有靈魂」的夢想能完成，而感到欣喜若狂。這是前所未有的事。

　　新時代的孩童如何卓越不凡地拯救一顆行星？在更高的世界，孩童的純真和愛就是創造和諧的源頭。如果這些孩子真的來自更高次元，那麼一切都有可能。神已給予我們完美的恩典！

Chapter 19

新小孩

　　人類很可笑，在我們身邊不斷發生令人振奮、驚天動地的奇蹟，卻被我們的理性規避，好讓自己繼續窩在舒服的舊世界不用改變。沒有人想破壞現狀，大多數人面對生活的巨變只想躲起來睡覺。這一百年以來，世界的變化實在太大了，你若對一八九九年的人描述現代生活，沒有人會相信你！

　　然而二○○○年，我們何以迅速成長為如此科技卓越的世界呢？指數型成長是主因。

現代知識的增長

　　一九九九年秋天，我跟艾德格・米歇爾（Edgar Mitchell，第六位登陸月球的太空人）在猶加敦半島的會議中相遇，我們都是講者。會中有位薩滿（同時也是馬雅祭司）進行了一場儀式，目的是迎接新太陽的光（New Light of the Sun），由亨柏慈・晃（Hunbatz Men）主持。這是一場美麗而重要的儀式，早已失傳數百年，目的是為全新的太陽揭開序幕，迎接新生的地球。

　　米歇爾博士說，美國太空總署的科學發展正值鼎盛，甚至已超越相對論和量子物理。這兩個理論一直很難相容，歧異頗多。愛因斯坦曾致力研究「統一場論」，

企圖用一個數學公式統合所有的作用力。從愛因斯坦的時代開始，科學界便一直在尋找這個理論的聖杯。

根據米歇爾博士的說法，現在美國太空總署已經發現答案。截至一九九九年九月，美國太空總署對物理界的了解，已超過人類文明六千年的總和！這是明確的指數型增長。米歇爾博士生動地指出：一百年前，登陸月球還只是癡人說夢的想法。

美國太空總署發現了統一場論，一種偉大的理解似乎正在發生。簡單地說，他們發現實相是全息影像，你可以從畫面上任取一小塊而還原整個影像。這個實相中的任何具體片斷都包含了整個宇宙。在你的一小塊指甲中，可以發現遙遠恆星的運轉圖騰。

更有趣的是，反過來也成立。你的指甲不僅出現在你眼前，也出現在整個宇宙中。實相並非我們以為的那樣。東方印度把我們的實相稱為「馬雅」（Maya），意思是「幻象」，實屬正確。實相是全息圖，它就是光罷了！

你的思想追隨你的注意力，你的注意力追隨你的意圖。

電腦正在改變一切，這是兩種活生生的原子──碳和矽之間的愛情故事。地球有兩隻眼睛，但她正在學習用能看得更清楚、更遠的新方式來看。我們若能學會和平相處，不破壞環境，我衷心相信，神會給我們和地球另一次機會。事實上，也許第二次機會已經發生。

北美、南美和中美洲的原始部落舉行聯合儀式，結合禿鷹與老鷹，確認接下來的十三年是地球最後的週期。許多馬雅曆的老師說，最後的週期將在二〇一二年十二月二十二日或二十四日結束。然而長老弟兄科基人（Kogi）和馬雅人不同意這種說法，他們認為地球最後的十三年始於二〇〇〇年二月十九日，終於二〇一三年二月十八或十九日。

重要的是科基人相信我們（年輕弟兄）正在改變並憶起回歸偉大靈性的道路。叢林中傳來歡樂歌聲，古老的心正受到感動。我們學得很快，正從五百年的沉睡中甦醒，而那就像一場惡夢。童稚的雙眼正要張開。

大轉變為什麼不是現在？我們不是被一再警告？幾乎每一位預言家對時間盡頭的日期都指向現在，從一九九八年二月二十六日（日食）到二〇一三年二月十八／十九日。這個大轉變的時間與之前的說法不同，也和傳統的二〇一二年十二月二十四日不同。

凱西、諾氏（Nostradamus）、《聖經》、聖母瑪利亞、尤迦南達，以及來自許多文明的預言家，都說這個時代會發生大轉變。有人看見這段時間充斥著巨大的破

壞和痛苦，伴隨地球的改變和次元的轉換；有人說這是靈性高度成長的揚升時代。也有人看見兩種情況。

全世界的原始部落——紐西蘭的毛利人、非洲的祖魯人、夏威夷的卡胡納祭司、阿拉斯加的愛斯基摩人、墨西哥和瓜地馬拉的馬雅人、哥倫比亞的科基人、北美洲的印第安人、日本的神道教等，都預言過大轉變，或者在某些層面上它正在發生。

為什麼在歷史長河中，有那麼多偉大的人物不約而同地指出這段特別的時間？所以，為什麼偉大的轉變還沒發生？還是它正在發生？

一八九九年，地球上有三千萬種生物。大地之母數十億年的演化才產生如此豐富多樣的生命形式，從單細胞的阿米巴原蟲到優異的人類和海豚。然而僅僅一百年，人類對能量的濫用和無意識行為，導致物種消失一半以上，有超過一千五百萬種生物滅絕。為何人類意識如此先進，而行為又如此卑劣？

如果我們能控制貪欲，發自內心從心生活，我們就能轉變。我明白大地之母已找到方法拯救我們這些不仁不義的人。若這是真的，你知道新希望會從哪裡來嗎？不是偉大的科學家或聖哲，而是純真的孩子，正如《聖經》所言，他們將帶路。

歷來的人類突變

美國太空總署的科技成果反映了發生在我們身體中的事。我們的基因深處正在更新和改變，世界各地都有相關報告。不管你喜不喜歡，科學家所說的基因突變已經發生，至少此刻有三個非常不同的新人種正在地球出現，以滿足新人類的需要。大轉變正在我們內在發生，卻無人知曉、悄無聲息，然而隨著新人種的誕生，喧騰正要開始。

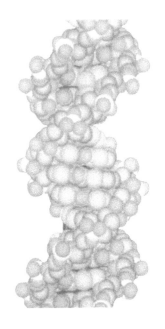

血型與基因變化

　　基因的變化很少見，但確實會發生。有個實際的例子是人類的血型。本來人類只有一種血型。不管膚色是黑、黃、紅、白或棕，血型都是O型，而人類獵食動物維生。直到一萬五千年前，一顆大彗星在亞特蘭提斯的外海墜落。

　　結果是除了亞特蘭提斯之外的人類停止捕殺動物，開始耕種維生。我們的飲食從此改變，開始食用蔬菜、穀物這類從未進入人體的東西。人類用基因突變來回應食物的改變，並產生新血型「A型」。除了血型，還有其他基因突變影響胃酸和其他消化吸收新食物的功能。科學家認為氣候變化也會導致基因突變。

　　隨著時間推移，又有兩種新血型產生：B和AB型，都是源自飲食和氣候的變化。目前我們有四種血型，但還會有新血型出現嗎？二十世紀末的地球，每個地方都可以吃到世界各地的食物。你可以在任何文明城市的大超市買到墨西哥的番木瓜、加州的酪梨、希臘的橄欖、俄羅斯的伏特加酒……你可以在美國各大城市吃到中國、墨西哥、義大利、日本、美國和德國菜。我們會因為這個前所未有的食物大雜燴而產生新的血型嗎？

　　基因的改變可肇因於飲食和氣候等平凡的環境因素。然而現在地球上有各種驚人的變化，你無疑可以期待人類基因將對此有所回應，它確實已經發生。

　　人類的基因已發生影響人類未來的深遠變化，我必須在此討論。這種基因改變大部分在孩子身上發生。主要有三個不同類型，每一種都為人類帶來新力量。也許不止三種，但這三種是迄今我所見。我相信這些孩子會領導我們進入與過去數百萬年不同的新未來！此外，如我之前所說，這些孩子可能已經改變，完成三次元業力，進入第四次元的轉換方式。如此，所有人類都能完成這個轉換。然而不管次元轉換是否發生，人類在基因上的變化，已經永遠改變了我們。

　　一九七四年，第一名引起全球矚目的，是能用耳朵來「看」東西的中國小男孩。他用耳朵看東西，就像你用眼睛看一樣，甚至更清楚。你覺得不可能？那麼準備接受震撼的驚奇吧！

　　讓我們從美國開始，介紹一種新小孩——「靛藍小孩」。

靛藍小孩

　　靛藍小孩最早可追溯到一九八四年。這一年突然出現一個特徵異常的孩子，此後這種新人類便開始迅速散布。到了一九九九年，美國大約有八、九成新生兒是靛藍小孩。我相信未來是百分之百，我們恐怕很快就要過時了。靛藍小孩不僅出生在

美國，也出生在世界各地電腦普及的地區。

李·卡羅（Lee Carroll）和珍·托伯（Jan Tober）合寫了《靛藍小孩：新孩童已降生》（*Indigo Children：The New Kids Have Arrived*）。這是一本蒐集許多科學研究、信件和筆記的書，由靛藍小孩首次被發現時便開始研究他們的醫生、心理學家和科學家所提供。我相信這是討論這類新孩童的第一本書。我關注這些孩子已超過十年，和許多注意這種改變的人和團體討論。直到這本書問世，官方才開始重視這個議題。我感謝它的及時出版。如果你想知道更多訊息，請閱讀這本書。

這些孩子有什麼不同？科學家還沒有發現是哪些基因變異造成這個新人種，但一個新人種儼然已經出現。首先，這些孩子的肝與我們不同，這意謂必然有基因的變化。肝臟的變化是人類針對攝取新食物的自然回應。新肝臟的設計是為了吃各種東西，包括垃圾食品！

聽起來奇怪嗎？我們若長期吃這類食物，會變得不健康或死亡。如果你餵毒藥給蟑螂吃，會發生什麼事？首先牠們會生病和死亡，然後會基因突變，並開始適應新的毒藥，使得我們必須不斷改變毒性。人類也一樣嗎？當我們不斷餵孩子吃有毒的垃圾食品，為了生存，他們必須適應。

然而肝臟的改變和人類其他天賦和基因的變化相比，顯得微不足道。首先，靛藍小孩聰明絕頂，平均智商130，這表示有許多人甚至有高達160的天才IQ或更高。智商130雖然不是天才，但也是萬中取一。當130是正常值，表示人類智力正在躍進至一個新境界。

研究這些孩子的醫生和心理學家發現，電腦就像這些孩子延伸的大腦，他們比以前的人更懂得運用電腦軟體。這會把我們帶往哪裡？我們現在只能推測。

有趣的是，我們的老師和教育體系認為這些絕頂聰明的新孩童是缺陷孩童。剛開始，我們的教育體系不知道他們這麼聰明，以為他們有問題，為他們貼上注意力缺失的標籤，因為他們無法專注。現在問題比較清楚了，問題不在孩子，而在於**教育體系不足以教育這些天賦異稟的小孩**。他們不過是對於資訊教導的速度和內容感到無聊罷了，是我們必須去適應這些令人興奮的新小孩，給他們感興趣的內容，如此我們便會看到他們聰明的展現。要開發這些孩子的潛能，我們還有很多需要學習的地方。

研究這些孩子的人也清楚他們具備高度的心靈能力。**他們能懂得父母的心思，知道你在想什麼**。《靛藍小孩》會讓你了解這些孩子的不同之處，並讓研究者意識到必須採用新的方式來撫養新小孩。如果你的孩子生於一九八四年以後，那麼你需

要讀一讀這本書。

　　對於誰是靛藍小孩，還有很大的爭論。許多靈通人士說他們來自靛藍光，來自極高的意識層次。我也認為如此，當我在一九七一年遇見天使時，他們便提到未來會有新孩童來到地球並改變世界。天使說了許多關於他們的細節，現在都一一實現。

　　和我討論過這個主題的許多靈通人士和我有同樣的感覺，這些孩子主要來自兩個宇宙源頭：靛藍光與深藍光，他們相似，但不相同。無論他們來自哪裡，都讓人類從原先的進化軌跡岔開一條新的路徑。靛藍小孩並非唯一改變基因的人類。

愛滋小孩

　　愛滋小孩是特殊的群體，因為不同的問題導致基因突變，不是食物，而是愛滋病毒。

　　我要推薦布萊登的《穿梭異世界：慈悲科學》（*Walking between the Worlds：The Science of Compassion*）。他是第一個在暢銷書中報告這個新種族的人。我引用他的話：「如果從基因的角度定義我們，這個新人種的某些基因和我們不同，儘管他們的身體看起來與我們無異。在肉眼看不到的分子層面，他們的基因具備幾年前還不可能有的能力。科學家將這種現象命名為『自發基因突變』。所謂『自發』，是因為基因乃因應個體生命過程的挑戰而發展，並非出生時攜帶的密碼。在這些案例中，基因密碼學會以新方式展現，而讓人存活。」

　　在書中，布萊登提到一個出生就帶有愛滋病毒的小男孩，他寫道：「加州大學醫學院洛杉磯分校的研究人員報告一個男嬰的愛滋檢驗，他出生十九天和一個月之後的兩次測試皆呈陽性。然而接下來的四年，男孩體內都測不到愛滋病毒（引用《Science News》一九九五年四月的文章）。伊凡‧布理森（Yvonne J. Bryson）帶領的研究團隊，在一九九六年三月三十日的《新英格蘭醫學期刊》發表他們的研究觀察：『病毒並非潛伏在體內等待適當機會被誘發，而是完全根除了！』」

　　這種抵抗愛滋病毒的抗體，比一般人的抵抗力強三千倍。所有案例對愛滋病毒的抵抗力都提高，並非僅有一個小男孩如此。布萊登在書中說：「一九九六年八月十七日，《Science News》的研究報告顯示，受測人口中約有百分之一已發生抗愛滋的基因突變！」一九九九年十月，全球第六十億人口誕生，表示有六千萬人基因突變，而對愛滋病毒有抵抗力。

　　我們現在知道這些孩子的基因有什麼改變，它與基因的密碼子＊（codons）有

關。人類基因中有四種核酸，一組密碼子由三種核酸組成，因此我們總共有六十四種密碼子。一般人的基因中有只有二十種密碼子被啓動，加上三種用於開關軟體程式的密碼子，其餘皆處於不活動的狀態。科學界以爲這些未啓用的密碼子來自基因的歷史，但理論正在改變，也許它們可以開啓人類的未來。這些孩子擁有二十四個密碼子——比一般人多了四種，如此完全改變了他們對抗愛滋病毒的能力。

　　這件事具有驚人的潛力。這些孩子似乎擁有超強的免疫系統，他們對於所有的疾病都有很好的抵抗力，甚至完全免疫。後續研究仍在進行中。

*密碼子：三個核苷酸以特定順序排列，即構成遺傳密碼子，它的順序與位置決定了蛋白質合成時，胺基酸在多肽鏈中插入的位置。

聖經密碼與愛滋病

　　另一個值得留意的領域是聖經密碼，在《舊約》摩西五經（Torah）中發現的程式編碼。以色列希伯來大學聖經密碼研究人員將「AIDS」輸入電腦，想看看會出現什麼。結果傑佛瑞・沙提諾夫（Jeffery Satinover）在《破解聖經密碼》（*Cracking the Bible Code*）中揭露了驚人的訊息，輸入AIDS帶出的詞組包括：死亡、血液中、來自於人猿、滅絕、病毒形式、HIV、免疫、毀滅等。然而還有一個詞，讓這些研究員毫無頭緒，也許因爲他們不知道美國的愛滋研究發生了什麼事。這個詞是：「一切疾病的終結」。我相信這些新小孩會在人類歷史寫下一筆紀錄，永遠改變我們在地球的生活經驗。

　　布萊登提到「自發基因突變」，說「自發」是因爲它發生在一個人的生命週期中，而非出生前。你認爲這代表什麼？這種突變剛開始都在孩子身上發現，但科學界已發現愈來愈多成年人也開始有相同的突變。這是多麼讓人興奮的事啊！這意謂著即使沒有愛滋病，我們都可能因爲基因改變而擁有超強的免疫系統，然而這如何可能呢？

　　你知道一百隻猴子的理論（詳見第一冊第四章）。首先一隻小母猴開始沖洗馬鈴薯上的沙，然後牠小孩的朋友開始模仿牠。接著猴媽媽開始模仿牠們的孩子，最後猴爸爸加入。到達臨界點時，所有的猴子，即使身處不同島嶼或遠在日本的猴子也一樣，都開始洗牠們的馬鈴薯。我們的基因可能以相同的方式，讓我們擁有超強的免疫系統。

　　我們在運用梅爾卡巴和靜心來研究這個令人興奮的可能性。注意力和意圖是獲得心靈能力的關鍵，注意你的基因，保持讓它們像愛滋小孩一樣突變的**意圖**，如此

進化很可能就會發生。接下來要談的第三種新小孩，將為人類帶來更多可能性。

超靈力小孩

超靈力小孩，可能是現在最迷人、最酷炫的新種族。相較於前兩種新小孩，他們的能力更聳動、更戲劇化。他們能做到的事，人們以為只有電影才拍得出來，然而都是真的。若這些小孩不能改變世界，大概也就沒有什麼可以做到了。他們的某些能力很像我們在第十八章提到的，在次元轉換期間會發生的意識顯化。他們有即刻心想事成的能力。

保羅‧東（Paul Dong）和湯瑪士‧拉斐爾（Thomas E.Raffill）合寫了《中國的超靈力小孩》（*China 's Super Psychics*），揭露了從一九七四年開始，在中國各地沸騰的超靈力小孩。第一位是一個小男生，他能用耳朵來看。中國政府聲稱這些小孩即使蒙上眼睛，也能用他們的耳、鼻、嘴、舌、腋窩、手和腳來看。每個小孩不同，他們能用這些前所未聞的部位讀到完全正確的內容。這些實驗不是只有部分成功，而是完全無誤。

一九八五年，我第一次談起這些小孩。我在《全能雜誌》（*Omni Magazine*）上讀到一篇相關文章。《全能雜誌》受邀到中國探訪和報導這些孩子，他們想避免任何舞弊情況，因此自己設計實驗，排除任何造假或猜測的可能。

其中一個實驗是這麼做的：放一疊書在孩子面前，從中隨機取出一本，任意翻一頁，撕下來揉成紙團，放在其中一個小孩的腋下讓他閱讀，這個孩子能一字不差地讀出紙上的字！經過各種實驗後，《全能雜誌》確認這些現象是真的，但無法解釋他們是如何做到的。這份報告在一九八五年一月的期刊上發表。

《全能雜誌》並非唯一派出研究員來觀察這些孩子的單位，還有許多世界級的雜誌也來了，像《自然》（*Nature*）這種權威期刊也發表文章，肯定這個現象是真的。

我們在墨西哥也發現這些新人類特徵的孩子，迄今有超過一千多名孩童能用身體不同部位來「看」，也許還有更多。其中，墨西哥小孩用來「看」的部位和中國小孩完全相同。彷彿這種基因突變能飄洋過海，和「一百隻猴子」的現象一樣。稍後，我會介紹一位十九歲的女孩，我親身體驗過她的能力。

《中國的超靈力小孩》提到用身體各部位「看」的能力，引起中國政府關切，然而他們對這種能力的理解相當有限。這些孩子開始展現其他更不尋常的特異功能。書中說到有幾次是在上千名觀眾的現場，每人進場時發一朵玫瑰花苞，大家安

靜就座後，一名六歲的中國女孩便獨自走上舞台中央，面對著觀眾，在寂靜中揮舞雙手，然後一千朵玫瑰便在眾目睽睽下盛開，讓許多觀眾目瞪口呆。

書中還提到有超過五千名孩童在公開場合展現另一種特異能力。要知道，中國政府曾仔細檢測這些孩子，而政府相信是真實的。

他們能把隨機從架上取下的密封瓶中的藥片拿出來。瓶口有旋緊的塑膠或金屬瓶蓋和原裝的塑膠封套，瓶子放在一個大空桌的中央，過程全程錄影。

小孩會對觀眾說他要開始了，觀眾沒有看到什麼事發生，但是突然間密封瓶中的藥片會出現在桌面上。大多時候他們還會把桌上的另一個物體，例如一枚硬幣，置入密封瓶中。類似的事明顯接近我所說的第四次元的意識，你所想和所發生的事之間會直接相關。

書中還提到這些中國小孩的其他超能力，有興趣你可以讀一讀。你也許認為這是魔術，但你若親眼看見，真的很難解釋。起初十年，中國政府也不相信，直到有特異功能的孩子變得愈來愈多。當一九九七年《中國的超靈力小孩》出版時，中國政府已確認過超過十萬名超靈力小孩。事實上，一九八五年中國政府和科學界便不得不承認這些事是真的。

中國政府了解這可能代表的意義之後，便開始設立訓練學校，來協助這些孩子發展特異功能。只要是超靈力小孩，就會被送到這些學校。重點是，他們發現普通小孩只要和天生有超靈力的小孩在一起，經過訓練，也會有同樣的神奇能力。

這讓我想起著名的以色列靈媒尤里‧蓋勒（Uri Geller），他用眼睛注視金屬，便能把它折彎。他在《尤里‧蓋勒的故事》（*Uri Geller, My Story*）中，提到自己如何在歐洲利用電視展現超能力。他讓觀眾把刀、湯匙和叉子放在電視前，在歐洲各地幾百萬人的見證下，用眼神把觀眾放在家裡的餐具折彎。這個動作產生了一個有趣的附帶效應。在電視節目播出後和第二天，從不斷打進電視台的電話發現有超過一千五百名孩童，因為看了這個節目而有了同樣的超能力，他們都開始能用思想折彎金屬餐具。

人們，特別是科學家，認為蓋勒是手法高明的魔術師。史丹福研究機構（Stanford Research Institute）問蓋勒是否願意讓他的魔術接受科學檢驗，蓋勒同意。他在某一段時間完全依史丹福研究機構的要求行事，以證明他的心靈能力並非魔術。

在此我用一個例子讓你明白史丹福研究機構實驗條件的嚴苛。其中一個測試是讓蓋勒在密閉的鋼屋中進行彎曲金屬的實驗。這個房間形同「法拉第箱籠」

（Faraday cage，一種無線電波或思想波無法穿越的電磁場），無論在身體或能量上他都被封閉了。在房間外有個手工吹製的玻璃管，兩端被封了起來，要打開只能打破玻璃管。玻璃管內是地球上硬度最高的金屬。他們要求蓋勒在這種情況下折彎這塊金屬。在所有測試儀器的監測下，他們看到不可思議的一幕，最硬的金屬就像果凍一樣彎了起來。蓋勒完全沒有作假。

更令人印象深刻的是除了蓋勒之外，歐洲還有十五位小孩也做到相同的事，他們跟著蓋勒一起做實驗。在和蓋勒相同的條件下，他們也跟蓋勒一樣辦到了。如果這是魔術，那麼那十五位孩子也都是「高級魔術師」。然而史丹福研究機構的科學魔法，卻無法偵測到任何虛假。

史丹福研究機構的這項實驗和研究，在一九七四年十月的《自然》期刊上發表。《紐約時報》立刻發表了一篇評論：「在超感知覺的領域中存在『值得科學界注意和檢視』的事。」然而過了下一個千禧年，科學界仍舊沒有認真承認人類在心靈能力上的潛能。我相信這些出現在世界各地的新小孩，將迫使科學家接受那個始終不變的真相。是該捨棄過時的思想典範的時候了。

一九九九年七月，我在科羅拉多的丹佛市對一大群聽眾演講，題目是關於這些新小孩。我邀請一名十八歲的墨西哥女孩英姬（Inge Bardor），直接向觀眾展示她用手、腳「看」東西的能力，測試進行一個小時。她蒙著眼睛，隨機接受聽眾的照片。她一隻手拿照片，用另一隻手的指尖輕觸照片。

她會先描述那張照片，好像她能看得見一樣。然後，她會說出一些不可能從照片上看到的信息，例如她會說出照片中的人或地點的相關資訊，或是拍攝的位點和畫面以外的景物，比如說附近有湖或靠近什麼建築物。

她甚至能描述按相機快門的人和他那天的穿著，說出相片中的人在拍照瞬間心裡想什麼。在其中一張拍攝房間內部的照片中，她還進入了那間房子，精確地說出走廊外面有什麼，以及床頭櫃上放了什麼。最後有人把一張報紙放在她的腳下，她穿著高跟鞋踩在報紙上，就像她在看報紙一樣讀了出來。

在嚴苛的科學規範下，中國政府觀察到這些孩子能改變培養皿中的人類基因分子。如果這是真的，在適當的理解下，我們難道不能改變自己的基因嗎？我相信可以，跟著這些孩子就好。

若不是經過相同的過程，全世界怎麼會有六千萬人經過自發的基因突變，大幅提升免疫系統來對抗愛滋病毒呢？這是地球的偉大時代，而我們將見證這個非比尋常的全球轉變！

一九九九年九月，我去俄羅斯和許多科學家討論這些新小孩。其中有幾位是負責俄羅斯六十幾個科學機構（包括太空計畫）的主持人。他們私下告訴我，發生在中國的事也發生在俄羅斯。數千名俄羅斯小孩展示了各種心靈能力。我相信這是一個全球化的現象，它將對人類的地球經驗造成深刻的改變。

四次元轉換與超級小孩

我們是否已經進入第四次元，但將它重塑得像是三次元世界？當我觀察這些新小孩，我的答案是肯定的。然而真理自有其揭露的時機。

現在，你明白那個摻雜了路西法實相的原始實相，問問你的心，這是真的嗎？觀照你自己，你在改變嗎？和幾年前相比，你還是同一個人嗎？你正在或將用你的光體，你的梅爾卡巴，探索更高的意識，你的生活會一陳不變嗎？新生會以它自己的方式更新一切。

生命真偉大

我們活在神的心中。一切是光。生命的父與母用神聖幾何，創造了一個光的宇宙，讓我們在其中嬉遊、相愛。我們是神的兒女，偉大的聖靈透過每一個人表達它並訴說著意識的言語，那遠超過一般人的生活經驗。我們的內在有著如此宏偉的潛能，即使把字典裡所有的形容詞壓縮成一個字，也不足以形容你內在的偉大，那從任何一個孩子單純的眼神中綻放的光彩。

你可以有所選擇。繼續過「正常」生活，追求物質的舒適溫飽，爭權奪利，或者了解外在的一切不是你，它只是一個機會，讓你表達對生命的愛與喜悅。我們的內、外合一。

深吸一口氣，讓純粹的生命能進入你閃耀的脈輪，讓你的梅爾卡巴活化。對未知勇敢地敞開心，用孩子的眼睛看進神的眼睛，那即是每一個在你眼前的人。就是這麼簡單。

我愛你們。

德隆瓦洛

The Eurasian Publishing Group
圓神出版事業機構
用心與你對話 · 網羅無限寬廣

方智出版社
Fine Press

http://www.booklife.com.tw   reader@mail.eurasian.com.tw

新時代系列 163

生命之花的靈性法則2：啓動梅爾卡巴光體‧擴展心靈能量

作　　者／德隆瓦洛‧默基瑟德（Drunvalo Melchizedek）
譯　　者／羅孝英
發 行 人／簡志忠
出 版 者／方智出版社股份有限公司
地　　址／台北市南京東路四段50號6樓之1
電　　話／（02）2579-6600‧2579-8800‧2570-3939
傳　　真／（02）2579-0338‧2577-3220‧2570-3636
郵撥帳號／13633081　方智出版社股份有限公司
總 編 輯／陳秋月
資深主編／賴良珠
責任編輯／溫芳蘭
美術編輯／王　琪
行銷企畫／吳幸芳‧施伊姿
印務統籌／林永潔
監　　印／高榮祥
校　　對／賴良珠‧柳怡如
排　　版／杜易蓉
經 銷 商／叩應股份有限公司
法律顧問／圓神出版事業機構法律顧問　蕭雄淋律師
印　　刷／祥峰印刷廠
2013年6月　初版
2024年4月　22刷

THE ANCIENT SECRET OF THE FLOWER OF LIFE, Vol. 2

Copyright ©2000 by CLEAR LIGHT TRUST

Complex Chinese translation copyright © 2013

by The Eurasian Publishing Group (imprint: Fine Press)

Published by agreement with CLEAR LIGHT TRUST, through Bardon-Chinese Media

Agency

你本來就應該得到生命所必須給你的一切美好！

祕密，就是過去、現在和未來的一切解答。

——《The Secret 祕密》

想擁有圓神、方智、先覺、究竟、如何、寂寞的閱讀魔力：

◘ 請至鄰近各大書店洽詢選購。

◘ 圓神書活網，24小時訂購服務

　免費加入會員‧享有優惠折扣：www.booklife.com.tw

◘ 郵政劃撥訂購：

　服務專線：02-25798800　讀者服務部

　郵撥帳號及戶名：13633081　方智出版社股份有限公司

國家圖書館出版品預行編目資料

生命之花的靈性法則2：啓動梅爾卡巴光體，擴展心靈能量 /
德隆瓦洛‧默基瑟德（Drunvalo Melchizedek）作；羅孝英 譯.
-- 初版 -- 臺北市：方智，2013.6
240面；17×22公分 --（新時代系列；163）
譯自：The ancient secret of the flower of life, v.2

ISBN：978-986-175-313-3（平裝）

1. 超心理學　2. 靈修

175.9　　　　　　　　　　　　　　　102007098